»Rheinisch«

HEINRICH-HEINE-INSTITUT DÜSSELDORF
ARCHIV · BIBLIOTHEK · MUSEUM
HERAUSGEGEBEN VON JOSEPH A. KRUSE
BAND 9

»Rheinisch«

Zum Selbstverständnis einer Region

Herausgegeben von
Bernd Kortländer und
Gunter E. Grimm

Verlag J. B. Metzler
Stuttgart · Weimar

HEINRICH-HEINE-INSTITUT DÜSSELDORF
ARCHIV · BIBLIOTHEK · MUSEUM
HERAUSGEGEBEN VON JOSEPH A. KRUSE
BAND 9

Redaktion: Wolfgang Delseit

Mit freundlicher Unterstützung
der Bezirksregierung Düsseldorf

Die Deutsche Bibliothek – CIP-Einheitsaufnahme

»Rheinisch«:
zum Selbstverständnis einer Region / hrsg. von Bernd Kortländer und
Gunter E. Grimm. - Stuttgart ; Weimar : Metzler, 2001
(Archiv, Bibliothek, Museum / Heinrich-Heine-Institut
Düsseldorf ; Bd. 9)
ISBN 978-3-476-01843-4

ISBN 978-3-476-01843-4
ISBN 978-3-476-02796-2 (eBook)
DOI 10.1007/978-3-476-02796-2

Ursprünglich erschienen bei J.B.Metzlersche Verlagsbuchhandlung
und Carl Ernst Poeschel Verlag GmbH in Stuttgart 2001
www.metzlerverlag
info@metzlerverlag

Inhaltsverzeichnis

Vorwort

Die Frage, was unter »rheinisch» oder gar unter einem »Rheinländer» zu verstehen ist, hat immer wieder neue und stets andere Antworten gefunden. Selbst der Begriff »Rheinland«, den wir doch mit großer Selbstverständlichkeit verwenden, hat etwas ausgesprochen Undeutliches, um nicht zu sagen Dubioses an sich.

Die Beiträge dieses Bandes führen noch einmal sehr nachdrücklich und aus sehr unterschiedlichen Blickrichtungen vor Augen, dass es sich beim »Rheinland« um einem »symbolischen Raum« handelt, der freilich eine gar nicht bloß symbolische, sondern eine sehr konkrete Geschichte hat. Diese Geschichte nach möglichst vielen Richtungen auszuloten, nach der geographischen und historischen, der sprachlichen, religiösen, künstlerischen und kulinarischen, war das Ziel des interdisziplinären Kolloquiums, das am 16./17. Juli 2000 im Heinrich-Heine-Institut, Düsseldorf, stattfand, und dessen Vorträge – ergänzt um den Beitrag über »Die Rheinlande« – diesem Sammelband zugrunde liegen.

Zu danken haben die Herausgeber den beteiligten Institutionen und ihren Vertretern, insbesondere dem Vorsitzenden der Niederrhein-Akademie Xanten, Herrn Prof. Dr. Dieter Geuenich, dem Direktor des Heinrich-Heine-Instituts, Herrn Prof. Dr. Joseph A. Kruse, sowie dem Landschaftsverband Rheinland und seinem Vertreter, Herrn Georg Mölich. Zu danken haben sie aber besonders allen Beiträgern für ihre Bereitschaft zur Mitarbeit.

Gunter E. Grimm
Gerhard-Mercator-Universität, Duisburg

Bernd Kortländer
Heinrich-Heine-Institut, Düsseldorf

Am Rhein, Februar 2001

Landesgeschichte – Regionalgeschichte – »Rheinische Geschichte«

Von Dieter Geuenich

Am Anfang eines Beitrags zu diesem Thema erwartet der Leser zu Recht eine Begriffsklärung: Was unterscheidet »Landesgeschichte« von »Regionalgeschichte«, von »Geschichtlicher Landeskunde« und schließlich von dem unter Wissenschaftlern negativ konnotierten Begriff der »Heimatgeschichte«? Die Grenzen, die in den einschlägigen Handbüchern und Lexika zwischen diesen Disziplinen gezogen werden, sind fliessend. Denn die unterschiedlichen Bestimmungswörter »Land«, »Region«, »Heimat«, die mit dem Grundwort »Geschichte« verbunden werden, können sich durchaus auf denselben Raum – etwa den Niederrhein – beziehen. Lediglich beim Wort »Heimat« wird im Gegensatz zu »Land« und »Region« eine emotionale Bindung an diesen Raum erkennbar, der von der geographischen Ausdehnung her, wie gesagt, identisch sein kann. Die meisten Autoren, vor allem jüngere Historiker, die sich mit der neuerdings in Mode gekommenen »Regionalgeschichte« beschäftigen, sehen die »Region« als den kleineren Raum an, ohne jedoch klar definieren zu können, was eine »Region« ausmacht.

Nach Jürgen Reulecke etwa ist Westfalen keine Region, sondern »eine administrative Zusammenbindung einer Reihe von Einzelregionen«.[1] Als Regionen bezeichnet derselbe Autor etwa das Münsterland(!), das Bergische Land(!), das Sauerland(!) oder auch das Ruhrgebiet. Es fragt sich allerdings, ob die Erforschung dieser Regionen nicht zu den Aufgaben der Landesgeschichte zu rechnen ist und auch seit den Anfängen landesgeschichtlicher Forschungen gerechnet wurde. Denn was Wolfgang Köllmann und, unter Berufung auf diesen, Jürgen Reulecke als »Hauptargumente« für eine Regionalgeschichte benennen, kann in gleicher Weise als Begründung landesgeschichtlicher Forschung geltend gemacht werden:[2]

– »Nur am Ort lassen sich Voraussetzungen, Ansätze und Verlaufsformen strukturwandelnder Prozesse aufspüren und einwirkende Faktoren in ihrer Gewichtung und Tragweite erkennen«.
– »Nur am Ort lassen sich Differenzierungen innerhalb der allgemeinen Prozesse erkennen, die Rückschlüsse auf beschleunigende und retardierende Momente zulassen«.
– Nur am Ort lassen sich »traditionale Elemente« greifen, die bei der

»Ausformung gesellschaftlicher Gruppen und Schichten wie in der Entstehung und Entfaltung spezifischen Gruppenbewusstseins ihre besondere Rolle [gespielt] und [...] in dessen Umsetzung in Äußerung und Bewegung« mitgewirkt haben.

– »Nur die Regionalforschung [...] vermag zu analysieren, welche Wirkungszusammenhänge und -einflüsse zu besonderen landschaftlichen Ausformungen und Abwandlungen geführt haben, die den Charakter des Unverwechselbaren besitzen«.

Die »Korrekturfunktion«, die der Regionalforschung »gegenüber allzu glatten und pauschalen Urteilen über die Gesellschaft, über den Staat usw.«[3] nach Meinung dieser Autoren zukommt, erhofft man in gleicher Weise von der Landesgeschichte. Auch die neuen Forschungsgebiete, d. h. die Frauen-, Kindheits-, Jugend-, Gesundheits-, Umweltgeschichte usw. und neuen Forschungsmethoden, insbesondere die *oral history*, die als innovative Errungenschaften der Regionalgeschichte ins Feld geführt werden[4], können durchaus in den Tätigkeitsbereich des Landeshistorikers integriert werden, und sie werden in der Tat auch als Aufgaben der Institute für Geschichtliche Landeskunde allenthalben praktiziert. Wenn man also einen Unterschied zwischen Regionalgeschichtsforschung und landesgeschichtlicher Forschung postulieren will, so liegt dieser jedenfalls nicht im Objekt der Forschung, sondern allenfalls in der Art des Zugangs, das heißt in der Methode der Forschung und Darstellung.

Durch den bewusst exemplarischen Blick auf den kleinen Raum, der eine differenzierte Betrachtung großräumiger geschichtlicher Prozesse, sozialer Bewegungen und kultureller Strömungen ermöglicht, und die angesprochene »Korrekturfunktion« für die allgemeine Geschichtsforschung unterscheiden sich Regionalgeschichte und Landesgeschichte einerseits von der Heimatgeschichte andererseits. Denn die Heimatgeschichte entspringt in der Regel einem auf den eigenen Lebensraum konzentrierten und beschränkten antiquarischen Interesse, das nicht unbedingt zu den größeren Zusammenhängen vorstoßen, ja diese oft nicht einmal zur Kenntnis nehmen will. Deshalb kann der Heimatforscher auch in den seltensten Fällen für Zubringerdienste von der Geschichtswissenschaft herangezogen werden, da die Einbettung in größere Zusammenhänge im allgemeinen nicht seinem Interesse entspricht.

Dennoch sollte man die Heimatforscher nicht missachten oder ignorieren, sondern wo immer möglich unterstützen, und bedeutende Historikerinnen und Historiker wie Hermann Aubin, Max Braubach, Hermann Heimpel, Edith Ennen und andere haben dies auch aus voller Überzeugung getan.[5] Stellvertretend sei hier Johan Huizinga zitiert, der 1930 in seinem Werk *Wege der Kulturgeschichte* treffend formulierte[6]:

Die direkte, spontane, naive Begier nach alten Dingen aus früheren Zeiten, wie sie den Dilettanten der Lokalgeschichte und den Genealogen beseelt, ist nicht nur eine primäre, sondern auch eine vollwertige Form des historischen Wissensdranges. Es ist der Trieb zur Vergangenheit. Wer so getrieben wird, der wird vielleicht nur ein kleines Fleckchen, einen winzigen Zusammenhang aus der Vergangenheit verstehen, aber der Impuls kann ebenso tief und rein, ebenso verheißungsvoll für echtes Wissen sein als in demjenigen, der Himmel und Erde in seiner Erkenntnis umfassen will [...]. Darum braucht sich der Detailforscher zur Rechtfertigung der wissenschaftlichen Bedeutung seiner Arbeit nicht auf ihren vorbereitenden Charakter zu berufen. Seine wahre Rechtfertigung liegt tiefer. Er erfüllt ein Lebensbedürfnis, er gehorcht einer edlen Begier des modernen Geistes. Ob seine Arbeit für spätere Forschung Früchte trägt, ist relativ nebensächlich. Indem er unter tausend Millionen möglicher Facetten eine einzige schleift, realisiert er die historische Wissenschaft seiner Zeit. Er stellt den lebendigen Kontakt des Geistes mit dem Vergangenen her, das echt und bedeutungsvoll war«.

Dieses einfühlsame Verständnis, das Huizinga der Heimatkunde und dem Heimatforscher entgegenbringt, erscheint bedenkenswert.

Nach diesem kurzen Exkurs zur »Heimatgeschichte« kehren wir zurück zur Regionalgeschichte, die sich auch als »Kulturgeschichte« versteht, da sie Ideen aus der Kulturanthropologie, der Ethnologie, der Kulturgeografie und Kultursoziologie aufgreift. Damit kommt ein weiterer Begriff ins Spiel, der der terminologischen Klärung bedarf: der des historischen Kulturraumes oder der Kulturlandschaft. Denn Landesgeschichte ist, wie Edith Ennen unter Berufung auf Hermann Aubin feststellte, »immer auch Kulturraumforschung«.[7] Allerdings konstatiert sie auch an gleicher Stelle, dass der »Kulturraum« zugleich »der problemreichste Begriff der geschichtlichen Landeskunde überhaupt« sei. Mit Karl-Georg Faber hielt sie es für wenig sinnvoll, die Kulturlandschaft oder geschichtliche Landschaft der geographischen Landschaft gegenüberzustellen, denn der Unterschied liege

nicht im Objekt oder im Begriff »Landschaft«, sondern in den Fragen, die der Geograph und der Historiker an dieses Objekt richten oder mit Hilfe dieses Begriffs zu beantworten suchen.[8]

Vor allem aber dürfe es nicht das Bestreben der Kulturraumforschung sein, »Kulturräume abzugrenzen«: »Das Neue an der Kulturraumforschung war gerade«, so Edith Ennen,

dass man feststellte, dass es gegeneinander fest abgeschlossene Verbreitungsräume kultureller Erscheinungen nicht gibt. Kulturräume sind Verdichtungsgebiete zahlreicher Einzelmerkmale, unscharf an den Rändern, mitunter sich überschneidend, mitunter durch breite Grenzsäume getrennt, aus Kernraum und Ausstrahlungsraum bestehend, wobei mit der Weite der Ausstrahlung ihre Intensität abnimmt; sie sind außerdem nicht konstant, sondern ständigen Wandlungen unterworfen.[9]

Kehren wir zurück zum Begriff der »Landesgeschichte«: Laut *Brockhaus* ist

Landesgeschichte, als Disziplin der allgemeinen Geschichtswissenschaft, die dynastisch-territoriale und kulturell-soziologisch verankerte Erforschung räumlich begrenzter Gebiete [...], die ihre besondere Eigenart in der Verbindung von Geographie und Geschichte entwickelte.[10]

Daraus ergibt sich die Frage, ob denn der geographische Raum als Gegenstand landesgeschichtlicher Forschung dem geschichtlichen Raum entsprechen muss, ob also die geographische Konstruktion des Rheinlands beispielsweise mit dem historischen Rheinland-Begriff identisch ist.[11] »Träger der Landesgeschichte sind«, so heißt es im *Brockhaus* weiter, »die an den Universitäten eingerichteten landesgeschichtlichen Institute, die historischen Vereine und die historischen Kommissionen«. Die angesprochenen Universitätsinstitute werden in der Regel allerdings nicht »Institute für Landesgeschichte«, sondern »Institute für Geschichtliche Landeskunde« genannt – so etwa in Bonn, in Mainz, in Freiburg, in Tübingen usw. Wir müssen also fragen, ob diese Benennungen etwas Unterschiedliches bezeichnen, und wenn ja: was die Landesgeschichte von der Geschichtlichen Landeskunde unterscheidet. Hier belehrt uns der *Brockhaus*, dass die Landeskunde in ihrer Problemstellung eng mit der Landesgeschichte wie auch mit der historischen Geographie verknüpft sei. Landeskunde ist, so heißt es, »die Erforschung und Kenntnis eines bestimmten Raumes in der Gesamtheit seiner gestaltenden Faktoren, vor allem der natürlichen Gegebenheiten und der historischen Entwicklungen«.[12] Es ist zu beachten, dass in den neuen Philologien, so etwa in der Romanistik und in der Anglistik, »Landeskunde« als eine »Kunde« von den Ländern oder Staaten betrieben wird, deren Sprache und Literatur in diesen Disziplinen gelehrt wird.

Inhaltlichen Aufschluss darüber, welche besonderen Ziele die »Landesgeschichtliche Forschung« oder die »Geschichtliche Landeskunde« verfolgen und wie ihre Notwendigkeit begründet wird, gibt ein Blick in die Wissenschaftsgeschichte, die mit den Namen Karl Lamprecht (1856-1915), Rudolf Kötzschke (1867-1949) und Hermann Aubin (1885-1969) verbunden ist. Für Lamprecht war die Landesgeschichte – d. h. für ihn die rheinische Geschichte – ein Mikrokosmos, in dem sich sämtliche Entwicklungstendenzen erkennen und studieren lassen, die auch die deutsche Geschichte bestimmen. »Hier im Lokalen«, so schrieb Lamprecht einmal an Gustav Schmoller, »erscheint das Universelle wirklich klar und immanent«.[13] Insofern verwundert es nicht, dass Lamprechts großes Werk, das 1885-1886 unter dem Titel *Deutsches Wirtschaftsleben im Mittelalter* erschien, hauptsächlich auf der Auswertung der Weistümer und Urbare der Abteien Prüm, Mettlach und St. Maximin/Trier beruht, die er allerdings unter verschiedenen Aspekten befragte und sozusagen »interdisziplinär« auswertete.[14] Es ging ihm dabei aber nicht um spezielle Erkenntnisse über den Moselraum, auf dessen Quellen er seine Ausführungen vornehmlich stützte, sondern darum, in der realen Kultur dieser ausgewählten Region an der Mosel »das Universale der deutschen Geschichte des Mittelalters exemplarisch darzustellen«.[15]

Ein Problem, das die Eingrenzung der *Rheinischen Landesgeschichte* oder der *Geschichtlichen Landeskunde der Rheinlande* im Gegensatz etwa zur *Bayerischen Landesgeschichte* (die übrigens bezeichnenderweise am »Institut für Bayerische Geschichte« – nicht Landes-Geschichte – betrieben wird), zur »Hessischen«, zur »Schwäbischen« oder gar zur *Donauschwäbischen Landesgeschichte*, die in Tübingen institutionell betrieben wird, erschwert, besteht darin, dass die Rheinlande – ebenso übrigens wie das »Niederrheingebiet« – kein durch einen »Stamm« (wie Bayern, Hessen, Schwaben) oder durch eine Territorial-Herrschaft (wie das Königreich Sachsen oder das Kurfürstentum Brandenburg) geprägter einheitlicher historischer Raum waren oder sind. Es ist allerdings fraglich, ob dies ein Nachteil oder gar ein Hindernis ist, rheinische Landesgeschichte zu betreiben, die Geschichte der Rheinlande oder der Regionen am Mittel- oder Niederrhein, der Eifel, des Gelderlandes, des Kleverlandes, des Bergischen Landes usw. zu erforschen.

Zweifellos fehlen dem Rheinland wie auch dem Niederrhein die territoriale Geschlossenheit und vor allem die ethnische Einheitlichkeit, die Bayern, Schwaben, Hessen, Westfalen, Sachsen usw. geprägt haben – jedenfalls nach der landläufigen Meinung der dort Wohnenden. Es ist hier nicht der Ort, die Fragwürdigkeit der dahinterstehenden Stammes- und Volksideologien zu erörtern. Diese Ideologien machen es allerdings leichter, einerseits die Grenzen genauer festzulegen, indem Dialektgrenzen als alte »Stammesgrenzen« interpretiert werden, und andererseits ein Identitätsbewusstsein auszubilden.

An Versuchen, den Rheinländern auch eine »Stammesidentität« und ein entsprechendes ethnisches Zusammengehörigkeitsgefühl zu verschaffen, hat es nicht gefehlt. Unmittelbar vor dem Ausbruch des Ersten

Weltkrieges fand am 13. Juli 1914 in Köln ein »Rheinländertag« statt, der die »historische Stammeseinheit der ›Rheinländer‹« bekräftigen und betonen sollte[16]: »Wie die Bayern und Sachsen, die Niederdeutschen und Schwaben, die freudig ihren alten Stamm behaupten und in der zweiten Heimat die alte, traute, nicht vergessen wollen«, so sollten nach Meinung der Veranstalter sich auch fortan »die fern von ihrer Heimat wohnenden Rheinländer zu einer großen Gemeinschaft, zu einem mächtigen Ganzen zusammenschließen«. Dieser »Rheinländerbund« sollte »das Zusammengehörigkeitsgefühl aller dem rheinischen Boden Entstammenden wachhalten und bekräftigen«. »Die Rheinländer«, so führten die Redner des Tages aus, unterscheiden sich von anderen

durch frische, fröhliche, rheinische Art, durch leichtfließendes Blut und durch frischen Mut, der über Wechselfälle und Schicksalsschläge hinweg zu neuem Schaffen die Kraft verleiht. Das Bewußtsein, eines Blutes zu sein, läßt uns schon in dieser ersten Stunde des Zusammenseins als gute Freunde beieinander weilen und alle örtlichen Schranken vergessen. In einem Schlage klingen unsere Herzen zusammen, wenn wir in dem großen Vaterland uns stolz als Rheinländer fühlen.[17]

Wenn man nur am Rhein geboren war, galt man als »blutsverwandt«; die Frage, wo denn die Rheinlande beginnen und enden, wurde nicht thematisiert:

Geographisch sind sie ein Stromgebiet mit einer mitten hindurchgehenden Handels- und Verkehrsstraße von größtem Ausmaß, völkisch eine Stammeseinheit von weltbekanntem besonderem Volkscharakter, kulturell ein einziger blühender Garten von rheinischer Eigenart, geschichtlich ein Land von zweitausendjähriger Schicksalsgemeinschaft –

so klang es nach Kriegsende 1918, als man unter Berufung auf das Selbstbestimmungsrecht der Völker »rheinisches Recht für rheinisches Land« forderte und auf den Ruinen des zertrümmerten Deutschen Reiches eine »Rheinische Republik« errichten wollte. Welche Grenzen diese Republik haben sollte, blieb unklar, und es wurden ganz unterschiedliche Vorstellungen darüber geäußert, was denn »das Rheinland« sei. Die einen wollten die Rheinprovinz um Rheinhessen und die Rheinpfalz erweitert wissen, die anderen wollten den »Rheinischen Freistaat« auf Nassau oder auf Westfalen ausdehnen. »Sogar die Erweiterung bis nach Oldenburg und an die Nordsee wurde erörtert«.[18]

Wenige Jahre später erschienen die *Kulturströmungen und Kulturprovinzen in den Rheinlanden* von Hermann Aubin, Theodor Frings und Josef Müller[19], und damit kam der bereits erwähnte Begriff des

»Kulturraums« in die Diskussion. Aber, wie oben bereits dargelegt wurde, kennen weder der »Kulturraum« noch die »Geschichtslandschaft« feste Grenzlinien, und es ist ein aussichtsloses Unterfangen, den Kulturraum oder Geschichtsraum des Rheinlands verbindlich zu fixieren und seine Grenzen festzulegen.[20] Dagegen spricht der historische Befund, dass das Rheinland, allerdings mit unterschiedlicher Grenzziehung, lediglich im Frühmittelalter – während seiner Zugehörigkeit zu den Herzogtümern Nieder- und Oberlothringen – politisch geeint war, und dann erst wieder seit den zwanziger Jahren des 19. Jahrhunderts als preußische Rheinprovinz. Dazwischen liegen bekanntlich Jahrhunderte politischer und territorialer Zersplitterung in geistliche und weltliche Herrschaften, die es kaum ermöglichten, eine nach außen abgegrenzte rheinische Identität auszubilden.

Dieselbe Erkenntnis vermittelt die Einleitung zur *Kleinen Rheinischen Geschichte* von Wilhelm Janssen, der vor derselben Aufgabe stand, eine »Rheinische Geschichte« zu rechtfertigen:

> Das Rheinland ist in der ersten Hälfte des 19. Jahrhunderts als eine sogenannte politische Landschaft entstanden und deckt sich räumlich im wesentlichen mit der 1820 eingerichteten preußischen Rheinprovinz. Erst durch die Eingliederung in den großen preußischen Staat wurden sich die preußischen Untertanen an Rhein und Mosel – gleichsam im Kontrast zu einer real wie mental anders strukturierten politischen Ordnung – ihrer Gemeinsamkeiten bewußt.[21]

Und dieses »rheinländische« oder besser »rheinische« Gemeinschaftsbewusstsein verlagerte sich vom 19. Jahrhundert bis heute immer mehr in den nördlichen Teil der Rheinprovinz und blendete den Südteil, der einst noch Saarbrücken umfasst hatte, schließlich aus. Einer solchen Begrenzung der »Rheinischen Geschichte« liegen »weder politisch-historische Überzeugungen noch kulturräumliche Vorstellungen« zugrunde.[22]

Das Fehlen einer historisch-politischen Einheit und eines entsprechend ausgebildeten Selbstverständnisses oder Identitätsbewusstseins kann und darf, das sei nochmals betont, kein Hinderungsgrund sein, rheinische Landesgeschichte zu studieren, zu lehren und darzustellen oder eine geschichtliche Landeskunde der Rheinlande – oder besser: des Rheinlands – zu betreiben. Denn es ist nach allem, was über die Methode und die Gegenstände oder Inhalte regionalgeschichtlicher oder landesgeschichtlicher Forschung ausgeführt wurde, nicht einsehbar, warum ein nach außen nicht eindeutig abgegrenzter Raum weniger der historischen und kulturgeschichtlichen Erforschung – aber auch der sprachgeschichtlichen, literaturgeschichtlichen, kunstgeschichtlichen, musikgeschichtlichen, volkskundlichen usw. Erforschung – bedarf als ein ethnisch vermeintlich homogener oder politisch längerfristig geeinter Raum.

Dies ist etwa auch Leo Peters und seiner Kritik am ersten Band der Schriftenreihe der Niederrhein-Akademie, der sich mit dem Kulturraum Niederrhein von der Antike bis zum 18. Jahrhundert befasst, entgegenzuhalten.[23] Obwohl im Vorwort dieses Sammelbandes ausdrücklich hervorgehoben wird, »dass die Frage nach der Abgrenzung der Region Niederrhein eine Frage ist, die man je nachdem, wie weit man in der Geschichte zurückgeht, anders beantworten wird«[24] und die Frage, »ob es in der Geschichte am Niederrhein Zeiten gegeben hat, in denen dieser Raum eine politische, sprachliche, religiöse, wirtschaftliche oder auch kulturelle Einheit gebildet [...] hat«, zu prüfen und wissenschaftlich zu untersuchen sei[25], unterstellt Peters dem Herausgeber und den Autoren des Bandes, sie wollten eine »Niederrhein-Identität« schaffen und »einer Profil und Identity anstrebenden Idee [...] die wissenschaftlichen ›höheren Weihen‹ [...] geben«.[26] Mit demselben Recht könnte Peters den Autoren und Herausgebern der *Rheinischen Geschichte*, die in ihren einzelnen Bänden und Teilbänden die Geschichte des Rheinlands von der Ur- und Frühgeschichte bis zur Gegenwart darstellen, vorwerfen, sie würden eine Kontinuität von der Francia Rhinensis des Geographen von Ravenna des 7. Jahrhunderts bis zur preußischen Rheinprovinz des 19. Jahrhunderts konstruieren und suggerieren, um ein rheinisches Identitätsbewusstsein zu schaffen.

Regionalgeschichtliche und landesgeschichtliche Forschungen haben keinesfalls das Ziel, eine regionale Identität zu schaffen, sondern allenfalls kritisch zu prüfen, ob – und wenn ja – durch welche Faktoren ein solches Bewusstsein entstanden ist, welche sozialen Schichten es erfasst und welche zeitliche und räumliche Ausdehnung es erlangt hat. Oder, um noch einmal Wilhelm Janssen im Vorwort zu seiner *Kleinen Rheinischen Geschichte* zu zitieren:

> Es geht [...] nicht darum, eine Art in sich geschlossener, ein Höchstmaß an Eigenständigkeit beanspruchender rheinischer Geschichte zu kreieren; es geht vielmehr darum, die Verflochtenheit der rheinischen in die allgemeine Geschichte des Reiches und Europas in den Blick zu nehmen und darauf zu achten, welche allgemeinen Impulse hier ihre besonderen Wirkungen getan haben bzw. wie Impulse, die von hier ausgegangen sind, im Gang der allgemeinen Entwicklung ihre Spuren hinterlassen haben.[27]

Insofern entspringen auch die Themen oder Beiträge zu dem vorliegenden Band keiner folkloristischen Rheinlandtümelei, wenn Fragen gestellt werden wie: ob es »rheinische Dichter«, »rheinische Kunst«, »rheinische Musik« und schließlich, ob es ein »rheinisches Selbstverständnis« gibt oder gegeben hat. Nicht die Schaffung dieser Phänomene ist dabei das Anliegen, sondern die kritische Prüfung, ob es sie gegeben hat oder gibt, und wenn ja, wie, wann und unter welchen Bedingungen sie entstanden sind, wie sie sich zur Dichtung, zur Kunst, zur Musik und schließlich zum Selbstverständnis anderer Kulturräume verhalten und wie ihre zeitliche und räumliche Ausdehnung zu veranschlagen sind.

Zwei Gefahren sind dabei allerdings im Auge zu behalten, wenn man sich mit dem Selbstverständnis der im Rheinland lebenden Menschen wissenschaftlich beschäftigt:

Die eine Gefahr besteht darin, dieses »rheinische« Selbstverständnis, dieses »rheinische« Spezifikum, wenn es sich denn in der Literatur, in der Dichtung, in der Musik oder auch in der Küche offenbart, als ein immer schon vorhandenes, als ein überzeitliches zu verstehen. Dagegen ist festzuhalten: Was auch immer mit dem Etikett »rheinisch« versehen wurde oder wird, ist irgendwann und irgendwo entstanden – und zwar nicht unbedingt im rheinischen Kulturraum!

Die zweite Gefahr ist die, die uns seit den völkischen Ideologien und Stammesvorstellungen des 19. und frühen 20. Jahrhunderts nicht mehr loszulassen scheint, obwohl wir sie längst überwunden glauben: Es ist die Angewohnheit, lokale oder regionale Besonderheiten im Verhalten, in den Lebensgewohnheiten der Bevölkerung mit der »Volksseele« in Verbindung zu bringen und auf ethnische Ursprünge zurückzuführen. So wie der Bayer, der Schwabe, der Sachse nach landläufiger Meinung bestimmte unverwechselbare stammestypische Eigenschaften von seinen Vorvätern ererbt hat, so glaubt man auch eine seit Jahrhunderten ausgeprägte »rheinische Mentalität« bei den Bewohnern der Rheinlande aufgrund ihrer genetischen Disposition feststellen zu können.

Schon 1925 hat Joseph Hansen, seinerzeit Direktor des Kölner Stadtarchivs, die höchst gegensätzlichen Äußerungen über den Charakter des Rheinländers aus der Literatur, aus Reisebeschreibungen und aus der 1919 erschienenen *Rheinischen Volkskunde* zusammengestellt und einander gegenübergestellt.[28] Dabei wurde deutlich, dass der eine nur den Winzer an Ahr und Rhein, der andere vornehmlich den Eifelbauern, der dritte den Großstädter aus Köln oder Düsseldorf im Blick hatte und darauf sein jeweils unterschiedliches Bild vom »Rheinländer« begründete. Hansens Folgerung, es sei »ein vergebliches Bemühen, die Homogenität einer Bevölkerung erweisen zu wollen, die im Laufe einer zweitausendjährigen, wechselreichen Geschichte so verschiedenartige und häufig einander widersprechende Eigenschaften offenbart hat wie die rheinische«[29], wird man wohl vorbehaltlos zustimmen. Und dies um so mehr, als das Rheinland – mehr als alle anderen Landschaften – eine extrem starke Fluktuation der Bevölkerung im Verlauf seiner wechselvollen Geschichte erlebt hat. Von 1815 bis 1915 beispielsweise ist die Bevölkerung der Rheinprovinz von nicht ganz zwei Millionen auf über sieben Millionen Menschen angewachsen, und zwar vor allem durch Zuzug aus anderen Gegenden Deutschlands. Für Düsseldorf, das in diesem Zeitraum überproportional anwuchs, galt im Jahre 1910, dass nur ein Zehntel der Stadtbevölkerung als eingesessen angesehen werden konnte.[30]

Man könnte an dieser Stelle Carl Zuckmayers Fliegergeneral Harras zitieren, der in *Des Teufels General* das zusammengewürfelte Bevölkerungsgemisch des Rheinländers charakterisiert und karikiert, in dessen Adern Blut vom römischen Feldhauptmann, vom jüdischen Gewürzhänder, vom keltischen Legionär, vom Graubündner Landsknecht, vom schwedischen Reiter usw. fliesst.[31] Mit anderen Worten: der zweiten Gefahr, die »rheinische Eigenart« auf eine homogene ethnische Determiniertheit zurückzuführen, sollten wir ebensowenig erliegen wie der zuerst angesprochenen Gefahr: diese »Eigenart« als überzeitlich und als für den gesamten Raum des Rheinlands charakteristisch anzusehen.

Warum, unter welchen Voraussetzungen und Bedingungen als »rheinisch« angesehene Eigenarten – in Dichtung, Sprache, Literatur, Musik und Religion – entstanden sind, für welche Bevölkerungskreise und Landstriche des Rheinlands sie von wann bis wann bestimmend und vielleicht prägend geworden sind, das sind Fragen, deren Beantwortung zu den Aufgaben der Geschichtlichen Landeskunde der Rheinlande gehört.

Anmerkungen

1. Jürgen Reulecke: Von der Landesgeschichte zur Regionalgeschichte? Neuere Ansätze und Fragestellungen, in: Landesgeschichte. Historische Grundlagen und neue Herausforderungen, hrsg. v. Landesverband nordrhein-westfälischer Geschichtslehrer (Freya Stephan-Kühn) in Verbindung mit dem Landschaftsverband Rheinland. Paderborn 1992, S. 9-15, hier S. 12 [= Geschichte, Politik und ihre Didaktik, Sonderheft 8].
2. Ebd., S. 9 f., nach Wolfgang Köllmann: Zur Bedeutung der Regionalgeschichte im Rahmen struktur- und sozialgeschichtlicher Konzeptionen, in: Archiv für Sozialgeschichte 15 (1975), S. 43-50, hier S. 45, 46, 47 und 49.
3. Ebd., S. 10.
4. Ebd., S. 11.
5. Vgl. etwa Hermann Aubin: Aufgaben und Wege der geschichtlichen Landeskunde (1925), wiederabgedruckt in: ders.: Grundlagen und Perspektiven geschichtlicher Kulturraumforschung und Kulturmorphologie, hrsg. v. Franz Petri. Bonn 1965, S. 17-26, Max Braubach: Landesgeschichtliche Bestrebungen und historische Vereine im Rheinland. Überblick über ihre Entstehung und Entwicklung. Festgabe zur Hundertjahrfeier 1954. Düsseldorf 1954 [= Veröffentlichungen des Historischen Vereins für den Niederrhein, insbesondere das Erzbistum Köln, Bd. 8]; Hermann Heimpel: Über Organisationsformen historischer Forschung in Deutschland, in: Historische Zeitschrift 189 (1959), S. 139-222; ders.: Aus der Geschichte der deutschen Geschichtsvereine einst und jetzt. Göttingen 1963; Edith Ennen: Hermann Aubin und die geschichtliche Landeskunde der Rheinlande, in: Rheinische Vierteljahrsblätter 34 (1970), S. 9-42, besonders S. 10 f.
6. Hermann Huizinga: Wege der Kulturgeschichte. München 1930, S. 14; zit. b. Ennen (Anm. 5), S. 10.
7. Ennen (Anm. 5), S. 26 f.
8. Karl Georg Faber: Collectanea Franz Steinbach. Bonn 1967, S. 21; Ennen (Anm. 5), S. 27.
9. Ennen (Anm. 5), S. 27, Anm. 39a, in kritischer Auseinandersetzung mit Hans Patze: Geschichte des Gießener Raumes von der Völkerwanderung bis zum 17. Jahrhundert, in: Gießen und seine Landschaft in Vergangenheit und Gegenwart, hrsg. v. G. Neumann, 1970.
10. Brockhaus-Enzyklopädie in vierundzwanzig Bänden, 19. Auflage, Band 13. Mannheim 1990, S. 35.
11. Vgl. dazu Hans Heinrich Blotevogel in diesem Band.
12. Brockhaus-Enzyklopädie (Anm. 10), S. 36.
13. Zit. n. Roger Chickering: Karl Lamprecht (1856-1915) und die methodische Grundlegung der Landesgeschichte im Rheinland, in: Landesgeschichte (Anm. 1), S. 16-24, hier S. 19.
14. Karl Lamprecht: Deutsches Wirtschaftsleben im Mittelalter. Untersuchungen über die Entwicklung der materiellen Kultur des platten Landes auf Grund der Quellen zunächst des Mosellandes, Band I, Teil 1 und 2: Darstellung. Leipzig

1886; Band II: Statistisches Material und Quellenkunde, Leipzig 1885; Band III: Quellensammlung, Leipzig 1885; vgl. dazu Chickering (Anm. 13), S. 20; J. Kudrna – D. Baumanova: Karl Lamprechts, »Deutsches Wirtschaftsleben im Mittelalter« und sein Beitrag zur Geschichtsmethodologie, in: Karl Lamprecht weiterdenken, hrsg. v. G. Diesemer, 1993, S. 134-144.

15. Werner Buchholz: Vergleichende Landesgeschichte und Konzepte der Regionalgeschichte von Karl Lamprecht bis zur Wiedervereinigung im Jahre 1990, in: Landesgeschichte in Deutschland. Bestandsaufnahme – Analyse-Perspektiven, hrsg. v. Werner Buchholz. Paderborn/München/Wien/Zürich 1998, S. 11-60, hier S. 18.
16. Zitate nach Joseph Hansen: Rheinland und Rheinländer, in: Westdeutsche Monatshefte für das Geistes- und Wirtschaftsleben 1 (1925), S. 273-312, hier S. 273. Dieser noch heute lesenswerte Aufsatz erschien wohl nicht zufällig im Jahre 1925, in dem man die tausendjährige Zugehörigkeit des Rheinlands zum deutschen Reich feierte. Aloys Schulte nannte es »das Jubiliäumsjahr einer 1000jährigen politischen Schicksalsgemeinschaft«; vgl. dazu Tilman Koops: Die rheinische Tausendjahrfeier 1925, in: Auf der Suche nach regionaler Identität. Geschichtskultur im Rheinland zwischen Kaiserreich und Nationalsozialismus. Bensberg 1997, S. 73-87, Zitat von Aloys Schulte ebd. S. 73 [= Bensberger Protokolle 89. Schriftenreihe der Thomas-Morus-Akademie Bensberg].
17. Hansen (Anm. 16), S. 273 f.
18. Ebd., S. 274.
19. Hermann Aubin/Theodor Frings/Josef Müller: Kulturströmungen und Kulturprovinzen in den Rheinlanden. Geschichte, Sprache, Volkskunde. Bonn 1926. Vgl. auch Hermann Aubin: Grundlagen und Perspektiven geschichtlicher Kulturraumforschung und Kulturmorphologie. Bonn 1965.
20. Vgl. dazu den Beitrag von Georg Mölich in diesem Band.
21. Wilhelm Janssen: Kleine Rheinische Geschichte. Düsseldorf 1997, S. 11.
22. Ebd., S. 12.
23. Leo Peters: Besprechung von Dieter Geuenich (Hrsg.): Der Kulturraum Niederrhein. Von der Antike bis zum 18. Jahrhundert, Bd. 1. Essen 1996, in: Rheinische Vierteljahrsblätter 62 (1998), S. 480-482.
24. Dieter Geuenich (Hrsg.): Der Kulturraum Niederrhein. Von der Antike bis zum 18. Jahrhundert. Bottrop/Essen 1996 (2. Auflage 1998), S. 8.
25. Ebd., S. 9. Vgl. auch die Ausführungen im 2. Band der Schriftenreihe, Dieter Geuenich (Hrsg.): Der Kulturraum Niederrhein im 19. und 20. Jahrhundert. Bottrop/Essen 1997, wo erneut im Vorwort (S. 7) »die Frage, ob es in der geschichtlichen Entwicklung dieser Region je eine Kulturraumbildung gegeben hat«, als eine offene und diskussionswürdige angesprochen wird. Der diesen 2. Band abschließende Beitrag von Hans Heinrich Blotevogel: Gibt es eine Niederrheinregion? (S. 155-185) korrespondiert mit dem Beitrag im 1. Band von Claus Bussmann: Gibt es »Niederrheiner«? (S. 157-166). Die Aggression des Rezensenten richtet sich offensichtlich gegen den »Kulturraum Niederrhein e.V.«, der an der inhaltlichen Gestaltung der Beiträge und des Buches nicht beteiligt war.

26. Peters (Anm. 25), S. 480. Wenn der Rezensent (S. 481) empfiehlt, »die Initiatoren des ›Kulturraum Niederrhein‹ sollten beherzigen, was im Buch gesagt ist« (Bussmann S. 165: »Ein Identitätsbewusstsein ist etwas höchst Subjektives: Es lässt sich nicht erzwingen, nicht herbeireden oder organisieren«), so wird deutlich, dass Peters die Besprechung des Buches benutzt, um mit dem ihm offenbar verhassten Verein abzurechnen, der im rezensierten Buch gar nicht zu Wort kommt.
27. Janssen (Anm. 23), S. 13. Vgl. zu diesem Problem »des Verhältnisses von partikularer und allgemeiner Geschichte« zuletzt Wilhelm Janssen: Landesgeschichte im Nachkriegsdeutschland, in: Ulrich Reuling/Winfried Speitkamp (Hrsg.): Fünfzig Jahre Landesgeschichtsforschung in Hessen, S. 403-421, besonders S. 423 [= Hessisches Jahrbuch für Landesgeschichte, Bd. 50 (2000)].
28. Hansen (Anm. 18), S. 303 ff. stellt die überlieferten Charakterisierungen des »Rheinländers« von Achim von Arnim (1802), Christoph Girtanner (1793), J. N. Becker (1799) und N. Vogt (1806) einander gegenüber.
29. Ebd., S. 308.
30. Ebd., S. 306 und 306 f.
31. Carl Zuckmayer: Gesammelte Werke in Einzelbänden, hrsg. v. Knut Beck und Maria Gutenbrunner-Zuckmayer, Band 8. Frankfurt a. M. 1996, S. 67 f. Vgl. W. Cuypers, in: Leben am Niederrhein. Text W. Cuypers, Fotos G. Dreißig. Duisburg 1981, S. 17; Claus Bussmann: Gibt es »Niederrheiner«? Historische Gründe für das Fehlen eines niederrheinischen Identitätsbewusstseins, in: Der Kulturraum Niederrhein (Anm. 25), S. 161.

Regionale Geschichtskultur ohne Geschichtsraum? Anmerkungen zum rheinischen Selbstverständnis in historischer Perspektive

Von Georg Mölich

Schaut man in einem unlängst erschienenen, ehrwürdigen Fachlexikon, dem *Lexikon für Theologie und Kirche*, unter dem Stichwort »Rheinland« nach, so wird dort von Norbert Schloßmacher ernüchternd festgestellt:

> Ein politisch oder kulturell einheitliches Gebiet dieses Namens oder gar ein gesamtrheinischer Geschichts- und Kulturraum haben nie bestanden. Folglich gibt es kein gemeinsames rheinisches Bewußtsein von Konstanz bis Emmerich, dafür mehrere am Rhein aufgereihte Kulturprovinzen.[1]

Damit könnten wir unsere Überlegungen zum rheinischen Selbstverständnis in historischer Perspektive beenden und mit einem gesunden Schuss Pragmatismus von einer jeweils neu zu definierenden multiplen Identität des »Rheinlandes« sprechen. Doch so einfach wollen wir es uns nicht machen.

I.

Seit gut zwei Jahrzehnten gibt es in der deutschen Geschichtswissenschaft eine intensive Diskussion um die Begrifflichkeit der »Region« und ihrer Anwendbarkeit auf die Erforschung subnationaler Räume in historischer Perspektive.[2] Dass dies kein nur auf Deutschland und die deutsche Geschichtswissenschaft beschränkter Vorgang ist, sei hier nur am Rande erwähnt.[3] Auf die außerwissenschaftlichen, gesellschaftlichen und politischen Zusammenhänge dieser Diskussion kann hier ebenfalls nicht näher eingegangen werden, sie sind aber evident.[4]

Im folgenden soll dieser wissenschaftliche Diskussionszusammenhang[5] wenigstens kurz dargelegt werden, um dann einige skizzenhafte Überlegungen für das »Rheinland« als Geschichtsraum anzufügen.

Zu recht ist von Georg Kunz unlängst konstatiert worden, dass sich als gemeinsamer Nenner der Fachdiskussionen »die zunehmende Etablierung konstruktivistischer Interpretationsmodi gegenüber den lange gebräuchlichen substantialistisch-ontologischen Konzepten« herauskristallisiert habe. Diese »grundsätzliche Entontologisierung des wissenschaftlichen Regionsbegriffes«[6] geht davon aus, dass es nicht »ewige Werte« wie Natur, Landschaft oder landsmannschaftliche Geschlossenheit sind, über die Regionen zu definieren sind, sondern dass – analog zur vielzitierten »Invention of Tradition« (Eric Hobsbawm) – Regionen eben auch Ergebnisse handlungsorientierter menschlicher Entscheidung sind, also »gemacht« werden bzw. gemacht werden können.[7] Mit diesem Erklärungsansatz werden in überzeugender Weise die vor allem für die Erklärung der »Erschaffung« von nationaler Identität entwickelten Prinzipien auf die regionale Thematik umgelenkt. Es zeigt sich bei näherem Hinsehen sogar, dass dieser Prozeß des Erschaffens von Regionen durchaus nichts seltenes ist, sondern in gewisser Weise sogar als Regelfall angesehen werden kann. Er ist zudem beschrieben worden als »Reaktion auf die durch die Moderne verursachte Vereinheitlichung und Verunsicherung«[8] und somit als Teil eines umfassenden Gesamtprozesses.

Entscheidend ist bei diesem Verfahren die Zuweisung spezifischer, einem bestimmten Raum zugewiesener Attribute kultureller, sozialer, wirtschaftlicher oder auch politischer Art durch regionale Eliten, die damit eine konkrete Absicht verfolgen. Durch die Addition dieser Raumattribute im kollektiven Gedächtnis auch breiterer Bevölkerungsschichten entsteht so das Bewusstsein eines klar von anderen Räumen abgegrenzten, individuellen Raumgebildes. Auf der nächsten Ebene wird dann noch ein weiterer Schritt vollzogen: »Der Raum selbst dient dabei als das leichter kommunizierbare Symbol für die komplexen sozialen, politischen und kulturellen Inhalte individueller und kollektiver Identitätsbildung.«[9] Und ein solcher Raum erhält einen distinkten Namen, der diese symbolhafte Verdichtung kommunizieren soll.

II

Bezogen auf das Selbstverständnis des Rheinlandes in historischer Perspektive kann man aus diesen theoretischen Ansätzen folgern, dass aus dem amorphen und begrifflich eben nicht mit »Rheinland« assoziierten Raumgebilde beiderseits des Rheines in der Frühen Neuzeit[10] erst beginnend mit dem 19. Jahrhundert und gesteuert durch regionale und extraregionale Eliten eine als einheitlicher Raum empfundene Großregion wurde. Wie vielfältige Forschungen der letzten Jahrzehnte[11] gezeigt haben, war es vor allem die administrative Zusammenfassung im Rahmen der preußischen »Rheinprovinz«, die zum Bezugspunkt bzw. Katalysator der Entstehung eines Rheinland-Bewusstseins wurde. Welche Rolle in diesem Kontext die landesgeschichtlichen Aktivitäten, Vereinsgründungen und Publikationsprojekte gespielt haben, kann hier nicht behandelt werden – aber immerhin gibt es zu diesen Fragen einige Studien und Darstellungen.[12] Viel zu wenig wissen wir dagegen darüber, wo und von wem auf der politischen Ebene regionale Identitäten konstruiert wurden. Jedenfalls kann man schon für das Ende des 19. Jahrhunderts eine breit angelegte regionale Geschichtskultur im Rheinland nachweisen, die sich entweder partiell oder sogar ganzheitlich auf die »Rheinlande« als Bewusstseinsregion bezog. Inwieweit sich dieses Elitenphänomen auch in der Bevölkerung widerspiegelte, lässt sich nur durch intensivere Forschungen eruieren, die es leider für das Rheinland noch nicht gibt.[13] Eine Verstärkung dieser Entwicklung vollzog sich dann nach dem desaströsen Ende des Ersten Weltkrieges unter den Bedingungen der Rheinland- und Ruhrbesetzung. Wie in der Studie von Franziska Wein gezeigt wurde, brachte diese Sonderrolle des Rheinlandes eine enorme Verstärkung der auf das Rheinland als Geschichtsraum bezogenen Aktivitäten. Die »Jahrtausendfeiern« der Rheinprovinz im Jahre 1925 dürfen dabei als ein quantitativer und qualitativer Höhepunkt dieser Bewegung angesprochen werden.[14] Insgesamt verdichtete sich die Tendenz, das Rheinland als symbolischen Raum zu definieren, der auch in seiner politisch bedingten Sonderrolle unter der Besatzungsherrschaft genug eigene und klar abgrenzbare Raumattribute auf der Ebene von Mythen, Erinnerungsorten[15] und kollektiven Erinnerungen aufbringen konnte, um sich als Mentalitätsraum mit einheitlicher Geschichtskultur zu verstehen und gegen andere Besitzansprüche zu verteidigen. Mit dieser durchaus offenen Konstruktion einer Bewusstseinsregion »Rheinland« haben wir es auch heute noch zu tun, denn die versuchsweise vorgenommene Definition von dem, was wir heute als »rheinisch« bezeichnen würden, käme auch nicht über die Aufzählung von Mythen, Kollektivsymbolen und Erinnerungspunkten hinaus – auch wenn das konkrete Material sich sicher von dem des Jahres 1925 unterscheiden würde. Gleichwohl erweisen sich solche »imaginäre Gemeinschaften«[16] als durchaus langlebig und persistent – und sei es nur durch die regionale Kultivierung bestimmter Verhaltensformen und Umgangsstile. Das »Rheinische« ist dann nur noch der »mythische Kitt«[17], aus dem sich aktuell-politisch mancherlei konstruieren lässt.

Anmerkungen

1. Norbert Schloßmacher: Rheinland, in: Lexikon für Theologie und Kirche, Bd. VIII, 1999, Sp. 1157-1159, Zitat: Sp. 1157.
2. Als Überblick zur Literatur bis etwa 1990/91: Armin Flender: »Region – Geschichte und Identität«. Eine kommentierte Auswahlbibliographie, in: Informationen zur Raumentwicklung 11 (1993), S. 793-800. Als interdisziplinäre Bilanz angelegt ist der Band von Gerhard Brunn (Hrsg.): Region und Regionsbildung in Europa. Konzeptionen der Forschung und empirische Befunde. Baden-Baden 1996 [= Schriften des Instituts für europäische Regionalforschungen, Bd. 1]. Eine Auflistung der umfangreichen einschlägigen Literatur unterbleibt hier aus Platzgründen.
3. Weiterführender Überblick zur Forschungslage: Celia Applegate: A Europe of Regions: Reflections on the Historiography of Sub-National Places in Modern Times, in: American Historical Revue 104 (1999), S. 1157-1182. Als Versuch einer Zwischenbilanz für die Frühe Neuzeit und das 19. Jahrhundert: Stefan Brakensiek/Axel Flügel (Hrsg.): Regionalgeschichte in Europa. Methoden und Erträge der Forschung zum 16. bis 19. Jahrhundert. Paderborn 2000 [= Forschungen zur Regionalgeschichte, Bd. 34], hier besonders Axel Flügel: Regionalgeschichte in Europa – eine Nachlese, ebd. S. 275-292. Mit europäischer Perspektive zudem der Band Heinz-Gerhard Haupt/Michael G. Müller/ Stuart Woolf (Hrsg.): Regional and National Identities in Europe in the XIXth and XXth Centuries. The Hague 1998.
4. Anstelle weiterer Literatur nur der Hinweis auf den Sammelband von Rolf Lindner (Hrsg.): Die Wiederkehr des Regionalen. Frankfurt a.M./New York 1994. Dass die geschichtswissenschaftliche Debatte dabei sehr viel der Fachdiskussion der Geographen verdankt, sei wenigstens angemerkt. Vgl. als konziser Überblick: Hans Heinrich Blotevogel: Auf dem Weg zu einer »Theorie der Regionalität«: Die Region als Forschungsobjekt der Geographie, in: Brunn (Anm. 2), S. 44-68.
5. Aktuellster Überblick: Georg Kunz: Verortete Geschichte. Regionales Geschichtsbewußtsein in den deutschen Historischen Vereinen des 19. Jahrhunderts. Göttingen 2000, Einleitung, bes. S. 14 ff. [= Kritische Studien zur Geschichtswissenschaft, Bd. 138]. Die folgenden Ausführungen basieren z.T. auf dieser Darstellung. Wichtige weitere Darstellung: Thomas Kühne: Die Region als Konstrukt. Regionalgeschichte als Kulturgeschichte, in: James Retallack (Hrsg.): Sachsen in Deutschland. Politik, Kultur und Gesellschaft 1830-1918. Bielefeld 2000, S. 253-263 [= Studien zur Regionalgeschichte, Bd. 14].
6. Beide Zitate: Kunz (Anm. 5), S. 14 f.
7. Vgl. exemplarisch und mit entsprechenden Ausführungen zu Hobsbawm: Detlev Briesen/Rüdiger Gans: Regionale Identifikation als »Invention of Tradition«. Wer hat und warum wurde eigentlich im 19. Jahrhundert das Siegerland erfunden?, in: Berichte zur deutschen Landeskunde 66 (1992), S. 61-73.

8. Peter Heil: Warum es keine Rheinland-Pfälzer gibt. Über die Beständigkeit und Wirkung älterer Regionalidentitäten in einem neuen Land, in: Michael Matheus (Hrsg.): Regionen und Föderalismus. 50 Jahre Rheinland-Pfalz. Stuttgart 1999, S. 49-64, Zitat S. 56 [= Mainzer Vorträge, Bd. 2].
9. Kunz (Anm. 5), S. 25.
10. Zur Situation im 18. Jahrhundert prägnant formulierend Claudia Schnurmann: Der Handel in den Rheinlanden im 18. Jahrhundert, in: Dietrich Ebeling (Hrsg.): Aufbruch in eine neue Zeit. Gewerbe, Staat und Unternehmer in den Rheinlanden des 18. Jahrhunderts. Köln 2000 (Der Riss im Himmel, Bd. 8), S. 33: »Der Begriff Rheinland, der so hervorragend menschliche Vielfalt zugunsten angeblicher natürlicher Einheit zu nivellieren vermag, wurde zur Bezeichnung eben jener territorialen Vielfalt beiderseits des Nieder- und nördlichen Mittelrheins von den Zeitgenossen nicht gebraucht. Sie hatten kein Bewußtsein einer Einheit, die das heutige Verständnis des Terminus Rheinlande suggeriert; für sie hatten trotz aller zweifellos vorhandenen mentalen, kulturellen und familiären Gemeinsamkeiten unter den Einwohnern im Einzugsbereich des Rheins, zwischen Maas, Niers, Rur, Mosel, Wupper, Ruhr und Lippe politische Grenzen und Zugehörigkeiten Vorrang. [...] Das Rheinland, ein seltsam konturenloser Teil des deutschen Reiches und des Niederrheinisch-Westfälischen Reichskreises, existierte nicht als Gesamtvorstellung.«
11. Vgl. für den Zeitraum bis 1990 den Beitrag von Beate-Carola Padtberg: Die rheinisch-preußische Geschichte zwischen 1815 und 1915 im Spiegel der Veröffentlichungen seit dem Ersten Weltkrieg. Ein Forschungsüberblick, in: Joseph Hansen: Preußen und die Rheinlande von 1815 bis 1915. Hundert Jahre politischen Lebens am Rhein. Hrsg. v. Georg Mölich. Köln 1990, S. 327-349; zudem: Auswahlbibliographie 1918-1990, ebd., S. 351-371.
12. Vgl. für das 19./20. Jahrhundert nur Max Braubach: Landesgeschichtliche Bestrebungen und historische Vereine im Rheinland. Überblick über ihre Entstehung und Entwicklung. Düsseldorf 1954; Klaus Pabst: Landesgeschichte und Geschichtsvereine im Rheinland, in: Geschichte im Westen 7 (1992), S. 28-39; Franziska Wein: Deutschlands Strom – Frankreichs Grenze. Geschichte und Propaganda am Rhein 1919-1930. Essen 1992 [= Düsseldorfer Schriften zur Neueren Landesgeschichte und zur Geschichte Nordrhein-Westfalens, Bd. 33]; dies.: Der Rhein in der Landesgeschichte. Deutscher Strom oder europäische Achse?, in: Westfälische Forschungen 46 (1996), S. 177-185; Auf der Suche nach regionaler Identität. Geschichtskultur im Rheinland zwischen Kaiserreich und Nationalsozialismus. Bergisch Gladbach 1997 [= Bensberger Protokolle, Bd. 89].
13. Vgl. für andere deutsche Räume z. B. Celia Applegate: A Nation of Provincials. The German Idea of Heimat. Berkeley 1990 (zur Rheinpfalz); Alon Confino: Konzepte von Heimat, Region, Nation und Staat in Württemberg von der Reichsgründung bis zum Zweiten Weltkrieg, in: Dieter Langewiesche/Georg Schmidt (Hrsg.): Föderative Nation. Deutschlandkonzepte von der Reformation bis zum Ersten Weltkrieg. München 2000, S. 344-359; ders.: Die Nation

als lokale Metapher. Heimat, nationale Zugehörigkeit und das Deutsche Reich 1871-1918, in: Zeitschrift für Geschichtswissenschaft 44 (1996), S. 421-435.

14. Zu den »Jahrtausendfeiern« und ihrem Kontext neuerdings: Rüdiger Haude: »Kaiseridee« oder »Schicksalsgemeinschaft«. Geschichtspolitik beim Projekt »Aachener Krönungsausstellung 1915« und bei der »Jahrtausendausstellung 1925«. Aachen 2000 [= Beihefte der Zeitschrift des Aachener Geschichtsvereins, Bd. 6], dort S. 295 ff. die ältere Literatur.
15. Zum französischen Forschungskonzept der »Gedächtnis- bzw. Erinnerungsorte«: Pierre Nora: Les lieux de memoire. Bd. I: La République, Bd. II (in 3 Bänden): La Nation, Bd. III (in 3 Bänden): Les France. Paris 1984-1992. Zusammenfassend zum Konzept: Pierre Nora: Zwischen Geschichte und Gedächtnis: Die Gedächtnisorte, in: ders.: Zwischen Geschichte und Gedächtnis. Frankfurt a. M. 1998, S. 11-42. Das Konzept ist in den letzten Jahren unter der Leitung von Etienne François und Hagen Schulze auch auf die deutsche Geschichte übertragen worden. Vgl. den Sammelband von Constanze Carcenac-Lecomte (u. a.) (Hrsg.): Steinbruch. Deutsche Erinnerungsorte. Annäherungen an eine deutsche Gedächtnisgeschichte. Frankfurt a. M. 2000. Mittlerweile liegt der erste der auf drei umfangreiche Bände anglegten Darstellungsreihe vor: Etienne François/Hagen Schulze (Hrsg.): Deutsche Erinnerungsorte I. München 2001, hierin besonders die Einleitung der Herausgeber, S. 9-24. Die Bände II und III der Reihe sollen im Herbst 2001 erscheinen. Insgesamt werden dann Essays zu ungefähr 120 »Deutschen Erinnerungsorten« auf der nationalen Ebene vorliegen. Inwieweit dieses Konzept auf die regionale Ebene übertragen werden kann bzw. sollte, wäre intensiv zu diskutieren.
16. Begrifflichkeit von Benedict Anderson: Imagined Communities. Reflections on the Origin and Spread of Nationalism. London 1983 (deutsch u. d. Titel: Die Erfindung der Nation. Zur Karriere eines erfolgreichen Konzepts. Frankfurt a. M. 1988). Die Übertragung dieses Konzeptes auf die Region als Forschungsgegenstand ist mehrfach vorgeschlagen worden
17. Begriffsprägung bei Kühne (Anm. 5), S. 260.

»Rheinische Kirche« – Kirche im Rheinland

Von Heinz Finger

Msgr. Prof. Dr. Dr. Eduard Hegel
zum 90. Geburtstag

»Der Begriff ›rheinische Kirche‹ ist eine Hilfskonstruktion.« So stellte schon 1962 Eduard Hegel, damals Theologieprofessor in Münster und später Ordinarius für Kirchengeschichte in Bonn, in einem Aufsatz fest, der den Titel trug *Die rheinische Kirche in römischer und frühfränkischer Zeit.*[1] Hegel fand diese Hilfskonstruktion so nützlich, dass er sie in diesem Aufsatz von 21 Seiten ständig verwendete. Bedeutungsgleich und wohl nur als stilistische Variante gebrauchte er dort auch die Bezeichnung »rheinisches Christentum«.[2] Hegels Begriffsverwendung ist klar und eindeutig. Der hochverdiente Erforscher und Lehrer der rheinischen Kirchengeschichte meinte stets »Kirche im Rheinland«.

Ganz entsprechend war und ist wohl der Usus der meisten anderen Theologen und Historiker, wenn sie von der rheinischen Kirche sprechen. Schließlich ist so auch für die rheinischen evangelischen Christen die unierte Rheinische Landeskirche in offizieller Formulierung stets die »Evangelische Kirche im Rheinland«. Theologisch betrachtet ist für beide Konfessionen in diesem Punkt alles ganz einfach. Es gibt nur eine Kirche (unabhängig davon, ob diese nun konfessionsdogmatisch sichtbar oder unsichtbar ist), die sich in vielen Ortskirchen darstellt.

Dennoch muss dem Historiker die Frage erlaubt sein: Hat es im Rheinland jemals eine Regionalkirche gegeben, die dermaßen eigentümliche Züge trug, dass sie durch *differentiae specificae* aus dem *genus* der normalen Ortskirchen auszugliedern ist? Diese Frage ist – und ich sage ausdrücklich gottlob – zu verneinen. Nur einmal hat es Ansätze in diese Richtung gegeben, Ansätze freilich, die von Anfang an wenig tragfähig waren.

Als der Kölner Erzbischof Hermann von Wied sich seit März 1542 zum gemeinsamen oder doch wenigstens gleichzeitigen Erschrecken Kaiser Karls V. und Luthers ans Reformieren gab, gedachte er, weder Rom noch Wittenberg, sondern der eigenen Erleuchtung zu folgen. So war denn auch sein »Einfaltigs bedencken, warauff ein Christliche, in dem Wort Gottes gegrünte Reformation anzurichten seye«[3] trotz fleißiger Mitarbeit von Martin Bucer und Philipp Melanchthon in ganz wesentlichen Punkten von ihm selbst gestaltet.[4] Der Inhalt dieses Kölner Reformationsentwurfes tendierte zu einer einmaligen, auf dem europäischen Kontinent unvergleichbaren kirchlichen Ordnung, die nur in der anglikanischen Kirche eine gewisse spätere Entsprechung fand.[5] Erzbischof Hermann verfolgte mehrere Tendenzen. Einmal wollte er seine neugewonnene, schlichte, biblizistische Frömmigkeit verbindlich machen. Theologische Spitzfindigkeiten, aber auch viele wissenschaftlich-theologische Grundlagen schienen ihm entbehrlich.

In diesem Sinne erklärte er seinen neuen evangelischen Ratgebern, man solle ihn mit den Lehren Luthers in Ruhe lassen. Andererseits hasste Hermann von Wied unnötige Veränderung. So schärfte er Bucer und Melanchthon ein, »mehr aufzubauen als niederzureißen«. Was mit dem »Einfältigen Bedenken« eingerichtet werden sollte, war – sicher vergröbert ausgedrückt – eine rheinische katholische Landeskirche, in der jeder, der dies wünschte, evangelisch glauben und leben konnte. Voraussetzung für seinen Seelenfrieden war, dass er keinen störenden Prinzipienstreit vom Zaun brach. Die gleiche geistige Abstinenz wurde von Katholiken erwartet, die im Erzstift Köln so lange gut aufgehoben gewesen wären, wie sie nicht zu impertinent nach dem Sinn der beibehaltenen kirchlichen Bräuche hätten leben wollen. Vor allem galt, das bestehende Pfründenwesen in Stiftern und Pfarreien blieb unangetastet. Für die Stiftskanoniker sollten die feierlichen Gelübde und der Zölibat beseitigt, aber Privilegien und Besitzstand garantiert werden. Hier könnte die sonst eher frivole Gegenüberstellung »kölsch katholisch« statt »römisch katholisch« angebracht und wirklich einleuchtend sein.

Es verwundert nicht, dass man in Wittenberg solche Kompromißbereitschaft nicht als Konzession an rheinische Lebensfreude tolerieren konnte. Hier sah man in der »Kölner Reformation«, die man verächtlich als »Confessio senis Coloniensis« bezeichnete[6], kein evangelisches Bekenntnis, sondern eine eigenständige Entwicklung zum Irrtum. Luther schloss sein anfangs zurückhaltendes Urteil über das »Einfältige Bedenken« mit den Worten: »Darumb hab ich sein satt vnd bin vber die massen unlustig drauff.«[7] Papst und Kurie hat dieser historisch einmalige Versuch einer halb schismatischen, halb häretischen rheinischen Kirchengründung jahrelang sehr ernsthaft beschäftigt. Vielleicht hat die römische Kirche ihrer allzeit getreuen Tochter, der heiligen Kölner Kirche, niemals sonst soviel konzentrierte Aufmerksamkeit gewidmet.

Uns interessiert hier, dass diese einmalig konzipierte rheinische Kirche niemals real existiert hat, sondern bereits *in statu nascendi* ihren konzeptionellen Widersprüchen erlag. Festzuhalten ist auch, dass diese Kirche nur für den Kölner Kurstaat, nicht für das dreimal größere

Erzbistum, viel weniger noch für das gesamte Rheinland geplant war. Entscheidend für unsere Fragestellung ist aber wohl, dass der Kölner Reformationsversuch nicht wirklich in der rheinischen Tradition stand, sondern diese eher unterbrach. Nicht zufällig hat man ja Erzbischof Hermanns Kirchenordnung als protoanglikanisch beurteilt.

Der am ehesten typisch rheinische Zug, der bei dieser kirchlichen Krise zum Ausdruck kam, war wohl die Handlungsweise des Kölner Metropolitankapitels nach Hermanns von Wied Tod am 15. August 1552. Die Herren ließen es sich nicht nehmen, für den vom Papst sechs Jahre vorher exkommunizierten und abgesetzten Erzbischof im Chor des Kölner Domes feierliche Exequien zu halten.[8] Es störte die Kapitelherren in diesem Zusammenhang wenig, dass dem exilierten Kirchenfürsten gleichzeitig in Niederbieber ein protestantisches Begräbnis zu Teil wurde.[9]

Um das wirklich Typische für die rheinische Kirche als Kirche im Rheinland herauszustellen, ist die Betrachtung der Eskapade Erzbischof Hermanns V. von Köln wenig geeignet. Die über eine echte *longue durée* besonderen rheinischen Kirchentraditionen müssen anderswo gesucht werden. Redlicherweise ist es aber zunächst notwendig, den Begriff des Besonderen im Kontext von Religion und Kirche zu relativieren. Es geht hier nicht um echte *propria* im philosophisch-logischen Sinne, sondern nur um relative Eigentümlichkeiten. Eine universale Kirche bringt eben sowohl analoge wie auch in ihrer Genese verwandte Sonderheiten hervor, die sich in ganz verschiedenen Einzelregionen finden und nie weiträumig oder gar allgemein verbreitet waren.

Ein hypothetisches Beispiel mag der Verdeutlichung dienen. Wenn sich ein bestimmter liturgischer Brauch in der Erzdiözese Köln oder in der Erzdiözese Trier, nicht aber sonstwo in Deutschland oder Frankreich findet, so besagt dies noch lange nicht, dass dieses Phänomen gottesdienstlicher Tradition einzigartig ist. Es mag sich durchaus, wenn auch vielleicht während einer ganz anderen Epoche, beispielsweise in einer süditalienischen oder nordspanischen Diözese in recht genauer Übereinstimmung finden.

Dieser Beitrag hat ein doppeltes Ziel. Einmal soll er auf die genannten, letztlich zumeist nur relativen Eigentümlichkeiten der Kirche im Rheinland hinweisen. Er will aber auch der Erkenntnis über die Wirkung kirchlicher Institutionen für die Entstehung regional rheinischen Bewusstseins dienen. Die Erfüllung der ersten Aufgabe wird in drei Schritten versucht.

Zunächst geht es um das Alter der Kirche im Rheinland. Die rheinische Kirche ist älter als alle anderen in Deutschland. Dann soll die relative Ungebrochenheit rheinischer Kirchentraditionen untersucht werden, und zwar durch einen Blick auf die Geschichte des Rheinlandes in der Reformationszeit. Schließlich soll die oft festgestellte besondere Gewichtung des volkskirchlichen Charakters der rheinischen Kirche untersucht werden. Beim zweiten und dritten Punkt wird die evangelische Kirche im Rheinland voll berücksichtigt werden, während sie bei der Frühgeschichte des Christentums im Rheinland natürlich nur implizit behandelt werden kann.

I. Das Alter der rheinischen Kirche

1993 veröffentlichte der Bonner Kirchenhistoriker Ernst Dassmann sein kleines, aber inhaltsschweres Büchlein »Die Anfänge der Kirche in Deutschland. Von der Spätantike bis zur frühfränkischen Zeit.«[10] Zu 90 Prozent ist darin rheinische Kirchengeschichte behandelt. Nur 10 Prozent sind der Raetia secunda mit Augsburg, Regensburg und Passau reserviert. Fragt man nicht wie Dassmann nach den Anfängen der Kirche in Deutschland, sondern nach den Wirkungen dieser Anfänge bis hin zur Gegenwart, nimmt also die Sichtweise an, die hier im Vordergrund steht, dann schrumpft die Bedeutung der frühen Kirche an Lech und Donau noch mehr zusammen. Schließlich fehlte es dieser weitestgehend an der für das Rheinland gesicherten Kontinuität bis zur Gegenwart. So wurde der eh nur hypothetische Bischofssitz von Augsburg über eine ausschließlich archäologisch vermutbare Zwischenstation bei Telfs im Inntal nach Säben und schließlich nach Brixen verlegt.[11] In Augsburg wurde dann irgendwann im Frühmittelalter eine neue Diözese ohne römische Wurzeln gegründet. Nachweisbar ist diese erst in der Mitte des 8. Jahrhunderts.[12]

Ganz anders im Rheinland. Hier besitzen die Bischofsstühle von Köln, Mainz und Trier eine Ortskontinuität von der Spätantike bis zur Gegenwart, die nur in Köln einmal kurzfristig und erst im frühen 19. Jahrhundert unterbrochen wurde.[13]

Das Kontinuitätsproblem besteht im Rheinland ausschließlich in den Lücken in den Bischofslisten von Mainz und Köln.[14] Die Trierer Bischofsliste ist auch für die quellenmäßig dunkelsten Zeiten lückenlos.[15] Keine Transferierung von Bischofssitzen erschütterte je die kirchlichen Ortstraditionen.

Im nicht rheinischen, aber doch sehr rheinnahen Bistum des Maaslandes kam es zwar zur Verlegung der *sedes episcopalis* von Tongern nach Maastricht und von dort nach Lüttich[16], jedoch was besagen solch kurze Distanzen gegenüber einer Transferierung über den Alpenkamm? Aber nicht nur in den rheinischen Bischofsstädten, sondern auch in den ehemaligen spätrömischen Kastellorten wie Bonn, Remagen (?), Andernach, Boppard, Bingen existiert eine kirchliche Tradition von rund anderthalb Jahrtausenden.[17]

Das Alter der rheinischen Kirche hat keinen bloßen Ehrenrang der Anciennität begründet, sondern war Ursache einer mehr als tausendjährigen Präponderanz der Kirche im Rheinland innerhalb des Kreises der Kirchen in Deutschland. In den Grenzen des heutigen Deutschland gab es im Mittelalter nur insgesamt fünf Erzbischofssitze. Unter diesen übertrafen die drei rheinischen, in innerkirchlicher Rangfolge genannt, Trier, Mainz und Köln, die zwei nichtrheinischen Hamburg(-Bremen) und Magdeburg in jeder Beziehung. Der kirchliche Vorrang des Rheinlandes wurde auch im weltlichen Bereich durch die Institution der Kurerzbistümer wirksam.

Die rheinische Kirche hat ihren Altersvorrang bei praktisch jedem großen Wechsel in der Kirchengeschichte erneuert. Als seit dem frühen 9. Jahrhundert das Mönchswesen allmählich auf die benediktinische Norm gebracht wurde, geschah dies zunächst von Inden (dem späteren Kornelimünster) bei Aachen aus.[18] Als um die erste Jahrtausendwende die Cluniazenserreform und ihre Tochterreformen über Lothringen nach Deutschland einwirkten, erreichte diese klösterliche Erneuerungsbewegung natürlich das Rheinland zuerst.[19]

Während der Mendikantenbewegung im 13. Jahrhundert entstand das erste dichte Netz von Franziskanerkonventen Deutschlands in den Städten am Rhein.[20] Schon zu Lebzeiten des hl. Franziskus haben sich Niederlassungen der Minderbrüder in Köln und Mainz gebildet. In Neuss, wo sich spätestens 1237 (wahrscheinlich schon 1234) ein Minoritenkonvent befand, entstand 1283 eines der ersten Klarissenklöster Deutschlands.[21] Im 16. Jahrhundert wurde in Köln die erste deutsche Jesuitenniederlassung gegründet.[22] Die Reihe der Beispiele ließe sich noch beträchtlich verlängern.

Neben der Betonung echter Anciennitäten gab es im Rheinland auch stets legendäre kirchliche Altersvorränge. Erwähnt werden soll hier zuerst die besondere Beziehung Kölns zum Kartäuserorden, dessen Gründer ja auch heute noch allgemein und mit Recht Bruno von Köln genannt wird. Schon am Ende des 15. Jahrhunderts wurde daraus in der niederrheinischen Metropole die freilich allzu kühne Behauptung abgeleitet, der »allervernoempste, strengste und billichste Orden« sei von dort ausgegangen.[23] Im frühen 16. Jahrhundert bemühte sich dann die Kartause von St. Barbara in Köln unter ihrem Prior Petrus Blomevenna, innerhalb des Ordens den gleichen Rang einzunehmen wie die südfranzösische Grande Chartreuse.[24]

Zur auch typisch rheinischen Traditionsideologie gehört gewiss auch der Versuch, die ja tatsächlich sehr frühen Ursprünge der »rheinischen Kirche« bis in die apostolische Zeit heraufzudatieren. So machten die Trierer Eucharius und Valerius und die Kölner Maternus zu Schülern des Apostels Petrus.[25] Die beiderseitigen Legenden wurden früh (wenn nicht gar von Anfang an) miteinander verwoben.

Später entwickelte die Kölner Tradition ganz selbständig eine noch ehrwürdigere Ursprungslegende. Drastisch formuliert, »setzten sie noch eins drauf«, wenn sie ihren ersten Bischof gar zu einer biblischen Person machten. Nicht ohne eine indirekte Hilfe am Namen ihres früheren Oberhirten zu finden (Maternus = der Mütterliche), identifizierten sie ihn mit dem von Christus von den Toten erweckten Jüngling von Naim, »dem einzigen Sohn seiner Mutter« (Lk 7,12).[26]

Die Kirche im Rheinland hat stets zahlreiche Einflüsse auf die Kirchen rechtsrheinischer Regionen ausgeübt. Diese geistig-geistlichen Wirkungen reichten bis nach Polen hinein. Die rheinischen Zisterzienserabteien gründeten Tochterklöster in Richtung Osten. Zumindest Altenberg hat seinen Einfluss auf die Konvente von Lekno (Luckna) und Lond (Lynda) in Polen bis ins ausgehende Mittelalter behalten.[27] Rechtsrheinische Einflüsse auf die rheinische Kirche, die nicht wie die des Theologen Rupert von Deutz vom rechtsrheinischen Rheinland ausgingen, sind nur schwer zu belegen. Innerhalb des späteren Deutschland und allgemein in Richtung Osten und Norden war die rheinische Kirche stets gebender und nicht empfangender Partner.

Am meisten gilt dies für die Kirche in Westfalen, die durch die Kölner Suffraganbistümer Münster, Osnabrück und Minden von ca. 800 bis ca. 1800 dem Rheinland 1000 Jahre eng verbunden war.[28] Die rheinische Kirche vor 1200 Jahren, nicht die englische Besatzungsmacht, die vor einem halben Jahrhundert Nordrhein-Westfalen schuf, hat die vielfältige Verklammerung des Rheinlandes mit Westfalen begründet. Die Kirche im Rheinland hat die Kenntnis ihres ehrwürdigen Alters nicht nur in selten fehlendes Selbstbewusstsein umgesetzt, sondern sie wurde durch ihr Alter auch zu einer ganz besonders traditionellen Kirche.

Im Laufe von 1700 Jahren rheinischen Christentums wurden Kultur und Gesellschaft dieser Region stärker verchristlicht als dies für andere deutsche Landschaften, nicht nur östlich und nördlich der Elbe gilt. Das hohe Ausmaß der zumindest formalen Verchristlichung galt lange als ein besonderes Kennzeichen rheinischer Kultur und Lebensart. Volkskundler mit einer Vorliebe für wirkliches oder angebliches heidnisches Brauchtum haben das Rheinland gemieden wie der Teufel das Weihwasser. Wer zwischen Rhein und Maas Volkskunde betrieb, tat gut daran, alles angeblich

Germanische zu vergessen und sich auf Prozessionen und Wallfahrtsbräuche zu konzentrieren. Selbst der natürlich auch am Rhein verbreitete Aberglaube hatte bis vor wenigen Jahrzehnten ein irgendwie genuin innerkirchliches Gepräge.

Der durch das Alter der rheinischen Kirche wesentlich mitbedingte konservative Charakter manifestierte sich nicht zuletzt im Festhalten an anderswo aufgegebenen Liturgie- und Frömmigkeitsformen. Im offiziellen Gottesdienst der Kirche betrafen die Sonderheiten vor allem Taufe, Begräbnis und aufwendige Sonderfeiern wie z. B. die Glockenweihe.[29] So blieb im Rahmen der Taufriten die Ersatzkommunion bis lange in die Neuzeit erhalten, wenigstens gilt dies für den Kölner Sprengel. Der Priester benetzte die Zunge des neugeborenen Täuflings mit Absolutionswein oder sonstigem unkonsekrierten Wein.[30] Im Bereich der paraliturgischen Feiern gelang es der Kreuzwegandacht mit ihren vierzehn Stationen bis zur Wende vom 18. zum 19. Jahrhundert nicht, ihr älteres Äquivalent, die Andachtsübung der »sieben Fußfälle« zu verdrängen.[31]

Den seit dem Spätmittelalter weit verbreiteten Vierzehn Nothelfern standen die rheinischen Christen des Kölner und Lütticher Sprengels sehr skeptisch gegenüber, und zwar bis weit ins 18. Jahrhundert hinein. Zwar finden sich auch im Rheinland ältere Nothelferkapellen, aber meist rechtsrheinisch wie in Düsseldorf (Stoffeler Kapelle) oder in regionaler Randlage.[32] Im linksrheinischen Kernland hielt man den Vier Heiligen Marschällen, Antonius Abbas (rheinisch »Ferkes Tünn«), Papst Cornelius, Bischof Hubertus und Quirinus, die Treue.[33] (Es ist eindeutig, dass hier auch der Lokalpatriotismus von Neuss und Kornelimünster auf eine regionale Ebene gehoben wurde.)

Dass Intensität und Dauer der Verehrung, besonders der Verehrung der Marschälle Hubertus und Quirinus auch mit konkreten Ereignissen der rheinischen Geschichte zusammenhängt, ist gewiss, sollte aber nicht überbewertet werden. Am Hubertustag (3. November) 1444 besiegte Herzog Gerhard II. von Jülich und Berg in der Schlacht bei Linnich den geldrischen Herzog Arnold van Egmond, wobei der Schlachtruf der Jülicher Seite »Sankt Huprecht« gewesen sein soll. 1445 gründete Herzog Gerhard den Hubertus-Ritterorden.[34] Eine sehr wesentliche Förderung des längst etablierten Hubertuskultes war damit nicht verbunden. Der neue »Orden« war eine fast rein höfische Angelegenheit. Schon vor 1441 war vom klevischen Herzog Adolf I. ein dem Marschall Antonius Abbas geweihter Ritterorden gegründet worden[35], ohne dass irgend ein historisches Ereignis Anlass gewesen wäre.

In Neuss führte das Überstehen der schweren Belagerung der Stadt durch Karl den Kühnen (1475/76) ganz gewiss zu einem besonderen Aufblühen der Quirinusverehrung.[36] Ob diese Blüte aber die der Zeit der Erbauung des Quirinusmünsters übertraf, ist sehr zu bezweifeln.

Ein weiteres Charakteristikum der rheinischen Kirche muss ebenfalls als Folge ihres ehrwürdigen Alters gelten. Hier ist das Auftreten der Erzbischöfe mit rituellen Akzidenzien gemeint, die man sonst eher mit dem Papst assoziierte. Als Beispiel sei das aufwendige Zeremoniell der vom Kölner Erzbischof im Mittelalter zelebrierten Stationsgottesdienste genannt.[37]

Überaus typisch ist auch eine besondere Art kirchlicher Romfixierung, die nicht mit der nachtridentinischen Entwicklung des Papsttums zu erklären ist und die keineswegs allein in Papsttreue wurzelt. Zuerst zu nennen sind die bis heute noch nicht endgültig verschwundenen Bezeichnungen »Sancta Coloniensis ecclesia – die Heilige Kölner Kirche« und »Sancta Moguntiensis sedis – der Heilige Stuhl zu Mainz«.

Die Tatsache, dass die besondere Art kirchlicher Romfixierung im Rheinland gelegentlich an der profanen rheinischen Römertradition eine Stütze findet, kann eher beiläufig erwähnt werden. Eines von vielen Beispielen stellt die schon genannte stadtkölnische Verehrung Brunos des Kartäusers dar. Auch der asketische Kölner Prior Petrus Blomevenna vergaß nicht zu erwähnen, dass die Familie Brunos, die Hardefust, zu den fünfzehn angeblich stadtrömischen Geschlechtern Kölns zählte.[38]

II. Die Besonderheiten des rheinischen Reformationszeitalters

Obwohl seit dem 16. Jahrhundert ein konfessionelles Mischgebiet *par excellence* wird das Rheinland immer wieder als erzkatholisch oder sogar »urkatholisch« bezeichnet. Es handelt sich bei diesem Phänomen gewiss um einen der großen regionalen Mythen der europäischen Kulturgeschichte. Sein Ursprung bleibt wie bei allen Mythen ziemlich dunkel. Auch der Zeitpunkt seiner Entstehung lässt sich nicht genau bestimmen. Vermutlich war er dem 17. und 18. Jahrhundert noch fremd; nachweisen lässt er sich jedenfalls erst im 19. Jahrhundert. Ganz gewiss ist dieser Mythos kein Erbe der rheinischen Reformationszeit, aber damals wurde eine ganz wichtige Voraussetzung – keineswegs die Ursache – für seine Entstehung geschaffen. Mit dieser Voraussetzung meine ich die innerhalb Deutschlands ganz ungewöhnliche große Kontinuität der katholischen Kircheninstitutionen in den stürmischen Zeiten der Kirchenspaltung und der Gegenreformation.

Meist teilt man die am Ende des konfessionellen Zeitalters mehrheitlich katholischen Gebiete in drei Gruppen ein.[39] Dieser Systematisierung haftet gewiss etwas Künstliches an, aber der hermeneutische Nutzen überwiegt. Es gibt in Deutschland nur sehr wenige Zonen, die von den unmittelbaren Auswirkungen der Reformation kaum erfasst wurden. Das Rheinland als Ganzes gehört nicht dazu, sondern im rheinischen Bereich praktisch nur Teile des Kurerzstifts Trier und der heute rheinische Anteil des geldrischen Oberquartiers. Letzteres war in der entscheidenden Phase der Konfessionalisierung Bestandteil der Spanischen Niederlande.

In die zweite Gruppe ordnet man Territorien ein, die durch die Gegenreformation für die katholische Kirche zurückgewonnen wurden. Solche sind im Rheinland nicht zu finden. Die »Gegenreformation« im engeren Sinne, also unterschieden vom Begriff der »Katholischen Reform«, begann im Rheinland sehr spät und blieb dann in ihren Ansätzen stecken.

Größer als die Zahl der rekatholisierten und der von der Reformation unberührten Territorien, ist die der dritten Gruppe, in denen die durch die Reformation angeschlagene Position der katholischen Kirche ohne eigentliche Gegenreformation einfach restauriert wurde, wie dies beispielsweise in den westfälischen Hochstiftern Münster und Paderborn und im »Kölnischen Sauerland« (*Herzogtum Westfalen*) geschah. Das Rheinland passt auch nicht in diese Gruppe.

Die zumindest für Deutschland singuläre rheinische Entwicklung verlief, generalisierend dargestellt, etwa so: Die Reformation fasste relativ spät, dann aber in beträchtlichem Umfang Wurzel. Schließlich bekannte sich etwa ein Viertel der Rheinländer zu einem protestantischen Bekenntnis. Das Zahlenverhältnis der Reformierten zu den Lutheranern betrug am Ende etwa drei zu zwei.

Fast überall aber (Ausnahmen sind beispielsweise die Grafschaften Moers und Wied) blieb die katholische Kirchenorganisation vollständig intakt. Selbst da, wo die evangelischen Christen die eindeutige Mehrheit errangen, blieben für die Katholiken in der Regel funktionsfähige Seelsorgestrukturen erhalten, teilweise mit einer Verlagerung von den Pfarrkirchen auf die Konventskirchen. Das Kirchengut blieb fast generell in katholischer Hand. Auch in evangelischen Landstrichen praktizierten die oft damals schon altehrwürdigen Klöster und Kollegiatsstifter weiterhin ihr feierliches Stundengebet. Selbst in der reformierten Hochburg Wesel behielten die Katholiken zwei Kirchen.[40]

Zugespitzt und etwas salopp kann man sagen: Die katholische Kirche verlor im Rheinland einen von vier ihrer Gläubigen, ihre Infrastruktur aber blieb unangetastet. Außer Seelen verlor sie nur einige Pfarrkirchen, oft genug verlor sie auch diese Gotteshäuser nicht vollständig, sondern musste sie zukünftig mit ihren ›abgefallenen Schäflein‹ teilen. Zur Erklärung dieses rheinischen Phänomens bedarf es des Hinweises, dass das »cuius regio – eius religio« im Rheinland wenig Wirkung hatte.

Dabei ist zu beachten, dass die Nichtbefolgung dieses Grundsatzes nicht einfach ein Ergebnis früher rheinischer »Liberalität« oder gar einer vorbildhaften, geradezu »vorzeitigen« Toleranz war, sondern dass zumindest für die Spätphase dieser Sonderentwicklung auch handfeste juristische Gründe zu finden sind. In Jülich-Kleve-Berg war seit den am 14. und 20. Juli 1609 erlassenen Reversalien der »possidierenden Fürsten« die Wirkung des reichsrechtlichen *ius reformandi* förmlich ausgesetzt.[41] Diese Nichtgültigkeit wurde in der Folge durch mehrfache Religionsrezesse von der brandenburgischen wie von der pfalzneuburgischen Dynastie bestätigt.[42]

Auch die Toleranz der Kölner Kurerzbischöfe entsprang weniger der von ihren Mainzer Kollegen gleichzeitig tatsächlich oft praktizierten Großzügigkeit als politischen Zwängen. Aber selbst für die Hochstifte der Metropoliten von Köln und Mainz sind Rechtsgründe der relativen Duldsamkeit ebenfalls vorhanden. Sie liegen in der »Declaratio Ferdinandea«, mit der der »Geistliche Vorbehalt« (*reservatum ecclesiaticum*) zum Schutz der Fürstbistümer von kaiserlich-katholischer Seite erkauft worden war.[43]

Nicht nur das katholische Haus Kleve, sondern in geringerem Umfang selbst der Kölner Erzbischof regierten auch über evangelische Ämter und Unterherrschaften. Kurköln besaß neben dem überwiegend evangelischen Amt Rheinberg vier protestantische Unterherrschaften, nämlich Issum, Alpen, Odenkirchen und Wevelinghofen. Unter den zahlreichen evangelischen Unterherrschaften in den Herzogtümern sind vor allem Broich (Mülheim a. d. Ruhr), Rheydt und Hardenberg zu nennen. In letzterer entstand im späten 17. Jahrhundert der sehr bedeutende katholische Wallfahrtsort Neviges, ohne dass sich (mit Ausnahme bei der regierenden Adelsfamilie) etwas an der Konfessionszugehörigkeit der Bewohner änderte.

Die für ein konfessionelles Mischgebiet einmalige katholische Kontinuität erstreckte sich nicht nur auf den mehr materiellen Bereich. Sie galt vor allem auch im Bereich der Pastoraltheologie, Liturgie, hierarchischen Organisation und Volksfrömmigkeit. Im Grunde betraf sie die gesamte religiöse Mentalität, und diese so universal beschaffene Kontinuität in der Reformationszeit ist es, die bis in die neueste Zeit fortlebte und die zur Ausprägung des typisch Rheinischen beigetragen hat.

Die rheinischen Katholiken fuhren fort, wie im späten Mittelalter die Kirchen der Großpfarreien zu einer Art inoffizieller Kollegiatskirchen auszubauen, in denen der Pfarrer mit bis zu fünf Kaplänen und einigen Minoristen die offiziellen Tagzeiten des *officium* pfarröffentlich sang und in denen liturgische Prachtentfaltung ebenso wie spätmittelalterliche Unbekümmertheit in Bezug auf die Rubrik vom gleichen volkstümlich frommen Geist getragen bis ins 19. Jahrhundert gleichermaßen prächtig gediehen. In manchen rheinischen Pfarreien, so z.B. in der Kölner St. Columba-Pfarre, wurden noch im 17. Jahrhundert eigene Chorkapläne angestellt, die nur im Notfall an den allgemeinen Seelsorgspflichten teilnahmen.[44]

Nicht nur in der liturgischen Praxis behält das nachreformatorische katholische Rheinland eigene Züge, sondern auch in den offiziellen liturgischen Büchern bestehen für den katholischen Bevölkerungsteil viele mittelalterliche Frömmigkeitsformen fort. Allgemein bekannt ist wohl die Tatsache, dass im Erzbistum Köln ausgerechnet 1614 im Erscheinungsjahr des »Rituale Romanum« eine überarbeitete Neuausgabe der »Agenda Coloniensis« erschien.[45] Es sollte über dieses wichtige Faktum hinaus nicht vergessen werden, dass 1626 und 1756 auch Neuausgaben des Kölner Messbuches gedruckt wurden.[46] Es ist gewiss wahr, dass sich dieses nicht grundlegend vom Missale Romanum unterschied (der Unterschied bei den Ritualien war weitaus größer), aber gerade die kleinen Unterschiede haben erwiesenermaßen großen und dauerhaften Einfluss auf die religiöse Volksmentalität gehabt.

Überhaupt sollte die Dauerhaftigkeit der Entscheidung für vortridentinische liturgische Kontinuitäten in der rheinischen Kirche nicht unterschätzt werden. Der endgültige Abschied von der inzwischen in »Collectio rituum Coloniensis« umbenannten Agenda Coloniensis erfolgte formal erst am 1. Adventssonntag des Jahres 1950.[47] In der Diözese Trier erhielten sich kleine Reste der vortridentinischen Messliturgie noch bis ins 19. Jahrhundert. Vielleicht für das religiöse Regionalempfinden bedeutender als all diese amtlichen Sonderheiten war ein unmittelbar emotional wirkendes kirchenmusikalisches Faktum. Bis in die zweite Hälfte des 20. Jahrhunderts existierten für einige Responsorien und eine der marianischen Antiphonen ins gregorianische System passende eigene kölnische Melodievarianten, die allerdings bezeichnenderweise fast nur noch in einigen Diasporagemeinden benutzt wurden.[48]

Im Bereich der hierarchischen Organisation überlebten im Rheinland vor allem im Kölner Sprengel die Archidiakonate unangefochten ihre zumindest prinzipielle Abschaffung durch das Konzil von Trient.[49] Bis ins 18. Jahrhundert schoben sich ihre und der Landdekanate Kompetenzen zwischen die bischöfliche Kurie und die Ortspfarreien. Bis ins 17. Jahrhundert traten sie zu zentralem Generalvikariat und Offizialat in echte Konkurrenz. Die Erzdiakone hatten größte Mühe, ihre Rechte als bischöfliche Beauftragungen zu deuten, und vertrauten auf ihre eigenwillige Auslegung von Apg 6,1-6, aus der sie ihre unmittelbare apostolische Beauftragung herleiteten.

Zur Entstehung einer eigenen rheinisch-religiösen Mentalität trugen die in der Laienwelt im Grunde wenig durchgreifenden Synodalgerichte der Erzdiakonate ebenso bei wie die Unübersichtlichkeit der Pfarreikompetenzen. In vielen Gebieten der rheinischen Kirche gab es die Pfarrei als eindeutige Institution nur in der Theorie; in der Praxis war es fast überall anders, da viele Kirchen nicht die vollen Pfarrechte, sondern nur unterschiedliche Teile davon besaßen.[50] »Halbpfarren« und Pfarrvikariate trugen im Rheinland wie die Erzdiakonate dazu bei, die mittelalterliche Kirche ohne Kontinuitätsbruch durch Reformation und Gegenreformation weiterleben zu lassen.

Zusammenfassend ist hervorzuheben, dass die katholische Kirche im Rheinland verglichen mit ihrer Situation in anderen deutschen Regionen geradezu ein Defizit an Konfessionalisierung aufwies, wenn man unter diesem Begriff – wie üblich – auch die Disziplinierung mitumfasst.

Eine durchaus verwandte Kontinuität und einen ähnlichen Konfessionalisierungs- und Disziplinierungsmangel zeigten auch die rheinischen Lutheraner. Es gab in ihrem Kreis Gemeinden, deren religiöses Brauchtum stark in ihrer vorreformatorischen Vergangenheit verwurzelt war, und auch solche, die der katholischen Minderheit nolens volens einen der Altäre ihrer Pfarrkirche überliessen, wie dies in Lennep geschah.[51] Andere tolerierten gar eine Wallfahrtskapelle in ihrer Gemarkung, die nicht immer nur ausschließlich von Katholiken aufgesucht wurde. Wohlgemerkt, es geht hier nicht um religiöse Gleichgültigkeit, die es natürlich stets und überall gegeben hat, auch nicht um frühe Toleranz, sondern ausschließlich um noch nicht rigoros verwirklichte Konfessionalisierung.

Da hier nicht der falsche Eindruck einer rheinischen Idylle im konfessionellen Zusammenleben erzeugt werden soll, muss die Verwendung des Begriffs »Konfessionalisierung« erläutert werden. Ihr festgestelltes Fehlen bedeutet hier nicht, dass ein gedeihliches Zusammenleben, vorauseilende ökumenische Gesinnung oder auch nur schlichter Konfessionsfriede geherrscht hat. Es wird vielmehr nicht mehr, aber auch nicht weniger behauptet, als dass die meisten rheinischen Christen lange mehr an der ungebrochenen Tradition der eigenen Religionsübung interessiert waren als an der Gegenüberstellung mit deren Gegnern, die sie deshalb noch lange nicht geschätzt oder gar geliebt haben.

Für die katholische Mehrheit im Rheinland bedeutete dies: Man hatte die Neuerungen der Reformation abgelehnt, aber in dieser durchaus eindeutigen Ablehnung wenig Kampfgeist entwickelt. In der Folgezeit zeigten viele rheinische Katholiken eine entsprechend geringe Begeisterung für die oft einschneidenden Reformen der Gegenreformation. Auch dieser gegenüber bewahrte man dieselbe konservative Reserve.

III. Die rheinische Kirche als Volkskirche

Der Begriff der Volkskirche wird hier wesentlich im Gegensatz zu Staatskirche verwandt und hat primär wenig mit Volksfrömmigkeit einerseits und Gewohnheitschristentum andererseits zu tun. Heinrich Böll sagte den Rheinländern, seinen Landsleuten, nach, dass sie die »weltliche Macht nie so recht ernst genommen« hätten und die »geistliche Macht weniger ernst, als man gemeinhin in deutschen Landen glaubt.«[52] Dies ist gewiss die – in diesem Fall rheinisch selbstgefällige – Aussage eines Dichters, der bei aller ihm eigenen Kritikfähigkeit bei diesen Worten von Heimatstolz bewegt wurde. Der Historiker würde dies ex officio vorsichtiger formulieren, aber er darf das Dichterzitat gewiss als Sekundärquelle für das Verhältnis von Bölls Landsleuten zu Kirche und Staat heranziehen.

Wie sehr man sich tatsächlich der Obrigkeit entzogen hat, zeigt das Verhalten dieser gegenüber, als sie unter den Kölner Kurerzbischöfen einen geistlich-weltlichen Doppelcharakter hatte. In bezug auf religiöse Traditionen ließ sich gerade die dörfliche Bevölkerung weder vom Bischof noch vom Landesherrn hineinreden, auch und gerade nicht, wenn beide Funktionen in einer Person vereinigt waren. Hansgeorg Molitor hat dies für das Zeitalter von Reformation und Gegenreformation in Kurköln an mehreren Beispielen überzeugend dargestellt.[53] So haben die Kölner Jesuiten im ersten Viermonatsbericht des Jahres 1558 für ihren Wirkungskreis die folgende Feststellung getroffen: »Hier hängt die Sache nicht von einem Herzog ab, einem Bischof, König oder Kaiser, sondern vom Volk, das wir uns mit vielen besonderen Unternehmungen geneigt machen müssen, bevor wir etwas erreichen können.«[54]

Die rheinische Kirche hat dem Staat nichts zu verdanken in bezug auf ihre Existenz, aber einiges in bezug auf gelegentliche materielle Ausstattung. Die erste Generation rheinischer Christen umfasste auch vom Staat verfolgte Märtyrer. Die zweite Generation musste in nachkonstantinischer Zeit den christlichen Glauben gegen den kaiserlichen Arianismus verteidigen.[55] Mehr als 1000 Jahre später folgten die kölnischen Katholiken nicht ihren beiden protestantischen Kurfürsten und die bergischen Protestanten nicht ihren katholischen Herzögen aus dem Hause Kleve. Was der Staat im Rheinland Bedeutendes für die Kirche getan hat, geschah im Mittelalter und war eigentlich ein unentwirrbares Geschäft auf Gegenseitigkeit. Ansonsten gab es in der Neuzeit staatlichen Kirchenraub und staatliche Sachzuwendung. Das größte Geschenk, nicht ohne ein Geflecht komplizierter Hintergedanken gewährt, war die Fertigstellung des Kölner Doms.[56]

Der zugegebenermaßen essayistische Überblick will auf den gegensätzlichen Befund in anderen Regionen hinweisen. In der westfälischen Schwesterregion hat ein Herrscher wie Karl der Große die Kirche begründet. In den meisten deutschen Landschaften entstand im 16. Jahrhundert entweder eine evangelische Landes- und Staatskirche wie in Sachsen und Württemberg, oder wie in Bayern eine katholische Teilkirche mit landeskirchlichen Strukturen, über die man nicht sprach.

Ganz gewiss ist die Tatsache, dass die rheinische Kirche so wenig von der Kraft bestimmt wurde, die wir in heutiger Analogie Staat nennen, nicht das Werk eines besonderen religiösen Genies der Rheinländer. Umgekehrt haben aber unzweifelhaft die Folgen dieser Tatsache der rheinischen Religiosität eine besondere Prägung verliehen. Katholischerseits wurde diese staatsfernere Prägung durch die protestantische Herrschaft am nördlichen Niederrhein seit dem frühen 17., im ganzen Rheinland seit dem frühen 19. Jahrhundert verstärkt.[57] Der Kölner Kirchenstreit (1837-39) und der sog. Kulturkampf (1871-87) haben Kirche und Staat einander nachhaltig weiter entfremdet und die Freiheit der Kirche zumindest zeitweilig durch eine enge Einbindung in die Gesellschaft abgesichert. Hier liegen besonders wichtige Wurzeln des typisch rheinischen Katholizismus, der zu einem besonderen Ferment gesamtrheinischer Kultur geworden ist.

Nur scheinbar liegen die Verhältnisse bei den evangelischen Christen des Rheinlandes diametral entgegengesetzt. Tatsächlich bilden sie in ihrer Entstehungszeit staatsferne Volkskirchengemeinden, mussten sie sich doch damals gegen eine katholische Obrigkeit organisieren. Als die Obrigkeit evangelisch wurde, war der Organisationsprozeß schon weitgehend abgeschlossen. Im Rheinland und selten anderswo in Mittel- und Nordeuropa besassen sogar die Lutheraner eine synodale Kirchenstruktur[58], bevor sie sich mit den reformierten Gemeinden durch die sog. »Preußische Union« in eine höhere Einheit einfügten.[59]

Nun ist rheinische Eigenart auch im Bereich des Verhältnisses von Staat und Kirche keine absolute Größe. Auch im unmittelbar benachbarten Belgien ist es schon früh zu einer – auch dort später nicht unangefochtenen – Zusammenarbeit, ja Gemeinschaft von Christentum und Liberalismus gekommen. In Deutschland aber steht die rheinische (gewiss von Belgien beeinflusste) Entwicklung als sehr frühzeitig und lange vereinzelt dar. Die weitgehende Ablehnung staatlicher Bevormundung, vor allem aber die lange Tradition dieser Ablehnung ist also ein weiteres Kennzeichen der Kirche im Rheinland und gleichzeitig ein kirchliches Kriterium für das, was wir mit aller Vorsicht als zum typisch Rheinischen gehörig betrachten können.

IV. Kirchlicher »Separatismus« innerhalb des Rheinlandes

Das hier in drei Schritten herausgestellte Bild von einer besonderen Form rheinischer Kirchlichkeit wäre geschönt und damit verfälscht, wollte man die emotionalen Separatismen verschweigen, die das einheitlich rheinische Bild vielleicht nicht stören, aber auf jeden Fall kompliziert gestalten. Einige rheinische Teilregionen haben ihrem enger gefassten Patriotismus auch im kirchlichen Bereich Raum verschafft. Man wird zunächst an die heilige Kölner Kirche denken, die ja nicht das gesamte Rheinland umfasst und außerdem gelegentlich lokalpatriotisch von ihrer Metropole, dem heiligen Köln, monopolisiert zu werden droht.[60] Hier haben wir es aber wohl nur mit einer scheinbaren Abspaltung zu tun, die man wohlwollend auch als Stellvertretungsprinzip bezeichnen kann. *Pars pro toto* mag die Bischofsstadt für die Diözese stehen. Diese aber ist seit dem 19. Jahrhundert, seit dem Verlust der Metropolitanstellung von Mainz und Trier, die einzige verbliebene rheinische Erzdiözese. Ihr mag daher im so wenig juridischen Bereich der Emotionen ein Gesamtvertretungsanspruch eingeräumt werden.

Ein noch viel ernsthafteres Problem stellt der emotionale Separatismus des Bergischen Landes dar, der auch im religiösen Bereich beachtliches Ausmaß hat. Die Bewohner des Bergischen Landes müssen sich bekanntlich immer mal wieder überlegen, ob sie nun überhaupt Rheinländer sind oder nicht. Im Bereich kirchengeschichtlich-emotionaler Selbstfindung haben unsere rheinischen Landsleute an Wupper und Dhünn aber nun auf ganz außergewöhnliche Weise ein starkes Eigenprofil entwickelt. Im hl. Swidbert von Kaiserswerth besitzen sie nämlich einen eigenen »Apostel des Bergischen Landes«, auf den jeder innerbergische Kirchenbau von einigem Alter, mag er nun heute katholisch oder evangelisch sein, unfehlbar zurückgeht.[61] Dies gilt also für beide Konfessionen. Die bergischen Protestanten gehen noch weiter. Sie haben in Adolf Clarenbach auch einen eigenen »Reformator des Bergischen Landes« gefunden.[62] Dass dieser hauptsächlich in Wesel und am Niederrhein und zeitweilig auch bei Meldorf in Holstein gepredigt hat, stört so wenig, wie dass der heilige Swidbert an der Ruhr halt machte, weil das Innerbergische noch nicht besiedelt war.

V. Mittelalterliche Sprengelgrenzen als »Grenzen« des heutigen Rheinlandes

Abschließend möchte ich auf die Möglichkeit eingehen, das Rheinland aufgrund kirchengeschichtlicher Kriterien, konkret durch alte Sprengelgrenzen, zu definieren. Die Bezeichnung »Rheinland« ist bekanntlich ein Neologismus des frühen 19. Jahrhunderts.[63] Freilich hatte dieser Landschaftsbegriff spätantike Vorgänger (»terra Rhenanae«, »Francia Rhinensis«, etc.), die aber im Mittelalter gänzlich außer Gebrauch gekommen waren und die der Humanismus nicht wiederbelebt hat.[64] Wir müssen uns auf jeden Fall der Modernität des Rheinland-Namens bewusst bleiben, wenn wir Grenzen des Mittelalters für eine Rheinland-Definition, besser Rheinland-Umschreibung, heranziehen. Dass ich ein solches Verfahren dennoch wage bzw. vorschlage, hat nur einen, freilich doppelten Grund. Kirchliche Grenzen des Mittelalters waren ungeheuer langlebig. Im Westen Deutschlands hatten ihre wichtigsten ein volles Jahrtausend Bestand, von der Bistumsorganisation Karls des Großen bis zu ihrer Zerstörung durch die Französische Revolution bzw. durch Napoleon. Kirchliche Grenzen im Mittelalter waren aber nicht nur sehr konstant, sondern sie waren für den Durchschnittsmenschen auch wichtiger als alle Territorial- oder Gerichtsgrenzen. Sie nur prägten ständig sein Alltagsleben. Noch in der frühen Neuzeit war das religiöse Leben des Durchschnittschristen durch den sog. Pfarrzwang fest verortet.

Unter dieser Prämisse schlage ich für die räumliche Definition von Rheinland die Addition folgender Teile vor.

1. Die alte Erzdiözese Köln abzüglich der westfälischen Dekanate und des Dekanates Zyflich (*decanatus inter Mosam et Wahalem*), aber mit Einschluss des zum mittelalterlichen Bistum Utrecht gehörenden sehr kleinen Archidiakonats Emmerich.
2. Die alte Erzdiözese Trier insgesamt (einschließlich der rechtsrheinischen Gebiete im Westerwald).
3. Die alte Erzdiözese Mainz, insoweit sie im Spätmittelalter vom Weihbischof *in partibus Rheni* betreut wurde, vor allem aber der linksrheinische Teil des Erzbistums und der rechtsrheinische Rheingau.
4. Die früheren Lütticher Dekanate Wassenberg und Heinsberg sowie der östliche Teil des Lütticher Dekanats Maastricht mit der Stadt Aachen.

Diese Raumdefinition weist eine scheinbare Unschärfe auf. Man fragt gewiss, was bedeutet »westfälische Dekanate« des alten Erzbistums Köln. Die Antwort ist eindeutig, sie lautet: Die jahrhundertelang in ihren Grenzen unveränderten Christianitäten, deren ursprüngliche Hauptpfarren sog. Urpfarren der karolingischen Sachsenmission waren.[65]

Ich betone, dass diese Rheinlandbegrenzung in ihrer konkreten Form nur einer unter mehreren möglichen Vorschlägen ist. Ich bin aber fest davon überzeugt, dass eine Grenzdefinition des Rheinlandes in den Fällen, in denen man sie überhaupt braucht, kulturhistorisch ausschließlich unter Berücksichtigung der alten kirchlichen Grenzen möglich ist. Was wir auf Grund historischer Prozesse heute als »rheinisch« verstehen, wurde nämlich mehr durch Altar und Kanzel geprägt als von den oft allzu numinosen Eigenheiten eines sog. »Kulturraums«.

Anmerkungen

1. Eduard Hegel: Die rheinische Kirche in römischer und frühfränkischer Zeit, in: Das Erste Jahrtausend. Kultur und Kunst im werdenden Abendland an Rhein und Ruhr. Textband 1. Düsseldorf 1962, S. 93-113, hier S. 93 (wiederabgedruckt in: ders.: Ecclesiastica Rhenana. Aufsätze zur rheinischen Kirchengeschichte. Hrsg. v. Severin Corsten und Gisbert Knopp. Bonn 1986, S. 9-29.)
2. Ebd., S. 10 und 12.
3. Herman Ertzbischoffs zu Cöln einfaltigs bedencken, warauff ein Christliche, in dem Wort Gottes gegrünte Reformation anzurichten seye. Bonn: Laurentius von der Mülen 1543.
4. Heinz Finger: Reformation und katholische Reform im Rheinland. Düsseldorf 1996, S. 84.
5. Ebd., S. 86.
6. Ebd., S. 113.
7. Luthers Werke. (Weimarer Ausgabe.) Briefwechsel. Bd. 10. Weimar 1947, S. 617 (Nr. 4014).
8. Rudolf Löhr: Einige Bemerkungen zu Hermanns zu Wied, gewesenem Erzbischof und Kurfürst zu Köln, letzten Lebensjahren, in: Monatshefte für rheinische Kirchengeschichte 33 (1939), S. 273-277, hier S. 277 (unter Berufung auf die handschriftlich überlieferten »Exposita in exequiis R[everendissi]mi D[omini] Hermanni q[uondam] Archiepiscopi Coloniensis«).
9. Conrad Varrentrapp: Hermann von Wied und sein Reformationsversuch in Köln. Ein Beitrag zur deutschen Reformationsgeschichte. Leipzig 1878, S. 277-278.
10. Erschienen in Stuttgart bei Kohlhammer in der Reihe »Urban-Taschenbücher« (Bd. 444).
11. Osmund Menghin: Von [Telfs-]Pfaffenhofen nach Säben. Zur Kontinuität kirchlicher Strukturen in Tirol, in: Tiroler Wirtschaftsstudien 26 (1969), S. 263-278.
12. Wilhelm Störmer: Frühes Christentum in Altbayern, Schwaben und Franken, in: Handbuch der Bayerischen Kirchengeschichte, Bd. 1. Hrsg. v. Walther Brandmüller. St. Ottilien 1998, S. 1-93, hier S. 66-67.
13. Und zwar von 1802 bis zur Wiederherstellung des Erzbistums Köln 1821 durch die Bulle »De salute animarum«.
14. Eugen Ewig: Beobachtungen zur Frühgeschichte des Bistums Köln, in: Zur Geschichte und Kunst im Erzbistum Köln. Festschrift für Wilhelm Neuss. Düsseldorf 1960, S. 13-39. – Ders.: Die ältesten Mainzer Bischofsgräber, die Bischofsliste und die Theonestlegende, in: Universitas 2 (1960), S. 19-27. – Carlrichard Brühl: Studien zu den Bischofslisten der rheinischen Bistümer, in: Politik, Gesellschaft, Geschichtsschreibung. Festgabe für Frantisek Graus. Köln 1982, S. 39-47. – Josef Semmler: Series episcoporum Moguntinorum, in: Archiv für mittelrheinische Kirchengeschichte 50 (1998), S. 423-434 [betr. 6.-8. Jh.].

15. Eugen Ewig: Trier im Merowingerreich. Civitas, Staat, Bistum. Trier 1954. (Neudruck Aalen 1973.) – Hans Hubert Anton: Trier im frühen Mittelalter. Paderborn, München, Wien 1987.
16. Henry Baillien: Tongeren, von Romeinse civitas tot middeleeuwse stad. Assen 1979. – Matthias Werner: Der Lütticher Raum in frühkarolingischer Zeit. Göttingen 1980.
17. Dassmann (Anm. 10), S. 58-65 und 140-148. – Ders.: Kirchliches Leben in der Provinz und die Anfänge des Bistums, in: Handbuch der Mainzer Kirchengeschichte. Bd. 1, Teil 1. Würzburg 2000, S. 61-86, hier S. 73-80. – Ältere detailliertere Untersuchungen: Wilhelm Neuss: Die Anfänge des Christentums im Rheinland. 2. Aufl. Bonn 1933. – Heinrich Büttner: Frühes fränkisches Christentum am Mittelrhein, in: Archiv für Mittelrheinische Kirchengeschichte 3 (1951), S. 9-55. – Walburg Boppert: Die frühchristlichen Inschriften des Mittelrheingebiets. Mainz 1971.
18. Josef Semmler: Reichsidee und kirchliche Gesetzgebung bei Ludwig dem Frommen, in: Zeitschrift für Kirchengeschichte 71 (1960), S. 37-65. – Ders.: Die Beschlüsse des Aachener Konzils im Jahre 816, in: Ebd. 74 (1963), S. 15-82. – Norbert Kühn: Kornelimünster, in: Germania Benedictina, Bd. VIII. St. Ottilien 1980, S. 404-421. – Ders.: Die Reichsabtei Kornelimünster im Mittelalter. Aachen 1982, S. 5-9.
19. Besonders in den Reformvarianten von Gorze, Stavelot und Verdun. Vgl. Theodor Schieffer: Kluniaszensische oder Gorzer Reformbewegung?, in: Archiv für mittelrheinische Kirchengeschichte 4 (1952), S. 24-44. – Erich Wisplinghoff: Die lothringische Klosterreform in der Erzdiözese Trier, in: Trierer Landeskundliche Vierteljahresblätter 10 (1964), S. 145-159.
20. Adolf Koch: Die frühesten Niederlassungen der Minoriten im Rheingebiet. Leipzig 1881. – Patricius Schlager: Beiträge zur Geschichte der kölnischen Franziskaner-Ordensprovinz im Mittelalter. Köln 1904.
21. Erich Wisplinghoff: Geschichte der Stadt Neuss. Teil 4. Neuss 1989, S. 222-225.
22. Heinz Finger: Beziehungen des Jesuitenordens zu den rheinischen Erzbischöfen zur Zeit Friedrich Spees, in: Spee-Jahrbuch 6 (1999), S. 7-44, hier S. 8.
23. Cronica van der hilliger Stat van Coellen. [Sog. Koelhoff-Chronik.] Köln: Johann Koelhoff der Jüngere 1499, fol. CLVV[a].
24. Petrus Blomevenna: Sermo de sancto Brunone Confessore initiatore ordinis Carthusiensis. Köln: Klosterdruckerei St. Barbara 1516.
25. Wilhelm Levison: Die Anfänge rheinischer Bistümer in der Legende, in: Annalen des Historischen Vereins für den Niederrhein 116 (1930), S. 5-28, hier S. 25-27.
26. Ebd., S. 27.
27. Hans Mosler: Die Altenberger Klosterfamilie. Begründung, Zerfall, Wiederaufbau, in: Annalen des Historischen Vereins für den Niederrhein 153/54 (1953), S. 49-97.
28. Minden wurde allerdings im 17. Jahrhundert – als Spätfolge der Reformation – faktisch säkularisiert. Es blieb aber das Domkapitel mit auch katholischen

Mitgliedern erhalten. – Auch das Bistum Paderborn (bis ins 10. Jahrhundert nicht zu Westfalen sondern zu Engern gerechnet) war einem rheinischen Metropoliten, dem Erzbischof von Mainz, zugeordnet. Im 15. Jahrhundert versuchte die Erzdiözese Köln – beinahe erfolgreich – Paderborn ihrem Sprengel, nicht nur ihrer Kirchenprovinz zu integrieren. In der frühen Neuzeit waren alle westfälischen Diözesen, freilich zu jeweils verschiedenen Zeiten, einmal durch Bistumskumulation mit Köln unter einem Bischof vereinigt.

29. Thomas Vollmer: Agenda Coloniensis. Geschichte und sakramentale Feiern der gedruckten Kölner Ritualien. Regensburg 1994, S. 67-68, 191-257 und S. 339-390.
30. Ebd., S. 239-242.
31. Noch im 19. Jahrhundert wurden in [Köln-]Kalk, Hemmerden (Dycker Ländchen) und [Düsseldorf-]Unterbach Bildnisse der Sieben Fußfälle neu errichtet bzw. restauriert. – Allgemein zu den Sieben Fußfällen: Franz Heckmanns und Paul Fischer: Die sieben Fußfälle, eine alte Volksandacht, unter besonderer Berücksichtigung der Umgebung Krefelds. Hüls-Krefeld 1921. – Matthias Zender: Spätmittelalterliche Frömmigkeit und Volksbrauch. Das Beten der Sieben Fußfälle im Rheinland, in: Festschrift Josef Quint. Bonn 1964, S. 291-303.
32. Es gibt allerdings einige Ausnahmen wie z. B. die Nothelferkapelle zu Neuenhoven in der Herrschaft Dyck.
33. Wilhelm Felten: Zur Geschichte der Verehrung der hl. vier Marschälle, in: Annalen des Historischen Vereins für den Niederrhein 104 (1920), S. 121-149.
34. Helmut Lahrkamp: Beiträge zur Geschichte des Hubertusordens der Herzöge von Jülich-Berg und verwandter Gründungen, in: Düsseldorfer Jahrbuch 49 (1959), S. 3-49.
35. Friedrich Gorissen: Der klevische Ritterorden vom h. Antonius, in: Heimatkalender für das Klever Land auf das Jahr 1963, S. 29-49. – Leo Peters: Der jülische Hubertus- und der klevische Antonius-Orden, in: Land im Mittelpunkt der Mächte. 3. Aufl. Kleve 1984, S. 125-132.
36. Heinz Finger: »Helpen sall uns der gud sent quiryn« – Der Neusser Quirinuskult im Kontext mittelalterlichen Wallfahrtswesens, in: Quirinus von Neuss. Beiträge zur Heiligen-, Stifts- und Münstergeschichte. Hrsg. v. Max Tauch. Köln 2000, S. 83-99, hier S. 93-95.
37. Besonders hervorzuheben ist in diesem Zusammenhang die erzbischöfliche Feier der drei Weihnachtsmessen (in St. Maria im Kapitol, St. Cäcilien und im Dom) sowie das Zeremoniell im Kontext der Palmsonntagsliturgie. – Quellen: Pontificale Coloniense (12. Jh.), Köln, Diözesan- und Dombibl.: Cod. 140 (Handschriftencensus Rheinland Nr. 1104), fol. 10v. – H. Schäfer: Das Pfarrarchiv von S. Maria im Kapitol, in: Annalen des Historischen Vereins für den Niederrhein 83 (1907) S. 1-125, hier S. 101.
38. Heinz Finger: Humanistische Geschichtsschreibung im Rheinland des 16. Jahrhunderts. Historiographie einer Region zwischen mittelalterlicher Tradition und antikem Vorbild, in: Düsseldorfer Jahrbuch 67 (1996), S. 183-218, hier S. 213.

39. Geradezu »kanonisch« wurde diese Dreigliederung durch ihre Übernahme in die kartographische Darstellung innerhalb von Geschichtsatlanten.
40. Jutta Prieur: Dominikaner in einer protestantischen Stadt, in: 700 Jahre St. Mariae Himmelfahrt. Hrsg. v. Otto van de Locht. Wesel 1990, S. 68-86. – dies.: Klöster und Konvente in der Stadt Wesel, in: Geschichte der Stadt Wesel. Bd. 2. Düsseldorf 1991, S. 49-62.
41. Herbert Sowade: Katholische Reform zwischen Absolutismus und Aufklärung (1609-1794). Von der Standes- zur Bürgerkirche, in: Zwei Jahrtausende Geschichte der Kirche am Niederrhein. Hrsg. v. Heinrich Janssen und Udo Grote. Münster 1998, S. 301-329, hier S. 303-304.
42. Den Abschluss dieser Religionsrezesse und eine endgültige Toleranzregelung bildete der 1672 abgeschlossene Religionsvergleich von Cölln an der Spree.
43. Die »Declaratio Ferdinandea« war freilich kein öffentlich promulgiertes Reichsgesetz.
44. Eduard Hegel: Stadtkölnischer Pfarrgottesdienst zwischen Barock und Aufklärung. Peter Hausmanns Pfarrbuch von St. Kolumba, in: Geschichte und Kunst im Erzbistum Köln. Festschrift für Wilhelm Neuß. Hrsg. v. Robert Haas und Joseph Hoster. Düsseldorf 1960, S. 204-232.
45. Agenda S. Coloniensis Ecclesiae. Hoc est: Liber pastoralis, in quo continentur, quae in Sacramentis administrandis, aliisque ritibus Sacris peragendis, ad Parochorum, ac Sacerdotum animarum curam habentium, officium spectant, iussu et auctoritate Reverendissimi et Serenissimi D. D. Ferdinandi, Archiepiscopi Coloniensis etc. ad usum archidioecesis Coloniensis euulgata. Köln 1614.
46. Missale S. Coloniensis Ecclesiae, iussu Serenissimi et Reverendissimi Domini D. Ferdinandi Archiepiscopi Recognitum. Antwerpen 1626. – Missale S. Coloniensis Ecclesiae Iussu Serenissimi et Reverendissimi Domini D. Clementis Augusti Archiepiscopi Recognitum. Köln 1756.
47. Vollmer (Anm. 29), S. 185.
48. Gebet- und Gesangbuch für das Erzbistum Köln. Hrsg. im Auftrag v. Joseph Kardinal Frings. Köln 1950 u.ö., S. 648, 650, 693-694 und 707.
49. August Franzen: Die Kölner Archidiakonate in vor- und nachtridentinischer Zeit. Eine kirchen- und kirchenrechtsgeschichtliche Untersuchung über das Wesen der Archidiakonate und die Gründe ihres Fortbestandes nach dem Konzil von Trient. Münster 1953.
50. Wilhelm Janssen: Zur Differenzierung der Pfarrorganisation in der spätmittelalterlichen Erzdiözese Köln, in: Rheinische Vierteljahresblätter 55 (1961), S. 58-83. – ders.: Geschichte des Erzbistums Köln. 2. Bd.: Das Erzbistum Köln im späten Mittelalter. 1. Teil. Köln 1995, S. 374-405.
51. Karl Wilhelm Heuser: Von der Reformation zur Preußischen Union. Lennep und seine lutherische Gemeinde, in: Bindung an den heimatlichen Raum. 60 Jahre Abteilung Remscheid des Bergischen Geschichtsvereins. Remscheid 1981, S. 27-50, hier S. 35-36.
52. Heinrich Böll: Über mich selbst, in: ders.: Werke. Essayistische Schriften und Reden I. Köln 1978, S. 284-285, hier S. 284. (Erstveröffentlichung als

»Autobiographisches Nachwort« in: Der Mann mit den Messern. Stuttgart 1959.)

53. Hansgeorg Molitor: Mehr mit den Augen als mit den Ohren glauben. Frühneuzeitliche Volksfrömmigkeit in Köln und Jülich-Berg, in: Volksfrömmigkeit in der Frühen Neuzeit. Münster 1994, S. 89-105.
54. Rheinische Akten zur Geschichte des Jesuitenordens, 1542-1582. Bonn 1896, S. 302. – Zit. b. Molitor (Anm. 53), S. 89.
55. Wie sehr der staatlich geförderte Arianismus auch die Christen im spätantiken Rheinland bedrängte, belegen die Verbannung der Trierer Bischöfe Maximin († 346) und Paulinus († 358) ebenso wie die freilich verfälschten Überlieferungen über den Kölner Bischof Euphrates und seine angebliche Absetzung als Arianer durch eine Synode (346).
56. Norbert Trippen: Das Kölner Dombaufest und die Absichten Friedrich Wilhelms IV. von Preußen bei Wiederaufnahme der Arbeiten am Kölner Dom, in: Annalen des Historischen Vereins für den Niederrhein 182 (1979), S. 99-115. – Thomas Parent: Das Dombaufest von 1848 als Politikum, in: Kölner Domblatt 46 (1981), S. 207-218. – Angela Maria Corsten: Das Dombaufest von 1848, in: Das Kölner Domjubiläumsbuch. Hrsg. v. Arnold Wolff und Toni Diederich. Köln 1980, S. 59-68.
57. Dorothea Coenen: Die katholische Kirche am Niederrhein von der Reformation bis zum Beginn des 18. Jahrhunderts. Münster 1967. – Harm Klueting: Die Säkularisation von 1802/03 im Rheinland und in Westfalen, in: Monatshefte für evangelische Kirchengeschichte des Rheinlandes 30 (1981), S. 265-297. – Paul Dyckmans: Die Kirche am Niederrhein im 19. Jahrhundert, in: Niederrheinische Kirchengeschichte. Hrsg. v. Gregor Hövelmann. Kevelaer 1965, S. 125-146.
58. Reinhold Brämik: Die Verfassung der lutherischen Kirche in Jülich-Berg, Cleve-Mark-Ravensberg in ihrer geschichtlichen Entwicklung. Düsseldorf 1964.
59. Zwar wurde die Verwirklichung der Union vor allem durch den Agendenstreit beeinträchtigt, aber im Rheinland zumindest bildete sich eine Einheit in Vielfalt, in der hier insgesamt die reformierten Traditionen dominanter waren und so natürlich die synodale Organisationsform für alle galt.
60. Als ein Beispiel dafür kann die früher an den meisten Eigenfesten der Kölner Erzdiözese vorgesehene Sequenz »Gaude felix Agrippina« gelten. (Text: Analecta Hymnica medii aevi. Hrsg. v. Guido Maria Dreves. Bd. 55. Leipzig 1922, S. 307.) Obwohl überwiegend für Feste bestimmt, die im gesamten Kölner Sprengel gefeiert wurden, ist sie durch die Auswahl der (vielen) in ihr aufgezählten Heiligen ganz stadtkölnisch dominiert, und zwar in einem höheren Grade, als dies durch das auf die Kathedralstadt ausgerichtete, traditionelle, kirchliche Bistumsverständnis ohnehin vorgegeben war.
61. Heinz Finger: England und der Niederrhein. Düsseldorf 1991, S. 17 und 59-60.
62. Finger (Anm. 4), S. 54-55.
63. Finger (Anm. 61), S. 9.

64. Solche spätantiken Rheinlandnamen sind überliefert bei: Sidonius Apollinaris, Epistolae et carmina, und Anonymus Ravenas, Cosmographia.
65. Danach bilden neun Christianitäten den westfälischen Teil der Kölner Erzdiözese, nämlich (in offizieller Reihenfolge) die folgenden Dekanate: Essen, Wattenscheid, Lüdenscheid, Attendorn, Meschede, Dortmund, Soest, Medebach und Wormbach.

»Rheinische Landschaft« Zur geographischen Konstruktion des Rheinlands 1871-1945

Von Hans Heinrich Blotevogel

1. Einleitung: Der Rhein und seine Mythen

Der französische Historiker Lucien Febvre schrieb in seinem berühmten Rhein-Buch von 1935: *Der Rhein ist ein Ensemble von Mythen* [1], und sein Kollege Marc Bloch stellte 1933 fest: »Qui veut écrire sur le Rhin, en historien, doit d'abord exorciser des fantômes.« (Wer über den Rhein schreiben will, als Historiker [und Geograph], muss zunächst Gespenster vertreiben.)[2]

Im Folgenden soll versucht werden, den Beitrag der Geographen zu dieser Mythen- und Gespenstergeschichte des Rheins und des Rheinlands zu skizzieren und zu reflektieren. Im Mittelpunkt ihrer Bemühungen steht die »rheinische Landschaft«: zunächst ein Konstrukt der ästhetischen Naturwahrnehmung, dann immer stärker politisiert bis hin zu einem Vehikel völkisch-nationaler Propaganda. Dies ist zugleich ein Beitrag zur kritischen Rekonstruktion des sozialen, politischen und kulturellen Konstruktionsprozesses des Rheinlands, wobei »kritisch rekonstruieren« stets auch »dekonstruieren« bedeutet. In diesem Prozess lassen sich vier Phasen unterscheiden:

- Die rheinische Landschaft der Rationalisten (18. Jahrhundert).
- Die rheinische Landschaft der Romantiker (1802-1870).
- Die rheinische Landschaft der Staatsnationalisten (1871-1918).
- Die rheinische Landschaft der Volks- und Kulturbodenforscher (1918-1945).

Da die rationalistische und romantische Perzeption und Repräsentation der »rheinischen Landschaft« verhältnismäßig gut erforscht ist[3], konzentrieren sich die folgenden Ausführungen auf die beiden Phasen von der Gründung des Kaiserreichs bis zum Zweiten Weltkrieg.

In der Fachliteratur dominiert die Ansicht, »das Rheinland« sei in der ersten Hälfte des 19. Jahrhunderts als eine sogenannte politische Landschaft entstanden und decke sich räumlich im Wesentlichen mit der 1822 gebildeten preußischen Rheinprovinz. Zuvor sei allenfalls im Sinne einer topographischen Bezeichnung von den »Ländern am Rhein« oder »den Rheinlanden« die Rede, ohne dass damit eine historische oder kulturelle Gemeinsamkeit gemeint gewesen sei.[4] Erst durch die Entdeckung der romantischen Rheinlandschaft, die napoleonischen Befreiungskriege und vor allem durch die Eingliederung in den preußischen Staat seien sich die preußischen Untertanen am Rhein ihrer Gemeinsamkeiten bewusst geworden.[5] Insofern sei das Rheinland in der Singularform eine Erfindung des frühen 19. Jahrhunderts, bei der die preußische Rheinprovinz und die darauf gründende regionale Identität als »Rheinländer« begriffsprägend gewirkt hätten.

Diese prinzipiell sicherlich zutreffende Deutung ist allerdings in zweifacher Hinsicht zu differenzieren. Erstens bezog sich die Konstruktion des »Rheinischen« in der Rheinromantik auf das Rheintal zwischen Köln und Mainz, also primär auf den Mittelrhein, und schloss von den Nebenflüssen nur die Mosel und allenfalls noch die Ahr und Lahn, nicht jedoch das gesamte Rheinische Schiefergebirge mit ein. Die durch die Rheinromantik geprägte Vorstellung von »der« rheinischen Landschaft bezog sich also nur auf einen verhältnismäßig kleinen, aber gleichwohl imageprägenden Teilraum.

Zum andern hat Karl-Georg Faber mehrere Belege dafür angeführt, dass nach 1815 auch in den südlichen Rheinlanden außerhalb der Rheinprovinz zumindest im liberalen Bürgertum die Begriffe »Rheinland« und »Rheinländer« durchaus lebendig waren.[6] Dort beklagte man die durch den Wiener Kongress eingetretene politische Zersplitterung, die zu einer Zuordnung zu fremden Mächten (Preußen, Bayern) geführt habe, und forderte die Bewahrung von Freiheiten aus der französischen Zeit, z. B. im Rechtswesen. Hier handele es sich offenkundig um Zeugnisse einer subjektiven »politischen Erlebnis- und Bekenntnisgemeinschaft« (Faber), die eine gemeinsame politisch-kulturelle Sonderstellung des preußischen, hessischen und bayerischen Rheinlands begründete. Dabei stellten die Protagonisten des Rheinland-Bewusstseins auch auf vermeintlich objektive Volksmerkmale ab und versuchten, die Einheit eines rheinischen »Stammes« oder gar »Volkes« mit einer eigenen Geographie und Geschichte zu konstruieren oder wenigstens zu postulieren. Nach der Mitte des 19. Jahrhunderts prägen die modernen, bürokratisierten Staaten jedoch immer stärker das politisch-geographische Bewusstsein, so dass die Begriffe Rheinland und Rheinländer immer häufiger auf die preußische Rheinprovinz bezogen werden.

Die geographische Literatur der Jahrzehnte um die Mitte des 19. Jahrhunderts knüpft vor allem an Herder an. Besonders einflussreich wird dessen Nationsverständnis, das die Nation auf das durch die natürlichen

Voraussetzungen geprägte und insbesondere durch die gemeinsame Sprache definierte Volk zurückführt und sich immer mehr gegen die älteren staatlichen bzw. dynastischen Nationskonzepte durchsetzt. Für unsere Fragestellung relevant sind die zahlreichen Diskussionsbeiträge zur Frage der »natürlichen Grenzen« Deutschlands.[7] Im 19. Jahrhundert steht diese »geographische« Auffassung in Konkurrenz zur historisch-staatsrechtlichen Auffassung von Nation, Staat und deren Grenzen.

Damit ist selbstverständlich auch die Frage nach einer »natürlichen Grenze« Deutschlands im Westen aufgeworfen. Auf der Suche nach dem »natürlichen Deutschland« im Kontrast zu den dynastischen Staaten werden vor allem zwei Kriterien diskutiert: erstens die Sprache (im Sinne der inneren, kulturellen Natur) und zweitens die äußere geographische Natur im Sinne einer Raum- oder Wasserscheiden-Nation. Allerdings liess sich zum großen Kummer der Geographen im Westen Deutschlands auf Anhieb keine klare natürliche Grenze finden. Zwar war man sich relativ schnell einig in der Ablehnung der französischen Auffassung von der Rheingrenze (zumal der Rhein im 19. Jahrhundert immer mehr zur Verkehrsstraße wurde und seine trennende Funktion weitgehend verlor), aber zwischen den Flusseinzugsgebieten von Rhein und Maas war keine markante naturräumliche Grenze auszumachen, und eine Einbeziehung des gesamten Maasgebiets hätte die deutsche Westgrenze weit gegenüber Frankreich nach Westen verschoben, indem nicht nur die Vogesen, sondern auch die Ardennen und das lothringische Schichtstufenland zum natürlichen Deutschland gerechnet worden wären. Diese Frage blieb unter Geographen vorläufig offen, um dann nach 1871 auf zwei konträre Weisen beantwortet zu werden: zunächst im Sinne des kleindeutschen Reichs-Patriotismus, der den Deutschlandbegriff auf das Kaiserreich von 1871 bezog, dann aber, und zwar vor allem nach dem Ersten Weltkrieg, immer mehr im Sinne der weitaus größeren Volks-Nation.[8]

2. Die rheinische Landschaft der Staatsnationalisten (1871-1918)

Nach dem Krieg von 1870/71 und der Kaiserkrönung von 1871 setzt eine Welle nationaler Begeisterung ein, in der der Rhein als »deutscher Fluss« mythisch überhöht wird. Damit erhält der Diskurs um den Rhein, das Rheinland und die »rheinische Landschaft« eine zunehmend nationalistische Prägung. Sie kommt nicht nur in der vaterländischen Lyrik, in zahllosen Historienspielen und Opern (z. B. von Richard Wagner) zum Ausdruck, sondern auch in der Monumentalisierung der rheinischen Landschaft durch symbolträchtige Bauten, vor allem Denkmäler, um die nationale Sendung des Rheinlands zu demonstrieren. In Köln wird 1880 der Kölner Dom als »nationale Denkmalskirche«[9] vollendet, und in den selben Kontext gehört auch die 1909 erfolgte Fertigstellung der Kölner Hohenzollernbrücke mit Brückenköpfen, die staufischen Burgenbauten nachempfunden sind und durch Reiterstandbilder der Hohenzollernkönige des 19. Jahrhunderts gekrönt werden.

Bald nach der Reichsgründung beginnt eine längere Diskussion um den Standort eines neuen Nationaldenkmals im rheinischen Westen des Reichs. Favorisiert wird zunächst die Loreley, deren Symbolcharakter damit endgültig ins Nationale verschoben worden wäre.[10] Die Entscheidung fällt jedoch letztlich auf den Niederwald bei Rüdesheim, wo 1883 das monumentale Niederwald-Denkmal mit einer wehrhaften Germania als zu Stein und Eisen gewordene »Wacht am Rhein« eingeweiht wird. Die 12 ½ m große und 16 Tonnen schwere Germania hält ein Schwert und eine Krone; allein ihre Kriegstrompete misst knapp drei Meter.[11] 1897 folgt das »Deutsche Eck« in Koblenz. Mit dem auf Veranlassung der Rheinprovinz errichteten Denkmal für Kaiser Wilhelm I. wird ein besonders symbolträchtiger Ort am Zusammenfluss des »deutschen Rheins« mit seiner nun ebenfalls auf die ganze Länge deutsch gewordenen »Tochter« Mosel gewählt.[12]

Einen interessanten neuen Akzent bringt die seit den 1870er Jahren aufkommende Natur- und Heimatschutzbewegung in die Geschichte der rheinischen Landschaftswahrnehmung. Ihre Motive liegen in dem Bemühen um den Schutz der Natur und der Schönheit der Landschaft vor den Zerstörungen durch Industrie und Verstädterung. Diesem Programm zugrunde liegt das ästhetische Ideal der vorindustriellen bäuerlichen Landschaft als einer idealen Ganzheit von intakter Natur und vermeintlich harmonisch angepasst siedelnden und wirtschaftenden Menschen. Der neue Akzent für die Wahrnehmungsgeschichte der rheinischen Landschaft liegt zum einen in der Respektierung des Eigenwerts der Natur und zum andern in der Ausdehnung der Perspektive auf das gesamte Rheinland:

> Für den Naturfreund geht es [...] um die ganze heimische Natur in ihrem unerschöpflichen Reichtum und ihrer stets wechselnden Eigenart. Die stillen Reize des flachen Niederrheins werden ihm genau so wertvoll sein wie die herbe Schönheit der »unwirtlichen« Eifel und die wilde Romantik der felsenstarrenden Flusstäler. Der größte Zauber liegt in der ungeheuren Vielgestaltigkeit, die auf engem Raum nebeneinander die allerverschiedensten Bilder zeigt.[13]

Zwar ist die industrielle Entwicklung unvermeidlich, aber die Ausnutzung und Zerstörung der Natur muss ihre Grenze finden in den Lebensnotwendigkeiten der in ihr atmenden Menschen. Nicht um leblose Maschinen handelt es sich, sondern um fühlende Wesen, deren Gemüt genau so sehr der Pflege bedarf wie der Verstand und der Körper. Aus Schutthalden und Schmutzwassern heraus kann keine Heimatliebe erwachsen.[14]

Die Natur wird sowohl zum Gegenbild als auch zum Kraftquell für die Menschen, die einen Ausgleich zum Großstadtleben und zum »Industrialismus« benötigen. Daraus entstand auch im Rheinland der Naturschutzgedanke, aufgrund dessen beispielsweise schon früh das Siebengebirge und das Neandertal vor weiteren Steinbrüchen geschützt wurden.

Der Natur- und Heimatschutz des ausgehenden 19. Jahrhunderts ist nur vordergründig ein unpolitisches Programm. Zu seinen zentralen Theoremen gehört die Auffassung, dass nur »schöne«, d. h. dem naturnahen, vorindustriellen Idealbild entsprechende Landschaft heimatfähig ist. Nur sie ermöglicht eine mentale Bindung an die Region, ein »geistiges Wurzelgefühl« (Eduard Spranger)[15] und fördert die Widerstandsfähigkeit gegen die verführerischen und umstürzlerischen Ideen des Liberalismus, des politischen Katholizismus und des Sozialismus. Allerdings entsteht damit ein schwieriges Problem: Wie ist mit den modernen Industrielandschaften des »Ruhrlandes«, an der Wupper und am Niederrhein umzugehen? Können diese Landschaften, die geradezu ein Gegenbild zur ländlichen »deutschen Kulturlandschaft« repräsentieren, überhaupt heimatfähig sein? Eine grundsätzliche Ablehnung würde jedoch nicht nur eine symbolische Ausgrenzung dieser Landschaften, sondern auch eine soziale und vor allem politische Ausgrenzung der dort lebenden Menschen bedeuten, sie ihrer vermeintlichen Heimat- und Vaterlandslosigkeit überlassen und somit die drohenden politischen Gefahrenherde des Proletariats an Rhein und Ruhr eher anfachen als bekämpfen. Deshalb wird aus dem Natur- und Heimatschutz bald ein heimatpädagogisches Programm, das auch die neuen Industrie- und Großstadtlandschaften mit einbezieht, um die dort lebenden Menschen zu guten Rheinländern und Deutschen – jenseits von Klassen, Konfessionen, Weltanschauungen und politischen Parteien – zu erziehen.[16]

Die deutsche Annexion Elsass-Lothringens 1871 verschärfte den Streit zwischen Frankreich und Deutschland um die »natürliche« Grenzziehung zwischen beiden Ländern. Der für Frankreich unglückliche Ausgang des Krieges von 1870/71 hatte diese Frage vorläufig durch Gewalt entschieden, aber um so heftiger tobte der ideologische Streit, und dieser war insofern unlösbar, als die französischen und deutschen Argumente teilweise von unterschiedlichen Nationskonzepten ausgingen.

Die französische Position argumentierte, Staat und Staatsterritorium seien das »Gehäuse« der Nation. Der Nationalstaat als Idealform der

Übereinstimmung von Staat, Staatsterritorium und Nation beruhe zum einen auf klaren und eindeutigen natürlichen Grenzen (wie z. B. der Rheingrenze) und zum andern auf der Willenserklärung der Menschen, zum französischen Staatsvolk zu gehören (Renan: »plébiscite de tous les jours«). Die linksrheinische Bevölkerung sei (im Unterschied zum preußischen Deutschland) bereits seit langem von Frankreich kulturell beeinflusst und vom Fortschritt der Französischen Revolution überzeugt, so dass die Rheingrenze legitimiert sei.[17]

Dem stand die deutsche Position gegenüber. Ausgangspunkt der in Deutschland sich immer mehr durchsetzenden Staats- und Nationstheorie war die Volksgemeinschaft, die vermeintlich auf gemeinsamer Abstammung und Sprache gründet. Nach der Bismarckschen Reichsgründung von 1871 muss diese Theorie allerdings an die neuen faktischen Verhältnisse angepasst werden, indem zwischen einer deutschen Staatsnation (in den Grenzen des Reichs) und einem größeren deutsch geprägten Mitteleuropa differenziert wird. Speziell von Geographen und anderen »geographisch« argumentierenden Theoretikern wird darüber hinaus postuliert, dass der Lebensraum der Völker in der Regel »natürliche Grenzen« aufweise bzw. aufweisen solle, um im Einklang mit den natürlichen Verhältnissen zu stehen. Allerdings könnten solche Grenzen nicht entlang von Flüssen, sondern müssten möglichst entlang von Gebirgskämmen verlaufen. So werde die deutsch-französische Grenze keinesfalls durch den Rhein, sondern am besten durch die Wasserscheiden der Vogesen und der Ardennen markiert. Sowohl in Frankreich als auch in Deutschland spielte also der Rekurs auf die natürlichen Grenzen zwar nicht die allein entscheidende, aber durchaus eine wichtige Rolle. Das Problem war nur, dass die vermeintlich objektive Naturgeographie in dieser Frage keineswegs eine eindeutige und schon gar nicht eine konsensfähige Antwort zu geben vermag.

Allerdings differierten auch die Auffassungen unter den deutschen Geographen beträchtlich.[18] Besonders Alfred Kirchhoff vertrat einen primär etatistischen Nationsbegriff, der sich auf das 1871 gegründete Reich bezieht. Damit lehnt er sowohl die geodeterministische Argumentation der »natürlichen Grenzen« Deutschlands als auch das Konzept einer großdeutschen Kulturnation ab. Die Begründung für diese – dem politischen Mainstream jener Jahrzehnte entsprechende – Position ist allerdings weniger fachwissenschaftlicher Natur, sondern entspricht dem staatspolitischen Erziehungsauftrag des »Schulmannes« Kirchhoff.

Eine etwas andere Position vertritt Friedrich Ratzel mit seiner biologistischen Staat-Raum-Theorie, die von einer Dynamik der Raumausbreitung, der Unter- und Überordnung von Staaten ausgeht. Er lehnt die Idee eines reinen Nationalstaats mit kulturellen (d. h. insbesondere sprachlichen) Außengrenzen ab. Damit legitimiert er zugleich die imperialen Interessen Deutschlands als junge Weltmacht und die deutschen Bestrebungen zur Gewinnung von Kolonien. Insofern lässt sich für die Jahrzehnte des Kaiserreichs eine Wandlung des Nationsbegriffs von der geographisch und kulturell definierten »natürlichen« Nation hin zur Staatsnation erkennen. Damit einher geht ein Bedeutungswandel des Deutschlandbegriffs: Der alte geographische Deutschlandbegriff geht nach 1871 auf den Mitteleuropabegriff über, indem z. B. Kirchhoff die Bismarcksche Umpolung des Nationsbegriffs auf das Konzept der kleindeutschen Staatsnation nachvollzieht (beispielsweise im Unterschied zu den österreichischen Geographen). Das Konzept der Volksnation findet erst wieder nach dem Ersten Weltkrieg einen größeren Widerhall.[19]

Wie wurde in der geographischen Fachliteratur, speziell in den für die Lehrerschaft verfassten Handbüchern das Verhältnis zwischen Deutschland und dem Rheinland thematisiert? Als Beispiele mögen drei seinerzeit weit verbreitete Lehrbücher dienen: die Darstellung des *Deutschen Reichs* von A. Penck (1887), die *Vaterländische Erdkunde* von H. Harms (1904) und das *Deutschland*-Buch von G. Braun (1916).[20] Alle drei Darstellungen behandeln »Deutschland« in den Grenzen des Kaiserreichs und lassen sich somit als Teil des nationalen Legitimationsdiskurses nach der Reichsgründung verstehen. Allerdings verweist A. Penck auf die ethnische Inhomogenität des deutschen (Staats-)Volkes und fährt fort:

> Wie das deutsche Reich weder ethnographisch noch konfessionell vollkommen einheitlich zusammengesetzt ist, so ist es auch politisch kein Einheitsstaat, sondern ein Staatenbund (S. 132).
>
> Zugleich aber liegt das Deutsche Reich innerhalb natürlicher Grenzen, innerhalb ein und desselben von der Natur als einheitlich charakterisierten Gebietes, und wenn es auch dasselbe nicht vollständig umfasst [...], so ist doch nicht zu bestreiten, dass es auch auf der anderweitigen Grundlage einer jeden Staatenbildung beruht, und nicht bloß ein nationaler, sondern auch ein geographischer Begriff ist (S. 133 f.).

Wie war dieser geographische Legitimationsdiskurs in Anbetracht der offenkundigen naturräumlichen Heterogenität des Deutschen Reichs sachlich zu begründen? Penck gelingt dies durch die metaphorische Wendung vom »harmonischen Dreiklang« zwischen den Großlandschaften Deutschlands (Norddeutschland, Mittelgebirgsschwelle, Süddeutschland). Deshalb wird das auf das Deutsche Reich entfallende Rheingebiet nicht als Einheit gefasst, sondern in drei Abschnitte (Ober-, Mittel- und Niederrhein) aufgeteilt.

Auch Braun behandelt Deutschland in seinen staatlichen Grenzen. Er sieht jedoch die Frage einer natürlichen Begrenzung Deutschlands und Mitteleuropas deutlich kritischer als Penck:

> Ich halte es für aussichtslos, die Individualität Mitteleuropas irgend wie auf natürlichem Wege begründen zu wollen. Nach Osten und Westen hin zeigt sein Bodenbau, sein Klima, sein Pflanzenkleid so unendlich viel feine Übergänge, dass jeder Versuch einer Abgrenzung, die über das Ausscheiden breiter Grenzzonen hinaus will, ein unnatürliches Bild gewährt. Trotzdem verbindet sich bei jedem geographisch denkenden Menschen mit dem Begriff »Mitteleuropa« eine bestimmte in ihrem wahren Gehalt schwer zu definierende Vorstellung. Ich glaube sie auf die großen Gegensätze in der Kulturlandschaft zurückführen zu sollen, deren wir uns bewußt werden, sobald wir von dem Gegenbild mitteleuropäischer Kultur sprechen, im Westen der romanischen, im Osten der slavischen. Jede dieser beiden Rassen [sic!] bildet den von ihr bewohnten Boden anders um als die germanische zwischen ihnen. Die Arten und Gewächse des Anbaues, die Bauweise der Häuser, Dörfer und Städte ist grundverschieden von deutscher Art, ob man nun eine französische Kulturlandschaft oder das Großherzogtum Warschau mit einer deutschen Landschaft vergleicht [...]. Angesichts dieser Tatsachen möchte ich, da im Norden das Meer, im Süden die Alpen die gute natürliche und kulturelle Scheide bilden, Mitteleuropa als denjenigen Raum in Europa definieren, der bei nach Osten und Westen hin gegebenen natürlichen Zusammenhängen durch die germanische Besiedlung zu einer eigenartigen Kulturlandschaft umgestaltet ist. Über diesen Raum greift das Deutsche Reich teils hinaus, teils füllt es ihn nicht ganz aus. Ersteres in seinen östlichen Teilen und in Lothringen z. B., letzteres in der deutschen Schweiz, den Niederlanden u. a. Die politischen Grenzen des Reiches sind ja das Produkt einer noch jungen historischen Entwicklung (S. 1 f.).
> Damit erscheint in der Gliederung Europas ein neues Gebilde in festerer Form: Mitteleuropa als Bereich ursprünglich deutscher Kulturlandschaft mit an das Auftreten von Bodenschätzen geknüpften Industrielandschaften, die ausstrahlend das ganze Land überziehen (S. 309).

Damit beschreibt Braun ein Mitteleuropa-Konzept, das unverkennbar die Züge eines »natürlichen Deutschland« trägt und das er aufgrund seiner größeren Beständigkeit dem wandelbaren staatlichen Deutschlandbegriff gegenüber für eindeutig überlegen hält. Zur räumlichen Abgrenzung dient neben naturgeographischen Kriterien (Küsten, Alpen) vor allem die vermeintlich durch die germanisch-deutsche Rasse und Kultur geprägte deutsche K u l t u r l a n d s c h a f t.

In den regionalen Kapiteln der drei Handbücher suchen wir nach einer einheitlichen Darstellung eines irgendwie abgegrenzten »Rheinlandes« vergeblich. Als Gliederungsstandard dient die vom Relief ausgehende klassische Dreigliederung in Norddeutschland (Tiefland), Mitteldeutschland (Mittelgebirgsschwelle) und Süddeutschland (Beckenlandschaften und Alpen), die von Penck auch auf die Anthropogeographie übertragen wird. Dieser Gliederung folgen prinzipiell auch Harms und Braun, so dass zwar das Oberrheinische Tiefland, das Rheinische Schiefergebirge, das Mittelrheintal usw. dargestellt werden, nicht jedoch ein möglicherweise kulturlandschaftlich abgegrenztes einheitliches Rheinland. Immerhin fällt auf, dass in sämtlichen Darstellungen auch die Kölner Bucht und das Niederrheinische Tiefland zusammen mit dem Rheinischen Schiefergebirge im Kontext der Mittelgebirgsschwelle abgehandelt werden, obwohl sie bei einer streng naturräumlichen Gliederung bekanntlich zum Norddeutschen Tiefland gerechnet werden müssten.

Werfen wir einen etwas genaueren Blick auf die Darstellung des Rheinlands in dem Lehrerhandbuch von Harms, dem eine große Breitenwirkung unterstellt werden kann. Am Oberrhein wird der symmetrische Aufbau der Landschaften zu beiden Seiten der Oberrheinischen Tiefebene betont: So wie sich Schwarzwald und Vogesen gegenüberstehen, entspricht dem schwäbischen Stufenland im Osten das lothringische Stufenland im Westen. Aber erst durch den Krieg von 1870/71 sei diese landschaftliche Einheit auch zu einer politischen Einheit geworden: »Das deutsche Volk erstarkte zu neuer Kraft und zu neuem Selbstbewusstsein, und 1870/1 musste Frankreich mit Elsass-Lothringen auch Metz, das inzwischen allerdings arg französisiert war, wieder herausgeben«.[21]

Einen breiten Raum nimmt die Beschreibung der mittelrheinischen Landschaft zwischen Bingen und Bonn ein. Harms resümiert (S. 156):

> Das Rheintal von Mainz bis Bonn ist der schönste Fleck Deutschlands, einer der herrlichsten Erdenwinkel überhaupt. [...] Der Rhein ist für uns Deutsche zugleich eine Stätte reicher geschichtlicher Erinnerungen. [...] Je und je hat Frankreich versucht, auch dieses Stück Rhein in seine Gewalt zu bekommen, aber hier hatte es weniger Erfolg als in der Oberrheinischen Tiefebene. »Sie sollen ihn nicht haben, den freien deutschen Rhein.« »Der Rhein, Deutschlands Strom, nicht Deutschlands Grenze.« Er ist der Liebling der Deutschen, den sie sich nicht entreißen lassen.

Zur Darstellung der rheinischen Kulturlandschaft in der »vaterländischen Erdkunde« gehört selbstverständlich auch die ausführliche Behandlung von Denkmälern als zu Stein und Eisen gewordenen Symbolen nationaler Sinnstiftung. Hierzu gehört auch der Kölner Dom, dessen Weiterbau im 19. Jahrhundert das Verdienst der preußischen Könige gewesen sei und der das nationale Schicksal symbolisiere:

> Ungesucht springt die Parallele zwischen der Geschichte des Kölner Domes und derjenigen Deutschlands in die Augen. Mit den Geschicken des Vaterlandes

schwankt auch dasjenige des Domes auf und nieder. Einer ersten Glanzperiode verdankt er seine Inangriffnahme, einer zweiten seine Vollendung. Die Aufgabe erscheint als eine so große, dass nur ein mächtiges, einiges Volk ihr gewachsen war. Jahrhundertelang herrschte in Deutschland die trübe Anschauung, dass, wie der Kölner Dom, so auch das Deutsche Reich nie ausgebaut werden könne. Doch Gott sei gedankt. Durch Nacht ging es zum Licht! Wohl niedergeworfen, aber nicht ertötet war des deutschen Volkes Urkraft. Glanzvoll ist das Reich erstanden; wie ein Wunderbau hat sich der Kölner Dom erhoben, in seiner Kraft und Schönheit ein Symbol des Volkes, das ihn baute. Zwei Türme trägt er, einen im Süden, einen im Norden; so versinnbildlicht er die Einigkeit zwischen den beiden Teilen des Vaterlandes.[22]

3. Die rheinische Landschaft der Volks- und Kulturbodenforscher (1918-1945)

Ebenso wie 1870 zogen auch 1914 die deutschen Soldaten mit dem Lied Schneckenburgers *Die Wacht am Rhein* auf den Lippen in den Krieg gegen Frankreich: »Es braust ein Ruf wie Donnerhall / Wie Schwertgeklirr und Wogenprall«.[23] Die Ernüchterung folgte allerdings rasch, und die katastrophale Niederlage, der von den Siegermächten diktierte Vertrag von Versailles, die Rheinlandbesetzung durch Frankreich und die (in der deutschen Sicht maßlos übertrieben wahrgenommenen) separatistischen Bestrebungen im Rheinland entfalteten eine katalytische Wirkung, die den deutschen Nationalismus gerade auch im Westen des Reichs zu extremen Formen aufputschte und immer aggressiver werden liess.[24]

Bereits mit dem Kriegsbeginn 1914 führte nicht nur in Deutschland, sondern auch in Frankreich die geistige Mobilmachung zu einer verstärkten Literaturproduktion über den Rhein und das Rheinland. In Frankreich war die Wiedergewinnung von Elsass-Lothringen ein offizielles Kriegsziel. Darüber hinaus sollte die natürliche Ostgrenze Frankreichs am Rhein wiederhergestellt werden, in der Pfalz und am Mittelrhein nicht unbedingt durch weitere Annexionen, aber doch zumindest durch eine dauerhafte militärische Kontrolle, um eine erneute Invasion der barbarischen Germanen zu verhindern.

In diesem Diskurs dienten auch auf französischer Seite Geschichte und Geographie als Legitimationslieferanten:[25] Die Argumentationslinie reicht von Caesar (»Gallien erstreckt sich vom Rhein bis zu den Pyrenäen und von den Alpen bis zum Ozean«) über Tacitus (»Der Rhein trennt Germanien von Gallien«) und Richelieu (»Die natürlichen Grenzen Galliens müssen wiederhergestellt werden«) bis zu Danton (»Die Grenzen Frankreichs sind von der Natur vorgegeben. Wir erreichen sie an vier Punkten: am Ozean, am Rheinufer, an den Alpen, an den Pyrenäen«) und Napoleon. Aber auch Stimmen von der anderen Rheinseite wie Friedrich der Große (»Es wäre zu wünschen, dass der Rhein weiterhin die Grenze des französischen Königreichs bliebe«), Georg Forster (»Der Rhein [...] muss die Grenze Frankreichs bleiben«) und Metternich (»Frankreich wird begrenzt sein von Rhein«) wurden bemüht. Französische Autoren verwiesen auf die Reunionsadressen rheinischer Revolutionsanhänger von 1798, auf die segensreichen Wirkungen der französischen Jahre im Rheinland bis 1813, ferner auf die »affinités électives«, die Wahlverwandtschaft zwischen Franzosen und Rheinländern, die auf der römisch-romanischen Kultur und Zivilisation beruhten und die dazu geführt hätten, dass das Rheinland (unausgesprochen: im Unterschied zu Preußen und anderen östlichen Ländern) seit jeher in die westeuropäische Zivilisation integriert gewesen sei.[26] Das geographische Argument wurde überhöht durch die These, Frankreich habe die welthistorische Mission, das lateinisch-katholische Erbe vor der Aggression des preußisch-protestantischen Deutschlands zu retten.

Für die französische Rheinlandpolitik der 1920er Jahre besonders einflussreich wurde die u. a. von Maurice Barrès vertretene These von der kulturellen Zwischenstellung der Rheinländer. Zwar bilde der Rhein die natürliche Grenze, aber eigentlich komme den gallo-romanisch beeinflussten Rheinländern zu beiden Seiten des Rheins eine Zwischenstellung zwischen Frankreich und Deutschland zu; sie seien gleichsam die besseren Deutschen, die vor einer weiteren Verpreußung zu bewahren seien. Deshalb sei auch nicht die Annexion des gesamten linken Rheinlands die angemessene Lösung, sondern eher eine Neutralisierung in einem eigenen Pufferstaat.

Dieser zugleich geostrategischen und kulturpolitischen Argumentation folgt die französische Rheinlandbesetzung nach dem Kriegsende, und vor allem die Zuspitzung durch die Ruhrkrise und die Versuche zur Ausrufung einer Rheinischen Republik im Jahre 1923 führen zu einem von beiden Seiten mit großem Aufwand geführten Propagandakrieg um das Rheinland. Das Haut Commissariat français versucht, durch eine Unterstützung rheinischer Separatisten und durch verdeckte Propaganda, die Bevölkerung für eine Loslösung von Preußen und vom Reich zu gewinnen. Die wichtigsten Argumente der Franzosen in diesem Diskurs sind erstens die Propagierung des Rheins als fleuve de la paix, zweitens die These von den deux Allemagnes, d. h. einem westlichen Rheinbund-Deutschland und einem preußischen Ostdeutschland, sowie drittens die Rolle Frankreichs als Fortschritts- und Zivilisationsbringer.[28]

Die französische Politik beruhte nicht nur auf geopolitischen und finanziellen Interessen (Reparationszahlungen), sondern auch auf einer eklatanten Fehleinschätzung der kulturellen und nationalpolitischen Einstellungen der Rheinländer, speziell des rheinischen Separatismus.[28] Viel bedeutsamer als die nur von einer kleinen Gruppe (um Hans Adam Dorten und Josef Smeets) vertretene Idee einer von Deutschland unabhängigen »Rheinischen Republik« war die vor allem von Zentrumspolitikern wie Adenauer unterstützte Bewegung einer Loslösung von Preußen, aber unter Verbleib im Reich. Die französische Fehldeutung beruhte nicht nur auf einer Überschätzung der »mentalen Affinität« des Rheinlands mit Frankreich, sondern auch darauf, dass die verbreiteten antipreußischen, großenteils konfessionell bedingten Ressentiments noch längst nicht die Zugehörigkeit des Rheinlands zum Deutschen Reich in Frage stellten. Ironischerweise unterlagen auch viele preußische Politiker und Wissenschaftler dieser Fehleinschätzung, wie in dem bekannten Verdikt Treitschkes über die »halbverwelschten Rheinländer« zum Ausdruck kommt. Um so verbissener führten beide Seiten den Propagandakrieg um das Rheinland, der sich im Krisenjahr 1923 dramatisch zuspitzt und von deutscher Seite mit der groß inszenierten 1000-Jahr-Feier von 1925 seinen Höhepunkt erlebt.[29] Mit dem Sturz Poincarés, der Annahme des Dawes-Plans und dem Abzug der französischen Besatzungstruppen zwischen 1925 und 1930 beruhigt sich dann zwar die politische Lage, aber die geistige Mobilmachung zur Abwehr französischer Ansprüche auf das »deutsche Rheinland« hält an.

Welche Akteure waren auf deutscher Seite tätig? Zu nennen ist die 1920 aus der »Reichszentrale für Heimatdienst« hervorgegangene »Rheinische Volkspflege«, die zunächst beim Reichsinnenminister, ab 1923 dann beim Reichsministerium für die besetzten rheinischen Gebiete ressortiert. Sie veranstaltet u. a. Fortbildungstagungen für Deutsch-, Geschichts- und Erdkundelehrer, die bewährten Multiplikatoren der National- und Heimaterziehung. 1930 wird die »Rheinische Volkspflege« aufgelöst. Zur wissenschaftlichen Untermauerung der deutschen Argumente im Kampf um das Rheinland wird auf Vorschlag von Hermann Aubin im Jahre 1920 das »Institut für Geschichtliche Landeskunde der Rheinlande« an der Universität Bonn gegründet, das ab 1925 auch von der Rheinprovinz mitfinanziert wird.[30] Im Hintergrund wirkt die ebenfalls im Jahre 1920 gegründete Leipziger »Stiftung für deutsche Volks- und Kulturbodenforschung« unter der Leitung von Wilhelm Volz. Initiiert durch Albrecht Penck, besteht die Aufgabe der Stiftung in der Erarbeitung wissenschaftlicher Argumente für die politischen Auseinandersetzungen um die deutschen Grenzräume, speziell zur Rückgewinnung der durch den Versailler Vertrag verlorenen Gebiete. Ideologische Grundlage der Arbeit ist die Volks- und Kulturbodentheorie. Zum Höhepunkt des

Kampfes um das Rheinland steuert die Stiftung ein Buch zum *Westdeutschen Volksboden – Aufsätze zu den Fragen des Westens* bei.[31] 1931 tritt an die Stelle der Leipziger Stiftung ein Netzwerk von staatlich finanzierten »Volksdeutschen Forschungsgemeinschaften« mit stark erweiterten Aktivitäten, darunter auch die (1931 zunächst als »Rheinische Forschungsgemeinschaft« gegründete) »Westdeutsche Forschungsgemeinschaft« unter der Leitung von Franz Steinbach.[32]

Werfen wir einen etwas genaueren Blick auf einige ausgewählte Texte, die die Rolle der »rheinischen Landschaft« in den politischen Auseinandersetzungen um das Rheinland in den 1920er Jahren dokumentieren. Eine ergiebige Quelle ist beispielsweise das aus Anlass der 1000-Jahr-Feier im Jahre 1925 von Paul Wentzcke und Hans Arthur Lux herausgegebene Sammelwerk *Rheinland* mit Beiträgen zur Geschichte und Landschaft, Kultur und Wirtschaft der Rheinprovinz. Dort schreibt Otto Dresemann, gerade in den schwierigen Zeiten der inneren und äußeren Bedrohung müsse die Liebe zur heimatlichen Landschaft zum zentralen Gegenstand der Volksbildung werden.[33] Deshalb sei ein Zusammenwirken von Wissenschaft und Volksbildung notwendig, um die Liebe zur heimatlichen Landschaft zu wecken und sie den zersetzenden Einflüssen der Moderne entgegenzustellen. Dresemann plädiert für eine zeitgenössische heimatkundliche Volksbildung und wendet sich damit sowohl gegen rückwärtsgewandte Romantiker und Heimatkundler als auch gegen all zu progressive Realisten, welche die Heimatliebe »aus dem Nebel der Romantik in den Qualm der Schlote« (S. 299) verschieben wollten.

Für dieses heimatpädagogische Programm, das sich in den 1920er Jahren von den ursprünglich primär naturschützerischen und heimatgeschichtlichen Wurzeln der Natur- und Heimatschutzbewegung des ausgehenden 19. Jahrhunderts ablöst und immer mehr politisiert wird, kamen im Unterricht vor allem drei Fächer in Frage: Deutsch, Geschichte und Erdkunde. Damit entstand für die jeweiligen Wissenschaftsdisziplinen die Aufgabe, die wissenschaftlichen Grundlagen bereitzustellen. Die Geographen boten dafür die Theorie des Volks- und Kulturbodens und der Kulturlandschaft in Verbindung mit geopolitischen Schlussfolgerungen an.

Mit dieser Theorie knüpfen sie insbesondere an J. G. Herder und F. Ratzel sowie an Autoren wie der schon zitierte G. Braun an, die die Richtung der »völkischen Wende« bereits vorzeichnen. Aber erst die politische Mobilisierung infolge des Versailler Vertrags und der Rheinland-Besetzung führt jetzt zu einer immer weiter gehenden Argumentation und zu direkten geopolitischen Schlussfolgerungen. Als Schlüsseltext kann der Aufsatz des einflussreichen, in Berlin lehrenden Geographen Albrecht Penck (1925) über das Konzept des *Deutschen Volks- und Kulturbodens* gelten.[34] Penck unterscheidet – gestützt auf eine suggestive Karte – zwischen Staatsgebiet, Volksboden (von Deutschen besiedeltes Gebiet, auch über das Staatsgebiet hinausreichend) sowie Kulturboden (von deutscher Kultur beeinflusste Kulturlandschaft, weite Teile Ostmitteleuropas mit umfassend). Bisher habe man zu sehr auf die räumliche Verbreitung der deutschen Sprache abgestellt und das deutsche Sprachgebiet mit dem deutschen Volksboden gleichgestellt. Dieser werde jedoch von »einem eigenartigen deutschen Kulturboden begleitet, der sich von dem der benachbarten Kulturgebiete unterscheidet. Er ist gekennzeichnet durch eine äußerst sorgfältige Bebauung, welche nicht gleich halt macht dort, wo sie schwierig wird« (S. 84). Die deutsche Kulturlandschaft sei ordentlich, gepflegt und sauber und werde vom Fleiß ihrer Bewohner geprägt. Während im Westen und Süden die Grenzen des Volks- und Kulturbodens weitgehend übereinstimmten, sei das im Osten anders: Erstens sei dort die Sprachgrenze nicht scharf ausgebildet, und zweitens reiche der von deutscher Kultur geprägte Boden teilweise bis zur russischen Grenze.

Penck wendet sich klar gegen eine etwaige geodeterministische Deutung:

> Der deutsche Kulturboden ist nicht das Ergebnis besonderer geographischer oder klimatischer Verhältnisse. [...] Die deutsche Kulturlandschaft entspringt nicht dem Zusammenwirken verschiedener natürlicher Ursachen, sie ist das Werk bestimmt veranlagter Menschen, die die Natur nach ihrem Willen verändern (S. 70).

Die im Vergleich zu Frankreich mangelnde Zentralisation Deutschlands sei nicht natürlich, sondern historisch bedingt (Wahlkaisertum, Reformation, dynastischer und nicht nationaler Absolutismus der deutschen Fürsten). Nationalgefühl erwachse bekanntlich durch große Leistungen. »Solchen begegnet man leider nur selten genug in der deutschen Staatengeschichte, aber sie liegen vor in der Schaffung eines deutschen Kulturbodens« (S. 72). Diese Einsicht müsse gelehrt werden, damit ein gesundes Nationalgefühl und ein Gefühl der nationalen Stärke entstehe und auch die fatale Neigung zum Partikularismus überwunden werde. Damit erhält die Kulturlandschaft eine zentrale Rolle sowohl für Volksbildung und Schulunterricht als auch für die praktische Geopolitik. Denn die Frage der »richtigen« Grenzen Deutschlands wird jetzt nicht mehr etatistisch beantwortet (der Versailler Vertrag hatte ja vermeintlich gerade gezeigt, wie willkürlich und wandelbar Staatsgrenzen sind), sondern durch einen

Rekurs auf die Erstreckung des Volks- und Kulturbodens.

Der größere Teil der deutschen Geographen vollzog diese völkische Wende ziemlich umstandslos und war davon überzeugt, dass das »geographische Deutschland« nun nicht mehr mit dem bestehenden Deutschen Reich übereinstimme, sondern so zu verstehen war, wie der Erlanger Geograph Robert Gradmann 1932 schrieb: »Das wahre Deutschland ist und bleibt das gesamte in sich zusammenhängende mitteleuropäische Wohngebiet des deutschen Volkes ›von der Maas bis an die Memel, von der Etsch bis an den Belt‹.«[35] Deutsche Kulturlandschaft sei dort, wo Deutsche siedeln bzw. gesiedelt haben, denn nur dort »herrscht nicht bloß die uns anheimelnde deutsche Bauweise und Flurverfassung, es herrscht auch eine fortgeschrittene Landwirtschaft, es herrscht Ordnung und Sauberkeit«. Die geopolitische Schlussfolgerung liegt auf der Hand: Soweit sich deutsche Kulturlandschaft erstreckt, ist die territoriale Expansion Deutschlands legitimiert.

Neben dem Osten Deutschlands wird nun der Westen der wichtigste ideologische Kampfplatz der völkisch-geopolitisch argumentierenden Geographen. Dabei geht es vor allem um die Identität und Abgrenzung des Rheinlands, aber auch um eine grundsätzliche Auseinandersetzung mit den französischen Argumenten, nunmehr bewaffnet mit den Argumenten der Volks- und Kulturbodentheorie.

In dem schon genannten, von Wilhelm Volz herausgegebenen Sammelband *Der westdeutsche Volksboden* setzt sich der Heidelberger Geograph Alfred Hettner (1925) mit den »geographischen Grundlagen der französischen Kultur und Politik« auseinander.[36] Hettner stellt fest, dass Frankreich fast überall von natürlichen Grenzen umgeben sei, während diese gegenüber Deutschland fehlten. Nur die Ardennen und die Vogesen bildeten eine natürliche Barriere, aber nördlich der Ardennen sowie im lothringischen Stufenland lasse sich keine natürliche Grenze ausmachen. Aus der Lage beider Länder ergebe sich ein gleichsam natürlicher Gegensatz: »Frankreich und Deutschland sind im Kerne ihres Wesens verschieden: jenes ist das westliche Endland des Kontinents [...]; dieses ist ein Mittelland« (S. 15). Die politische Grenze sei von Frankreich durch Gewaltanwendung sukzessive nach Osten vorangetrieben worden. Vernünftig sei hingegen nur die seit 1.000 Jahren weitgehend konstante Volkstumsgrenze, über die Deutschland nur 1871 im Raum Metz aufgrund militärstrategischer Überlegungen geringfügig hinausgegangen sei. Aufgrund seiner günstigen natürlichen Voraussetzungen (Anschluss an Mittelmeer, zentralisierte Landesnatur) habe Frankreich früh eine Hochkultur und einen Zentralstaat ausgebildet; dies habe jedoch zur »Volkspsyche« des Hochmuts gegenüber anderen Völkern und zu dem Bestreben geführt, ihnen seine Zivilisation aufzudrängen. Aus dieser Analyse zieht Hettner dann eine weitreichende politische Schlussfolgerung:

> Es war vor dem Kriege eine Torheit, und es ist heute noch eine größere Torheit, an eine Versöhnung mit Frankreich zu denken; denn Frankreich will nichts anderes als unsere Schwächung und Knechtung. [...] Wir müssen in Geduld warten und den Dingen ihren Lauf lassen, ehe wir hoffen dürfen, unsere Zukunft neu aufzubauen, den Rhein wieder zu einem ganz deutschen Strome, als Deutschlands Strom, nicht Deutschlands Grenze zu machen, und Deutschland von den Franzosen und ihren Schwarzen[37] zu befreien (S. 25).

In dem selben Band befasst sich Martin Spahn mit dem Verhältnis von Rheinländertum und Preußentum, in Anbetracht des rheinischen Separatismus ein überaus heikles Thema.[38] Das Rheinland sei in der Geschichte nie eine wirkungsvolle politische Einheit gewesen; es sei aber auch nicht nur eine »verkehrsgeographische Zweckgemeinschaft«, sondern eine »Gefühlsgemeinschaft«. Allerdings stehe dem Zusammengehörigkeitsgefühl die »Zerrissenheit seiner Bodengestalt« (S. 183) entgegen, nämlich die Untergliederung in Ober-, Mittel- und Niederrhein, und darüber hinaus sei Lothringen eine häufige »Einbruchstelle« romanischer Einflüsse gewesen. Heute sei es üblich, »die Rheinlande ungefähr mit der preußischen Rheinprovinz gleichzusetzen« (S. 183). Das sei zwar in gewisser Weise berechtigt, aber im weiteren Sinne bildeten »die Rheinlande« den »fränkischen Ausschnitt aus dem Stromgebiet« des Rheins. Als prägend für die rheinische Mentalität hebt Spahn hervor: das Festhalten am Katholizismus und die rheinische Position im Kampf zwischen Aufklärung und Kirche, die als Gegensatz zwischen französischer Aufklärung sowie rheinisch-deutscher Beständigkeit gedeutet wird. Auf der anderen Seite habe dieser Gegensatz in Deutschland zum Kulturkampf des 19. Jahrhunderts und damit zu einer Entfremdung des Rheinlands vom preußisch-deutschen Staat geführt. Erst sehr langsam und unterbrochen durch die Kirchenkonflikte habe man im Rheinland die positiven Wirkungen des preußischen Staates registriert, denn vor allem die rheinische Bourgeoisie sei eher liberal und westlich orientiert gewesen und habe insofern auf Distanz zum Preußentum gestanden. Im Kaiserreich habe es im Rheinland vor allem an nationalpolitischer Bildung gemangelt. Die Bildung sei hier entweder zu humanistisch oder zu naturwissenschaftlich-praktisch ausgerichtet gewesen, so dass die Leistung der Bismarckschen Reichsschöpfung nicht hinreichend zum Bewusstsein gebracht worden sei. Daraus habe nach 1918 ein nationalpolitisches Schwanken vieler rheinischer Intellektueller resultiert. Die nationalpolitische Zugehörigkeit des

Rheinlands sei aber durch die Natur vorgezeichnet, denn: »Der Rhein aber stellt das Rückgrat Mitteleuropas dar« (S. 196). Das ist explizit abgrenzend gegen das westliche Europa und als Ablehnung einer deutschen Entspannungspolitik gemeint.

Noch stärker zugespitzt charakterisiert Max Eckert die *Politische Geographie der Rheinlande.*[39] Er bezeichnet die Rheinlande als Herz- oder Kernland Deutschlands und beklagt die ungerechte Abtrennung von Eupen und Malmedy durch den Versailler Vertrag. Die Einheit der Rheinlande werde durch den Rhein bedingt; er sei von alters her nicht nur eine Verkehrsstraße, sondern auch eine »deutsche Kulturstraße erster Ordnung« (S. 40), nämlich als »Pfaffenstraße des Deutschen Reichs«, d. h. als Achse der katholischen Länder des Reichs. Bis heute sei der Rhein darüber hinaus auch zu einer »Industriestraße« geworden. Im Unterschied zu den älteren Darstellungen von Penck und Ratzel, die primär von der Landesnatur ausgingen, stellt Eckert wirtschaftliche und politische Kriterien in den Mittelpunkt. In dieser Perspektive erscheint ihm das Rheinland als

»wirtschaftshomogener Raum« oder eine »Zwecklandschaft«, [...] auf jeden Fall ein »harmonischer Staatsraum«, den wir recht wohl als eine politisch-geographische Charakterlandschaft bezeichnen können, die insbesondere durch das Zusammengehörigkeitsgefühl und den wirtschaftspolitischen Betätigungswillen ihrer Bewohner ausgezeichnet ist (S. 43).

Mit »Rheinischer Geopolitik« hat sich auch der wohl bekannteste und einflussreichste Geopolitiker Deutschlands, Karl Haushofer, befasst.[40] Er postuliert ein »Naturrecht der Rheinlandschaft« (S. 1), das die Wissenschaft erkennen müsse, um der Politik zu helfen. Aus den landschaftlichen Zusammenhängen resultiere jedoch kein geodeterministischer Fatalismus. Vielmehr müssten die natürlichen Grundlagen vom »menschlichen Kulturwillen« genutzt und gestaltet werden (S. 2). Dann entfaltet Haushofer seine geopolitische Argumentationslinie: Das Rheingebiet zeige aufgrund seiner Lage und Ausrichtung zur Nordsee überwiegend nordische Einflüsse; die kärgliche Natur des Rheinischen Schiefergebirges habe zu einem »engräumigen, übervölkerten Gebiet« mit »Raumnot« geführt (S. 8). Daraus resultiere die Gefahr der »engräumigen Ideen« und der zersplitterten Interessen und die politische Ohnmacht gegenüber ausländischen Staatsmännern. 1871 habe die rheinische »Landschaft sich glücklich zu ihrer Einheit zurückgefunden« (S. 14), aber mit Versailles sei die »Einheit der Oberrheinebene« (F. Metz) wieder zerschlagen worden. Das von Haushofer geplante geopolitische Grundlagenwerk solle

»hinführen zu einem sicheren Absprung vom Wissen zum Können«, d. h. von der wissenschaftlichen Erdkunde über die Geopolitik zur Kunst der Politik.

Ging es in der Rheinprovinz um die Ablehnung separatistischer Bestrebungen und die deutsche Identität des Rheinlands sowie um die Untermauerung der deutschen Ansprüche auf Eupen, Malmedy und das Saargebiet, so reichten die Probleme am Oberrhein infolge der Rückgliederung von Elsass-Lothringen an Frankreich durch den Vertrag von Versailles viel tiefer und weiter. Zentrales Motiv der völkisch argumentierenden Geographen war hier der geographische Nachweis einer natürlichen Einheit der »Oberrheinlande« einschließlich der Vogesen und des lothringischen Stufenlandes, um so die deutschen Ansprüche auf Elsass-Lothringen zu legitimieren. Der Hauptprotagonist war der in Freiburg i. B. lehrende Geograph Friedrich Metz, der in seiner Kampfschrift über *Die Oberrheinlande*[41] nachzuweisen versucht, dass die links- und rechtsrheinischen Länder am Oberrhein unter klimatologischen, landschaftskundlichen und kulturgeographischen Faktoren als Einheit zu betrachten seien. Metz setzt sich pointiert »aus deutscher Sicht« mit der französischen Literatur auseinander und kommt zu dem Schluss, dass die Trennung der Oberrheinlande durch den Versailler Vertrag (und dessen Bestätigung durch den Vertrag von Locarno 1923) »eine Sünde wider den Geist der Geográphie« gewesen sei (S. 268).

Mit der »völkischen Wende« war der ideologische Weg des überwiegenden Teils der deutschen Geographie zum Nationalsozialismus vorgezeichnet, denn die Theoreme der Volks- und Kulturbodenforschung und Geopolitik liessen sich ohne größere Schwierigkeiten und Umdeutungen mit der nationalsozialistischen Ideologie in Einklang bringen. Eine neue Akzentuierung brachte lediglich die Einbeziehung rassenkundlicher Argumente.

Einen großen Einfluss entfalteten jetzt die »Volksdeutschen Forschungsgemeinschaften« und damit im Rheinland die »Westdeutsche Forschungsgemeinschaft«[42], deren Leitung 1940 an Friedrich Metz in Freiburg i. B. überging. Ihr angeschlossen waren vier regionale Forschungsinstitute in Münster (Leitung Ernst Rieger), Freiburg i. B. (Leitung Friedrich Metz), Bonn (Leitung Franz Steinbach) und das Wissenschaftliche Institut der Elsass-Lothringer im Reich in Frankfurt a. M. (Leitung Paul Wentzcke); zum Beirat gehörte außerdem als Vertrauensmann für die Schweiz Hektor Ammann. Zum Selbstverständnis der Westdeutschen Forschungsgemeinschaft schrieb der neue Vorsitzende Metz 1940 programmatisch:

Wir sind uns insgesamt darüber einig, dass es sich darum handelt, vor allem den in Frage stehenden Raum im Westen nach der landeskundlichen und landesgeschichtlichen Seite hin zu untersuchen und darzustellen. Es handelt sich um Rechtsansprüche, die aus der geographischen Struktur dieser Räume und ihrer Zugehörigkeit zum Reich aus der germanischen Besiedlung und späteren Zuwanderung aus dem geschlossenen deutschen Volksgebiet abgeleitet werden können, und das ist doch im größten Umfang der Fall.[43]

Die völkische Grenzlandforschung war ein hochpolitisches Projekt zur Legitimierung territorialer Ansprüche, sie musste jedoch mit Rücksicht auf die ausländischen Kollaborateure und die außenpolitischen Wirkungen sehr diskret erfolgen und gab sich deshalb zumindest anfangs den Anschein zweckfreier Wissenschaft.

Im politischen Zentrum der Aktivitäten standen Elsass-Lothringen und die Argumentation gegen französische Autoren wie Paul Vidal de la Blache, Jean Brunhes, Albert Demangeon und vor allem Lucien Febvre. Darüber hinaus befasste sich die Westdeutsche Forschungsgemeinschaft intensiv mit Eupen-Malmedy, mit den deutschen Sprachinseln in Südbelgien (Arel) und Limburg sowie mit dem Deutschtum Luxemburgs. Der Anspruch auf Rück- bzw. Eingliederung in das Reich war stets selbstverständlich und wurde auf vielen Tagungen artikuliert, durfte aber aus außenpolitischer Rücksicht nicht öffentlich propagiert werden. Nach Kriegsbeginn konnte die außenpolitische Zurückhaltung aufgegeben werden, und die Arbeit wurde über die Volksdeutschen hinaus zu einer allgemeinen europäischen Nationalitätenforschung im Hinblick auf die vermeintlich bevorstehenden bevölkerungspolitischen Maßnahmen der »Umvolkung« ausgeweitet. 1941 schlug Metz eine neue Westgrenze des Deutschen Reichs vor, die noch weiter westlich, als es dem Stand von 1871-1918 entsprochen hätte, verlaufen sollte. Allerdings liess er dabei die Frage einer Eingliederung der Niederlande offen.[44] Immerhin wurden erste territoriale Entscheidungen bereits während des Krieges getroffen. So sollten Baden und Elsass zu einem Gau »Oberrhein« vereinigt und Lothringen mit dem Saarland zum »Gau Westmark« werden. Als Folge des Kriegsverlaufs wurden die Institute der Westdeutschen Forschungsgemeinschaft 1944 sukzessive geschlossen und die Aktivitäten eingestellt.

In den Volksdeutschen Forschungsgemeinschaften spielten Geographen sicherlich nicht die entscheidende, aber auch keine nebensächliche Rolle, wie beispielhaft an der Person von Friedrich Metz deutlich wird. Ihre Arbeit war auf praktische Politikberatung gerichtet und fand insofern nur teilweise in der Öffentlichkeit statt. Hingegen wirkten die Hochschulgeographen über ihre Schriften stärker in die politische Öffentlichkeit und über die Lehrerbildung und über die an die Lehrerschaft gerichteten Fachzeitschriften (z. B. *Geographischer Anzeiger*) auch in die Schulen.

Selbstverständlich dokumentiert sich die »völkische Wende« auch in den landeskundlichen Deutschland-Darstellungen geographischer Autoren. Gemäß der herrschenden Volks- und Kulturbodentheorie kann »Deutschland« nun nicht mehr im staatlichen Rahmen des Deutschen Reichs behandelt werden, sondern nur noch im Sinne des (größeren) deutschen Volks- und Kulturraumes. Zwei Beispiele mögen diesen Wandel zeigen.

1936 erscheint die gründlich umgearbeitete zweite Auflage des *Deutschland*-Buchs von Gustav Braun. Unter der Überschrift *Das Landschaftsbild Deutschlands* sind jetzt nicht nur – wie bereits 1916 – Elsass-Lothringen, sondern auch die Niederlande, die Deutschschweiz und Österreich eingeschlossen. Besonders interessant ist die regionale Gliederung, da Braun sich jetzt bewusst von der traditionellen, vom Großrelief ausgehenden Dreigliederung Deutschlands in Norddeutschland, Mittelgebirgsschwelle und Süddeutschland absetzt und das *Das Rheinische Deutschland* in einem Kapitel zusammenfasst. Diese Veränderung begründet Braun mit einer Umgewichtung der Gliederungskriterien: »Größer noch als die morphologische ist die anthropogeographische und historische Einheit, die auf der Existenz des Stromes als eines verbinden Bandes beruht«.[45] Die traditionelle Nord-Süd-Zonierung der geographischen Landeskunden kritisiert Braun vor allem mit dem Hinweis, dass für die Gliederung auch die »Raumerfüllung durch die Bevölkerung« beachtet werden müsse. Als Dichtezonen ergeben sich im Westen die »rheinische Zone« (von der Schweiz bis zu den Niederlanden) sowie Mitteldeutschland (einschl. Nordböhmen und Schlesien). Daraus folgert er: »Die Grundlinien des Einrichtens des Deutschen Volkes in seinem Lebensraum geben die Flusseinheiten ab« (S. 845). Diese Nord-Süd-gerichtete Gliederung korrespondiert grob mit der Unterteilung in altgermanisches Land im Westen und Kolonisationsland im Osten und Südosten. Braun folgt dann der traditionellen Unterteilung in Nieder-, Mittel- und Oberrhein, wobei er allerdings durch die Einbeziehung der Niederlande den Niederrheinbegriff auf den gesamten Flussabschnitt bis zur Mündung ausdehnt. Im Kapitel »Die Oberrheinlande« stellt er die »natürliche Einheit« des als »Südwesten Deutschlands« charakterisierten Raums heraus. Dieser Raum sei im Wesentlichen symmetrisch um das Oberrheintal aufgebaut und schliesse im Westen das »lothringisch-pfälzische Stufenland« und im Südwesten sogar den Sundgau mit ein. Er sei von »deutschen Stämmen« besiedelt und kulturlandschaftlich geprägt, nur im Westen sei romanische Bevölkerung »eingedrungen«.

Ein besonderes Zeugnis landeskundlicher Literaturgeschichte ist auch die von Hans Bobek besorgte, noch kurz vor dem Kriegsende (1945) erschienene Neubearbeitung des *Deutschland*-Buchs von Friedrich Ratzel, dessen erste Auflage 1898 erschienen war. Während Ratzel seine Darstellung noch auf das kleindeutsche Bismarck-Reich bezogen hatte, schreibt Bobek in seinem Begleitwort:

> Die Erlebnisse des Weltkriegs, die Zertrümmerung Österreich-Ungarns, die Verstümmelung des Reiches und die seitherige unermüdliche Arbeit auf den Gebieten der Volkstumspolitik und Volkstumsforschung haben uns schärfer zu scheiden und umfassender zu fühlen gelehrt. Es ist uns heute unerträglich, ›Deutschland‹ zu sagen und einen begrenzten Ausschnitt, sei es auch das Reich von 1871, zu meinen.[46]

Leitender Gesichtspunkt für die Neubearbeitung des Werks ist für Bobek nun die Kulturlandschaft:

> Indem die Deutschen sich mit wachsender Zahl immer enger mit ihrem Boden verbanden, entstand eine ganz neue Landschaft, eine Kulturlandschaft, die voll ist von den Zeichen der Arbeit [...] Und diese Wirkungen sind von den in benachbarten Ländern zutage tretenden ebenso verschieden, wie das deutsche Volk nach Art und Geschichte von ihnen verschieden ist.[47]

Dies zeige vor allem die Siedlungsgeographie in der Stammes- und Volksgebundenheit der bäuerlichen Siedlungsweise.

Kontrastieren wir die völkisch-rassische Sicht der deutschen Volks- und Kulturbodenforscher zum Abschluss mit der Sicht eines Beobachters von der anderen Seite des Rheins. Hellsichtig analysiert Lucien Febvre den »Mythos Rhein«.[48] Er wendet sich dezidiert ebenso sehr gegen die geopolitische französische Auffassung vom Rhein als »natürlicher Ostgrenze« Frankreichs wie gegen die nationalistische deutsche Auffassung vom Rheins als »deutschem Strom«. Hingegen betont er die Funktion des Rheins als Bindeglied und Mittler zwischen West- und Mitteleuropa sowie den Brückencharakter der Rheinlande. Damit sei der Rhein zu einem »europäischen Strom« geworden. Noch einmal Lucien Febvre:

> Überlassen wir also die ›natürlichen Grenzen‹ den Schlaumeiern oder Einfallspinseln. Alle Grenzen werden von Menschen gezogen. Sie mögen »gerecht« oder »ungerecht« sein, aber nie ist es »die Natur«, die ihre Gerechtigkeit bestimmt oder zur Gewaltanwendung auffordert. Vor allem aber sollten wir den Gedanken der »Rasse« den Scharfmachern überlassen. Er ist ihre ureigenste Erfindung.[49]

4. Schluss: Sind die Gespenster vertrieben?

Sind die alten Mythen und Gespenster, von denen Lucien Febvre und Marc Bloch sprachen, heute endgültig vertrieben? Nur wenn man die Geschichte der rheinischen Frontstellung gegen Frankreich kennt, kann man die Bedeutung der deutsch-französischen Aussöhnung unter Adenauer und der darauf aufbauenden europäische Einigung richtig ermessen.

Und was ist aus dem geographischen Konstrukt der »rheinischen Landschaft« mit ihren ideologischen und politischen Aufladungen geworden?

Zum einen ist geographische Landschaftsforschung heute weitgehend zu einer naturwissenschaftliche Landschaftsökologie im Sinne einer geo- und biowissenschaftlichen Naturhaushaltslehre geworden. In diesem Paradigma macht die Frage nach »der rheinischen Landschaft« wenig Sinn, denn offenkundig spielen bei einem solchen Konstrukt von vornherein kulturelle und politische Aspekte mit hinein, und im Übrigen stehen in der naturwissenschaftlichen Landschaftsforschung aus guten Gründen entschieden kleinräumigere Fragestellungen im Vordergrund. Allenfalls konnte nach einer räumlichen Gliederung der Landschaft des Rheinlands gefragt werden.[50]

Zum andern befassen sich mit Kulturlandschaften neben den Landschaftsökologen heute vor allem Landespfleger und Landschaftsarchitekten.[51] In der deutschen Geographie hat der Entmythologisierungsprozess der Nachkriegszeit zu einer regelrechten Krise der Kulturlandschaftsforschung geführt. Erst in jüngster Zeit ist wieder ein verstärktes Interesse junger Geographinnen und Geographen an Fragen der historischen Kulturlandschaftsforschung und des Kulturlandschaftsschutzes festzustellen. Dies geschieht aber auf einer historisch-sozialwissenschaftlichen Grundlage, wie sich am Beispiel der Bemühungen um die Aufnahme des Mittelrheintals in die Liste des UNESCO-Weltkulturerbes aufzeigen lässt.

Insofern sind die alten Gespenster heute tatsächlich vertrieben. Einige fristen vielleicht noch in rechtsradikalen Zirkeln und Kommunikationsnischen ein kümmerliches Dasein. In den Medien und relevanten politischen Diskursen der Gegenwart spielen sie indessen keine Rolle mehr. In der Kultur- und Sozialgeographie der Gegenwart wird Ethnizität heute ganz anders thematisiert: nicht als Eigenschaft von Räumen im Sinne einer ideologischen Aufladung des Bodens oder der Landschaft, sondern als gesellschaftlicher Diskurs um die ethnische Homogenität bzw. Heterogenität der in bestimmten Räumen lebenden Bevölkerung. Diese »konstruktivistische Wende« der Kultur- und Sozialgeographie ist definitiv vollzogen und unumkehrbar.

Insofern muss auch die Frage offen bleiben, ob es eine »rheinische Landschaft« überhaupt real gibt oder jemals gegeben hat. Eventuell müssten wir die so gestellte Frage an die naturwissenschaftlich arbeitenden Landschaftsökologen weiterreichen. Allerdings würden diese dann vermutlich mit ziemlichem Unverständnis reagieren, sofern »rheinisch« nicht im hydrologischen, sondern im historischen, politischen und kulturellen Sinne gemeint ist. Eine solche Frage wäre im Rahmen des naturwissenschaftlichen Paradigmas kaum verständlich und insofern auch nicht zu beantworten.

Aus kultur- und gesellschaftswissenschaftlicher Sicht wäre die Frage nach der realen Existenz einer »rheinischen Landschaft« aber auch verhältnismäßig harmlos. Viel relevanter und alles andere als politisch und kulturell harmlos waren hingegen die Diskurse über das Konstrukt der rheinischen Landschaft. Sie sind für uns heute Gegenstand kritischer Re- und Dekonstruktionen, um nicht erneut in die alten Fallen der naturalistischen Geopolitik hinein zu stolpern, die in vielen Ländern der Erde eine ungebrochene Tradition besitzt und heute teilweise sogar eine unheilvolle Renaissance erlebt.

Anmerkungen

1. Lucien Febvre: Der Rhein und seine Geschichte. Hrsg. v Peter Schöttler. (Franz. Orig.: Le Rhin. Problèmes d'histoire et d'économie. Paris 1935) Frankfurt a. M. 1994,S. 204.
2. In AHES 5 (1933), S. 84.
3. Thomas Grosser: Der romantische Rheinmythos. Die Entdeckung einer Landschaft zwischen Politik und Tourismus, in: Richard W. Gassen/Bernhard Holeczek (Hrsg.): Mythos Rhein. Ein Fluss in Kitsch und Kommerz. Heidelberg 1992, S. 11-38. – Klaus Honnef/Klaus Weschenfelder/Irene Haberland (Hrsg.): Vom Zauber des Rheins ergriffen... Zur Entdeckung der Rheinlandschaft vom 17. bis 19. Jahrhundert. München 1992. – Norbert Oellers: Geschichte der Literatur in den Rheinlanden seit 1815, in: Franz Petri/Georg Droege (Hrsg.): Rheinische Geschichte. Bd. 3: Wirtschaft und Kultur im 19. und 20. Jahrhundert. Düsseldorf 1979, S. 553-696. – Horst-Johannes Tümmers: Rheinromantik. Romantik und Reisen am Rhein. Köln 1968. – ders.: Der Rhein. Ein europäischer Fluß und seine Geschichte. München 1994.
4. Joseph Hansen: Rheinland und Rheinländer. Bonn 1925. Auch in: Westdeutsche Monatshefte 3 (1925).
5. Wilhelm Janssen: Kleine rheinische Geschichte. Düsseldorf 1997, S. 11.
6. Karl-Georg Faber: Rheinlande und Rheinländer 1814-1848. Umrisse einer politischen Landschaft, in: Georg Droege u. a. (Hrsg.): Landschaft und Geschichte. Festschrift für Franz Petri. Bonn 1970, S. 194-210.
7. Etwa von Traitteur, Oken, Jahn, Zeune und Daniel; vgl. Hans-Dietrich Schultz: »Deutschland? aber wo liegt es?« Zum Naturalismus im Weltbild der deutschen Nationalbewegung und der klassischen deutschen Geographie. In: Eckart Ehlers (Hrsg.): Deutschland und Europa. Bonn 1997, S. 85-104 [= Colloquium Geogr., Bd. 24].
8. Hans-Dietrich Schultz: »Was ist des Deutschen Vaterland?« Geographie und Nationalstaat vor dem Ersten Weltkrieg, in: Geographisches Rundschreiben 47 (1995), S. 492-497. – ders.: Deutsches Land – deutsches Volk. Die Nation als geographisches Konstrukt. In: Berichte zur deutschen Landeskunde 72 (1998), S. 85-114.
9. Thomas Nipperdey: Nationalidee und Nationaldenkmal in Deutschland im 19. Jahrhundert, in: Historische Zeitschrift 206 (1968), S. 529-585.
10. Nach dem Ersten Weltkrieg wurde auf der Loreley ein großer Turnplatz des Turngaus Süd-Nassau. eingerichtet. Einem Loreley-Turner widmete Erich Kästner 1932 ein kleines Gedicht:

    Er stand, verkehrt, im Abendsonnenscheine
    Da trübte Wehmut seinen Turnerblick
    Er dachte an die Loreley von Heine
    Und stürzte ab und brach sich das Genick. –
    Er starb als Held, man muss ihn nicht beweinen.
    Sein Handstand war vom Schicksal überstrahlt.
    Ein Augenblick mit zwei erhobnen Beinen,

Ist nicht zu teuer mit dem Tod bezahlt!
1935-37 errichteten die Nazis hier ein Freilichttheater. Seit 1977 finden dort Rockkonzerte statt und bilden damit das vorläufig letzte Kapitel dieser deutschen Ortssymbolgeschichte.

11. In Frankreich spottete man darüber: Während die Französinnen graziös schreiten, stampft das Riesenweib Germania, bis kein Grashalm mehr wächst.
12. Das dort errichtete Kaiserdenkmal wurde 1945 zerstört, aber nach kontroversen Diskussionen 1993 wieder aufgebaut. Den Befürwortern dieser Entscheidung war die antifranzösische Symbolik des Kaiserdenkmals offenbar entweder nicht bekannt oder aber gleichgültig. Dies ist eine andere Variante deutscher Ortssymbolgeschichte.
13. Ernst Tiedge: Naturschönheit und Naturschutz im Rheinland, in: Paul Wentzcke/Hans Arthur Lux (Hrsg.): Rheinland. Geschichte und Landschaft, Kultur und Wirtschaft der Rheinprovinz. Düsseldorf 1925, S. 303-309, hier S. 303.
14. Ebd.
15. Eduard Spranger: Der Bildungswert der Heimatkunde, in: W. Schoenichen (Hrsg.): Handbuch der Heimaterziehung. Berlin 1923, S. 3-26.
16. Hans H. Blotevogel: Industrielle Kulturlandschaft im Ruhrgebiet. Die Geschichte einer schwierigen Annäherung (im Druck). – Karl Ditt: Die deutsche Heimatbewegung 1871-1945, in: Heimat. Analyse, Themen, Perspektiven. Bonn 1990. Bd. 1, S. 135-154 [= Schriftenreihe der Bundeszentrale für politische Bildung, Bd. 294/I].
17. Heinz-Gerhard Haupt/Michael G. Müller/Stuart Woolf (Hrsg.): Regional and National Identities in Europe in the XIXth and XXth centuries. The Hague 1998. – Eugen Weber: La formation de l'Hexagon républicain, in: François Furet (Hrsg.): Jules Ferry fondateur de la République. Paris 1985, S. 223-241 [= Actes du colloque organisé par l'EHESS]. – Franziska Wein: Deutschlands Strom – Frankreichs Grenze. Geschichte und Propaganda am Rhein 1919-1930. Essen 1992 [= Düsseldorfer Schriften zur neueren Landesgeschichte und zur Geschichte Nordrhein-Westfalens, Bd. 33].
18. Hans-Dietrich Schultz: Deutschlands »natürliche« Grenzen, in: Alexander Demandt (Hrsg.): Deutschlands Grenzen in der Geschichte. München 1990, S. 33-88. – ders.: Räume sind nicht, Räume werden gemacht. Zur Genese »Mitteleuropas« in der deutschen Geographie, in: Europa regional 5 (1997), S. 2-14. – Vgl. ferner auch die in Anm. 8 genannten Arbeiten von H.-D. Schultz.
19. Schultz, Vaterland (Anm. 8).
20. Albrecht Penck: Das deutsche Reich, in: Alfred Kirchhoff (Hrsg.): Länderkunde des Erdteils Europa. Teil 1. Wien 1887, S. 115-596 [= Unser Wissen von der Erde 2: Länderkunde von Europa]. – Heinrich Harms: Erdkunde in entwickelnder, anschaulicher Darstellung. Bd. 1: Vaterländische Erdkunde. 6. Aufl. Braunschweig 1904 (1. Aufl. 1897). – Gustav Braun: Deutschland. Dargestellt auf Grund eigener Beobachtung, der Karten und der Literatur. Berlin 1916 (2. Aufl. 1936).

21. Harms (Anm. 20), S. 127.
22. Ebd., S. 172.
23. Dazu Erich Kästner 1930: »Wenn wir den Krieg gewonnen hätten, mit Wogenprall und Sturmgebraus, dann wäre Deutschland nicht zu retten, und gliche einem Irrenhaus. ... zum Glück gewannen wir ihn nicht«; zitiert nach Tümmers, Rhein (Anm. 3).
24. Kurt Düwell: Regionalismus und Nationalismus am Beispiel der Rheinlande, in: Rheinische Vierteljahrsblätter 59 (1995), S. 194-210. – Wilhelm Kreutz: Der umkämpfte Rhein. Zur deutschen und französischen Rheinideologie zwischen 1870 und 1930, in: Gassen/Holeczek (Anm. 3), S. 43-56. – Astrid Mehmel: Deutsche Revisionspolitik in der Geographie nach dem Ersten Weltkrieg, in: Geographische Rundschau 47 (1995), S. 498-505. – Peter Schöttler: Die historische »Westforschung« zwischen »Abwehrkampf« und territorialer Offensive, in: Peter Schöttler (Hrsg.): Geschichtsschreibung als Legitimationswissenschaft 1918-1945. Frankfurt a. M. 1997, S. 204-261.
25. Kreutz (Anm. 24), S. 50.
26. Wein (Anm. 17).
27. Ebd., S. 62 ff.
28. Rudolf Morsey: Die Rheinlande, Preußen und das Reich 1914-1945, in: Rheininsche Vierteljahrsblätter 30 (1965), S. 176-220. – Janssen (Anm. 5), S. 376 f.
29. Aloys Schulte (Hrsg.): Tausend Jahre deutscher Geschichte und deutscher Kultur am Rhein. Düsseldorf 1925. – Wentzcke/Lux (Anm. 13).
30. Marlene Nikolay-Panter: Geschichte, Methode, Politik. Das Institut für Geschichtliche Landeskunde der Rheinlande 1920-1945, in: Rheinische Vierteljahrsblätter 60 (1996), S. 233-262.
31. Wilhelm Volz (Hrsg.): Der westdeutsche Volksboden. Aufsätze zu den Fragen des Westens. Breslau 1925.
32. Willi Oberkrome: Volksgeschichte. Methodische Innovation und völkische Ideologisierung in der deutschen Geschichtswissenschaft 1918-1945. Göttingen 1993 [= Kritische Studien zur Geschichtswissenschaft, Bd. 101]. – Burkhard Dietz: Die interdisziplinäre »Westforschung« der Weimarer Republik und NS-Zeit als Gegenstand der Wissenschafts- und Zeitgeschichte, in: Geschichte im Westen 14 (1999), S. 189-209. – Michael Fahlbusch: Wissenschaft im Dienst der nationalsozialistischen Politik? Die »Volksdeutschen Forschungsgemeinschaften« von 1931-1945. Baden-Baden 1999.
33. Otto Dresemann: Wissenschaft und Volksbildung, in: Wentzcke/Lux (Anm. 13), S. 289-302.
34. Albrecht Penck: Deutscher Volks- und Kulturboden, in: Karl Christian von Loesch (Hrsg.): Volk unter Völkern. Bücher des Deutschtums, Bd. 1. Breslau 1925, S. 62-73.
35. Robert Gradmann: Die Wissenschaft im Dienste der deutschen Volkspolitik. Erlangen 1932 [= Erlanger Universitäts-Reden, Bd. 12].
36. Alfred Hettner: Die geographischen Grundlagen der französischen Kultur und Politik, in: Wilhelm Volz (Hrsg.): Der westdeutsche Volksboden. Aufsätze zu

den Fragen des Westens. Breslau 1925, S. 7-23.

37. Damit übernimmt Hettner das rassistische, von deutscher Seite wiederholt beschworene Argument, im besetzten Rheinland seien die deutschen Frauen besonders durch die farbigen Soldaten der französischen Besatzungsarmee bedroht.
38. Martin Spahn: Rheinländertum und Preußentum, in: Volz (Anm. 36), S. 182-196.
39. Max Eckert: Politische Geographie der Rheinlande, in: Alfred Philippson (Hrsg.): Düsseldorfer geographische Vorträge und Erörterungen. Teil 2: Zur Geographie der Rheinlande. Breslau 1927. S. 32-43.
40. Karl Haushofer: Rheinische Geopolitik, in: ders. (Hrsg.): Der Rhein, sein Lebensraum, sein Schicksal. Bd. 1: Erdraum und Erdkräfte. Der natürliche Lebensraum. 1. Teilbd. Berlin 1928, S. 1-18.
41. Friedrich Metz: Die Oberrheinlande. Breslau 1925.
42. Dietz (Anm. 32). – Fahlbusch (Anm. 32), S. 350 ff.
43. Zitiert nach Fahlbusch (Anm. 32), S. 73 f.
44. Ebd., S. 704 f.
45. Braun (Anm. 20), 2. Aufl. 1936, S. 278.
46. Friedrich Ratzel: Deutschland. Einführung in die Heimatkunde. 7. Aufl. Durchgesehen und ergänzt durch Hans Bobek. Berlin 1945 (1. Aufl. 1898), hier S. VII.
47. Ebd., S. 215 f.
48. Febvre (Anm. 1).
49. Ebd., S. 13.
50. Karlheinz Paffen: Die natürliche Landschaft und ihre räumliche Gliederung. Eine methodische Untersuchung am Beispiel der Mittel- und Niederrheinlande. Remagen 1953 [= Forschungen zur deutschen Landeskunde, Bd. 68].
51. Vgl. z. B.: Kulturlandschaftspflege im Rheinland. Symposion am 23. und 24. Oktober 1990 in Krefeld-Linn. Tagungsbericht. Köln 1991 [= Beiträge zur Landesentwicklung, Bd. 46]. – Annette Heusch-Altenstein: Kulturlandschaftspflege im Rheinland. Beitrag zur Erhaltung und Pflege historisch geprägter Kulturlandschaften. Köln 1992 [= Beiträge zur Landesentwicklung, Bd. 47].

»Ansichten vom Niederrhein«
Eine Umfrage unter Schriftstellern der Region

Von Gunter E. Grimm

In Hanns Dieter Hüschs Gedicht *Tante Anna* heißt es über einen Jungen, nämlich Tante Annas Sorgenkind:

Ich weiß noch wie e so war
Un wie e noch so froh war
Wenn er zu Haus konnt sein
Zu Haus am Niederrhein.[1]

Hanns Dieter Hüsch als Inbegriff des Niederrheiners weiß natürlich, was die Region Niederrhein ist. Aber heute, in einer ethnisch und kulturell gemischten Gemengelage, in der kollektive Traditionen sich verlieren, weiß es nicht jeder, und so ist der Wunsch ganz natürlich, möglichst exakt zu erfahren, wie weit die Region Niederrhein reicht und was ihre Eigenart ausmacht. Selbstverständlich gibt es vielerlei Verfahrensweisen, sich kundig zu machen, in Nachschlagewerken, in Atlanten und historischen Darstellungen zur Region[2] und schließlich durch Befragung der Menschen, die in dieser Gegend wohnen und sich als Niederrheiner fühlen. Die folgenden Darlegungen basieren auf solchen Recherchen.

Zunächst der Begriff. Heute wird der Rhein in die Abschnitte Hochrhein, Oberrhein, Mittelrhein und Niederrhein unterteilt. Von daher meint Niederrhein die bei anderen Flüssen als Unterlauf bezeichnete Strecke, wie sie bereits in der lateinischen Bezeichnung »Rhenus inferior« zum Ausdruck kommt.[3] Im späten Mittelalter begann der Niederrhein in Köln, wo die Waren von ober- auf niederländische Schiffe umgeladen wurden. Die gängige Bezeichnung für die »partes inferiores Rheni« war bis ins 18. Jahrhundert der Terminus »Niederlande«[4], der in der Form »niderlant« schon im 13. Jahrhundert begegnet.[5] Der früheste Beleg für den Begriff »Niederrhein« fand sich bisher in einem Schreiben des Herzogs Johann von Kleve aus dem Jahre 1536.[6] Warum aber nicht »Unterrhein«? Wahrscheinlich wollte man auch die geographische Gegebenheit im Namen zum Ausdruck bringen. Schon mittelhochdeutsch meint »nider« so viel wie »flach«, und der ›niedere‹ Rhein bezeichnet also die Strecke, wo der Fluss das Schiefergebirge verlässt und durch eine flache Region fliesst, also die Strecke nördlich von Bonn.

Offenbar war dies auch die gängige Ansicht im 19. Jahrhundert. Der Kulturhistoriker Wilhelm Heinrich Riehl etwa lässt sich in seinem 1869 erschienenen *Wanderbuch* folgendermaßen aus:

Wenn der oberdeutsche Wanderer zwischen den letzten Höhen des Siebengebirges hervor in die Rheinebene tritt und gar bei Bonn die erste Windmühle erblickt, so kommt ihm die Landschaft schon ganz holländisch vor. Der Holländer lächelt darüber, denn er fühlt sich gegenteils schon bei Cleve mitten im Binnenlande. Allein der Oberdeutsche kann sich auf die Normannen berufen, welche doch auch gute Kenner Niederlands waren und ihre Verbindung von Land- und Seeräuberei mit richtigem Instinkt gerade bis zur Bonner Windmühle erstreckten.[7]

Das Zitat macht deutlich, dass die Abgrenzung einer Region immer auch eine Frage der Perspektive ist. Aber zunächst kommt es doch auf das Verständnis der Bewohner der fraglichen Gegend an. Meistens wachsen sie auch in der Gegend auf und sind von der dort herrschenden Tradition geprägt. Deshalb empfiehlt sich ein Blick in die jüngere Geschichte, wie vergangene Epochen die Region Niederrhein verstanden haben.[8] Bewusstseinsprägend sind die Epochen, die in der Familie selbst erfahren wurden, und sie reichen höchstens ins 19. Jahrhundert zurück. In der staatlichen Ordnung, die nach der Niederwerfung Napoleons entstand, wurde die ganze Rheinzone zum Königreich Preußen geschlagen.[9] Von der niederländischen Grenze bis südlich von Bonn reichte die »Provinz Jülich-Cleve Berg«, von etwas nördlich von Heinsberg bis Saarbrücken und Kreuznach die »Provinz Niederrhein«. Diese merkwürdige Bezeichnung erklärt auch die Tatsache, dass zur Region Niederrhein immer auch Gebiete gerechnet wurden, die im strengen Sinn mit dem niederen Rhein nichts zu tun hatten. Die preußische Provinz Niederrhein umfasste den Mittelrhein und außerdem die Mosel- und Saar-Region. 1822 wurden beide Provinzen vereinigt und existierten bis zum Ende des Zweiten Weltkriegs.

Die Communis opinio über den »Niederrhein« findet sich in den *Realenzyklopädien.* Das älteste Lexikon, das ehrwürdige Zedlersche *Grosse vollständige Universal-Lexikon* von 1740 kennt die Bezeichnung zwar, gibt aber keine nähere Erläuterung.[10] Der Begriff »Niederrhein« begegnet erst um die Mitte des 19. Jahrhunderts. *Meyers Conversations-Lexikon* von 1850 kennt den geographischen Begriff als Bezeichnung der »früher selbständigen Provinz des preußischen Staates«, die jetzt Teil der Rheinprovinz sei, sowie als Bezeichnung für das im Nordosten Frankreichs gelegene Departement Bas-Rhin.[11] Hinsichtlich der Unterteilung und Bezeichnung des Rheinstroms wird eine bisher nicht bekannte Exaktheit erreicht:

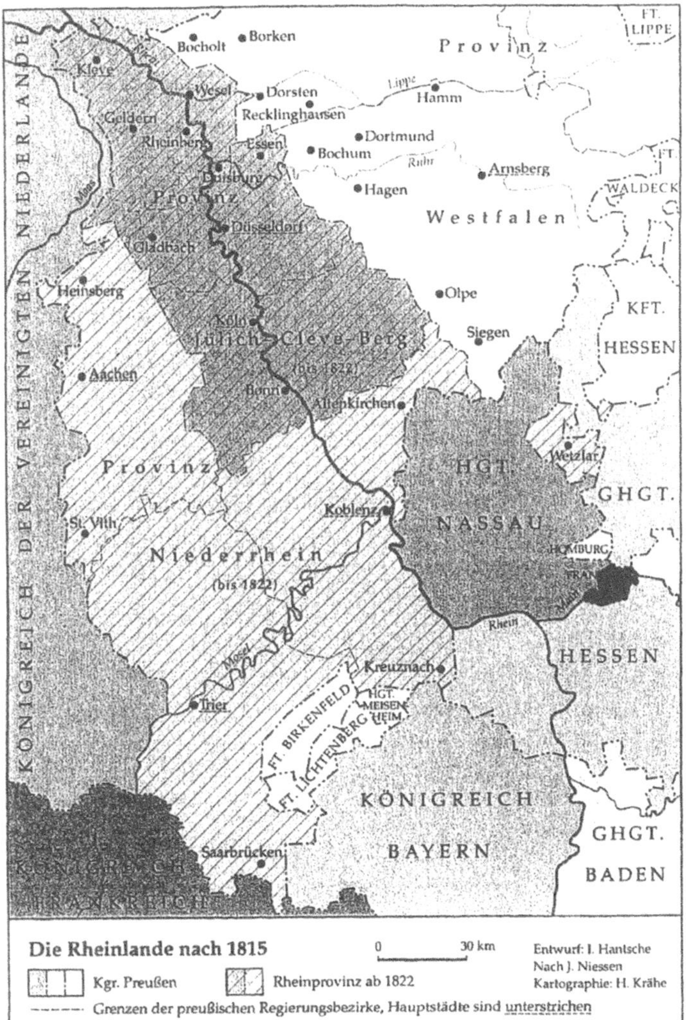

Abb. 1: Die Rheinlande nach 1815 (vgl. Anm. 9)

Verfolgt man den Lauf des Rheins vom Ursprung bis zur Mündung, so unterscheidet man den obern Lauf, vom Ursprung bis Basel, den mittlern Lauf, von Basel bis Bonn, den untern Lauf, von Bonn bis zur Mündung; doch wird gewöhnlich der Theil des Stromes von Basel bis Mainz der Ober-Rhein, der Theil von Mainz bis Köln der Mittel-Rhein und der Theil von Köln bis zur Theilung des Stroms der Unter-Rhein genannt.[12]

Die folgenden Auflagen des *Meyerschen Lexikons* variieren diese Ausführungen mehr oder weniger ausführlich.[13] Die neunte Auflage von *Meyers Enzyklopädischem Konversations-Lexikon* von 1974 unterscheidet Hochrhein (vom Bodensee bis Basel), Oberrhein (von Basel bis Bingen), Mittelrhein (von Bingen bis Bonn) und Niederrhein unterhalb von Bonn bis zur niederländischen Grenze.[14] Ein Blick in die 14. Auflage des *Brockhaus* von 1903 zeigt im Grunde dasselbe Bild: Der Oberrhein reicht von Basel bis Bingen, der Mittelrhein von Bingen bis Köln und der Niederrhein von Köln bis zur Mündung: »Das Gebirge hört auf der linken Seite vollständig auf, und auch auf der rechten Seite tritt es immer mehr zurück, bis der Strom in einer vollständigen Tiefebene fließt.«[15] In der 17. Auflage von 1972 variiert auch der *Brockhaus*: Nun reicht der Mittelrhein von Bingen bis Bonn, der Niederrhein beginnt mithin nördlich von Bonn.[16] Bekräftigend erfährt man unter dem neu aufgenommenen Stichwort »Niederrhein«, dass der Fluss diese Bezeichnung »etwa von Bonn an« führt.[17] Die 19. und 20. Auflage des *Brockhaus* von 1991 und 1996 behalten diese Definitionen bei.[18] Wir haben es also mit einem Konsens beider (kooperierenden) Lexikon-Unternehmen zu tun: Der Niederrhein beginnt unterhalb von Bonn. Im *Neuen Grossen Volkslexikon* des Fackelverlags heißt es lapidar: »Bei Bonn beginnt der Niederrhein.«[19]

Diese Einteilung trifft man auch in einigen überregionalen Kartenwerken an, etwa dem großen *ADAC-Natur-Reiseführer Deutschland*[20], der die Region bei Bonn beginnen lässt und bis zur Grenze führt. Das Heft 13 von *Falk Reisen*[21] lässt die Region Niederrhein westlich von Köln beginnen; sie reicht, Düsseldorf und Duisburg umfassend, bis zur niederländischen Grenze.[22]

Wenn wir aber jetzt aus dem Vogelflug uns niederlassen in die Region Niederrhein selbst, so werden wir mit Erstaunen zur Kenntnis nehmen, dass die Region selbst sich durchaus anders versteht. Ein Blick auf einige Karten kultureller Institutionen der Region wird diese These bestätigen. So versteht das von der Touristik-Agentur NiederRhein herausgegebene Heft unter der Region das von Monheim und Dormagen bis zur Grenze und im Westen bis Geilenkirchen reichende Gebiet.[23]

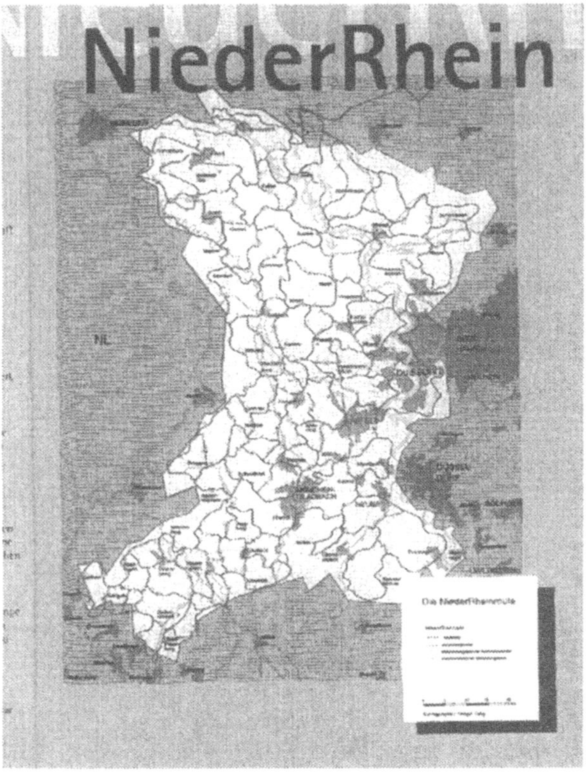

Abb. 2: NiederRhein 2000 (vgl. Anm. 23)

Die in den Kulturämtern der Region ausliegende Broschüre *Kulturlandschaft Niederrhein* versteht darunter ein Gebiet, das durch Rommerskirchen im Süden, Duisburg, Hünxe und Schermbeck im Osten und durch die Staatsgrenze im Westen und Norden bezeichnet ist.[24] Das sogenannte regionale Online-Verzeichnis *Niederrhein im Internet* rechnet die Kreise Kleve, Wesel, Viersen, Krefeld, Duisburg, Düsseldorf und Neuss zur Region.[25] Und der von den Niederrheinkennern Günther Elbin und Rainer Behnke innerhalb der Reihe *Die schönsten Landschaften in Deutschland* herausgegebene Band *Niederrhein* setzt als südlichsten Punkt Neuss an und bezieht im Westen das rechte Maasufer ein.[26]

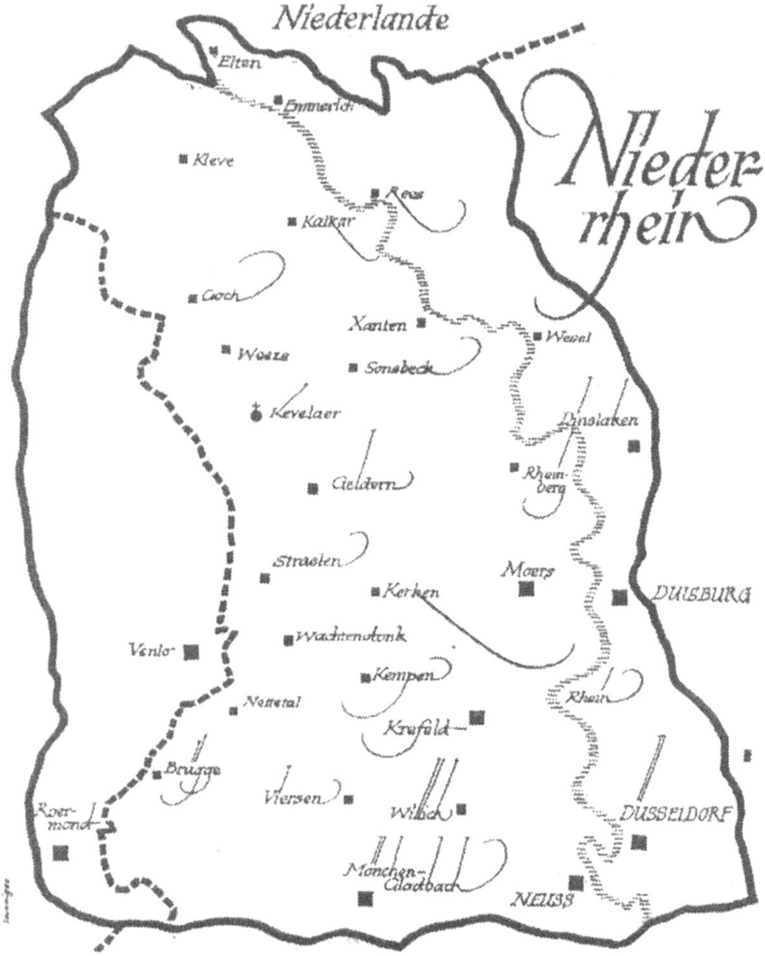

Abb. 3: Der Niederrhein (vgl. Anm. 26)

Auch der vom ADAC herausgegebene *Großraum Städte- und Gemeinde-atlas Niederrhein* (Laufzeit bis 1999) versteht unter »Niederrhein« ein grenzüberschreitendes Gebiet, das von Benrath südlich von Düsseldorf bis ins niederländische Arnheim reicht und die rechte Maasseite miteinbezieht.[27] 1966 hat der Historiker Claus Bussmann einige Definitionen gemustert. Niederrhein werde entweder als »Nordrhein« (in Abgrenzung zu Westfalen und des westlichen Ländern) begriffen: »als eine Region, die nördlich von Aachen und Köln beginnt und hinter Kleve an der niederländischen Grenze endet«, oder »als Rumpfgebiet, das lediglich die Kreise Kleve und Wesel sowie die Stadt Duisburg umfasst.«[28] Die einstige Region Niederrhein hat sich offenbar verkleinert, und zwar auf das »Niederrheinische Tiefland«.[29] Es gibt noch eine weitere auffallende Grenze. In der Region von Bonn bis Monheim wird Kölsch getrunken, Alt dagegen von Monheim bis Kleve und Emmerich. Die Region Niederrhein im heutigen Verständnis ist also identisch mit den Gebieten, wo man das Altbier bevorzugt.[30] Aber das nur eine Beobachtung am Rande.

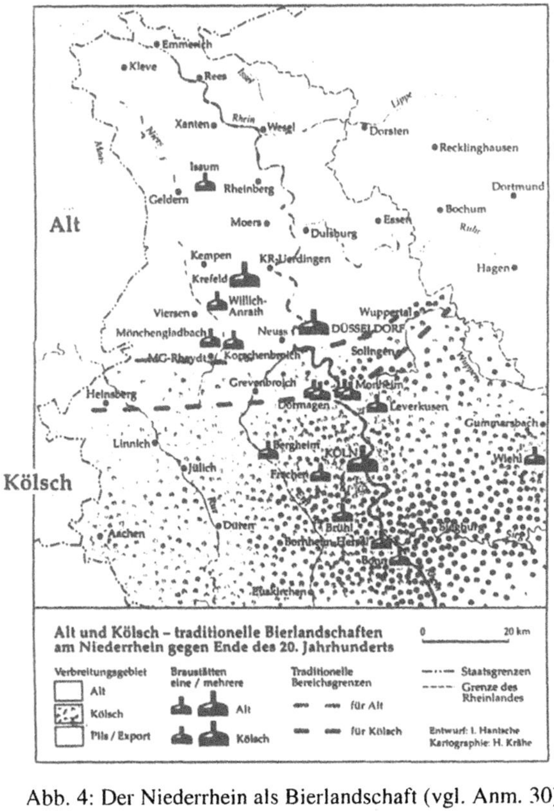

Abb. 4: Der Niederrhein als Bierlandschaft (vgl. Anm. 30)

Ein abschließender Blick auf die Wetterkarte der »Rheinischen Post« zeigt, dass die Meteorologen Kölner Bucht und Niederrhein als selbständige Klimazonen auffassen.[31]

Abb. 5: Wetterkarte der *Rheinischen Post*

Der folgende Teil referiert die Ergebnisse einer Umfrage, die in der ersten Hälfte des Jahres 1999, zum Zweck der Erstellung eines Adressen- und Publikationsverzeichnisses von Schriftstellern der Region Niederrhein durchgeführt wurden – in der Meinung, die befragte Berufsgruppe reflektiere in besonderem Maß ihre geistige Tradition und ihren lebensweltlichen Standort.[32] Dabei wurden etwa 500 Schriftsteller der Region angeschrieben und zugleich gebeten, eine Reihe von Fragen zu beantworten. Etwa die Hälfte der Autoren hat die Fragen beantwortet. Die Fragen selbst betrafen

1. den persönlichen Bezug zur Region,
2. die Definition der Region »Niederrhein«,
3. die Charakterisierung der Region unter Angabe typischer Merkmale und
4. die Nennung von ›klassischen‹ Autoren der Region.

1.

Die befragten Autoren haben keine einheitliche Herkunft. Viele wurden zwar in der Region geboren oder wuchsen hier auf, für andere wurde der Niederrhein zur Wahlheimat. Gemeinsam war ihnen gleichwohl, ob angeboren oder zugewachsen, eine außerordentliche Verbundenheit mit dem Lebensraum Niederrhein. Sie sind also bekennende Niederrheiner. Die Zuneigung zur Landschaft und die Liebe zum Fluss spielen bei vielen eine große Rolle. Sie haben das Gefühl der Dazugehörigkeit, empfinden die Gegend als Heimat, als Rückzugsort für Menschen, die inzwischen in einer anderen Gegend wohnen, sie möchten auch den Lebensabend am Niederrhein verbringen. Ein Autor schreibt: »Wenn ich, von außerhalb kommend, mit dem Zug beispielsweise aus dem Duisburger Hauptbahnhof in Richtung Krefeld hinausfahre und den Rhein überquere, schließlich die ersten Felder und Kopfweiden sehe, stellt sich in meinem Magen so ein wohliges Gefühl ein, das schwer zu beschreiben ist. ›Nachhause kommen‹, vielleicht ist es ganz einfach das. Der Niederrhein wurde, wo immer ich auch war, stets mit dem Begriff zuhause gleichgesetzt.« (Dirk Jansen) Bei vielen gibt es natürlich auch berufliche Gründe, etwa das Engagement am Theater oder in Heimatvereinen, die Kontakte zur Literaturszene und die Mitgliedschaft in kulturellen Verbindungen.

2.

Wie in den Lexikonartikeln und Karten herrscht auch unter den Bewohnern der Region Uneinigkeit über die geographische Definition. Hinsichtlich der Nord-Süd-Begrenzung lassen sich tendenziell zwei Gruppen unterscheiden. Die eine versteht unter der Region Niederrhein den Großraum vom Austritt aus dem rheinischen Schiefergebirge, also von Bonn/Bad Godesberg bzw. Köln bis zur Mündung von Rhein und Maas bzw. zur Staatsgrenze (mit den Landschaften »Kölner Bucht« und

»Niederrheinisches Tiefland«). Einige beziehen die Niederlande großzügigerweise mit ein. Eine besonders schöne Formulierung (in der auch der Begriff »nieder« begegnet):

Die geographische Zuordnung – nicht ganz so eindeutig – ist der Teil des Rheins, wo der Fluß die Berge hinter sich läßt, breiter, mächtiger wird und in die Niederung hineinfließt. Über dem Land wölbt sich ein weiter Himmel, der das nahe Meer ahnen läßt. (Anita Schorn)

Die andere Gruppe beschränkt die Region auf die Landschaft zwischen Dormagen bzw. Zons bzw. Neuss bzw. Düsseldorf bzw. Krefeld bzw. Duisburg bis zur niederländischen Grenze (mit Aachen als südlichstem Punkt). Hinsichtlich der West-Erstreckung gibt es ebenfalls eine eher expansive Gruppe, die den gesamten Rhein-Maas-Raum einbezieht, während die andere Gruppe nur das Land links des Rheins bis zur niederländischen Grenze betroffen sieht, die meisten freilich beziehen den Begriff auf das Tiefland zwischen Rhein und Maas bzw. die Kulturlandschaft um Rhein, Maas und Niers. Das rechtsrheinische Gebiet ist wesentlich schmaler, es wird durch das Bergische Land bzw. den Unterlauf der in den Rhein mündenden Nebenflüsse begrenzt. Rechtsrheinisch gehören dazu die Städte Leverkusen, Düsseldorf, Duisburg, Dinslaken, Oberhausen, Hünxe, Wesel, Bocholt, Rees, Emmerich und Elten. Der Übergang zum Münsterland verläuft fliessend (was sich etwa bei der Zuordnung von Isselburg bzw. Anholt zeigt).

Sprachliche Kriterien wurden nur selten genannt, etwa die Eingrenzung auf den »südniederfränkischen« Sprachraum (Johannes Körfges). Der zwischen Bad Honnef und Düsseldorf/Krefeld gesprochene rheinische Dialekt bilde »eine mundsprachliche Klammer zu den niederländischen Nachbarn« (Günther J. Bergmann). Charakteristisch für Aussprache und Tonfall dieses Dialekts sei ein »süßsaures Aroma«, eine »weiche Härte der Wörter«, eine unverwechselbare Herzhaftigkeit (Heiner Feldhoff). Der unterschiedlichen Bewertung der Benrather Linie entspricht in ethnischer Hinsicht die Charakterisierung der Region als »Schmelztiegel verschiedener Völker und Sprachen« (Karl v. Betteraey). Wichtiger scheint manchen die »Weintrinker-Biertrinker«-Linie: Die Region reiche nämlich »von der Weinbaugrenze bis zum Delta« (Kai Metzger). In der Tat ein hübsches, bereits 1960 von Heinrich Böll reklamiertes Kriterium. Am Niederrhein zwischen Bonn und Rotterdam, schrieb er in seinem Essay *Der Rhein*, beherrschten Bier und Schnaps – »die Getränke der Völker, denen Nebel und Regen vertraut sind« – die Kneipen.[33]

3.

Wodurch wird eine Region geprägt: durch – um auf den Titel eines Unterhaltungsspiels und eines unlängst erschienenen Romans anzuspielen – »Stadt, Land, Fluss«, also die spezifischen Merkmale von Natur und Kultur und Menschen.

Zunächst zur landschaftlichen Beschaffenheit. Es ist ja kein Geheimnis, dass die Landschaft des Niederrheins keine Berge kennt, allenfalls sanfte Erhebungen. Als charakteristische Eigentümlichkeiten dieser von Gegensätzen geprägten Landschaft werden immer wieder erwähnt:

- der geschwungene Lauf des Rheins, Flussläufe und Bäche, Deiche und Wassergräben, Flussauen, Sumpfrest-Landschaften, das weite flache (ja platte), waschbrettartige bzw. leicht gewellte grüne Land (»Die höchste Erhebung ist die nächste Kuh«, Gisela Schöttler), Heidelandschaften, meist bewaldete Stauchmoränen aus der Eiszeit, Baggerseen, Biotope, Schwarzpappel-Alleen, Windmühlen, Schiffe, Hochspannungsmasten, Heiligenhäuschen und Wegkreuze;
- aufgelockerte Parklandschaft, Hecken und Mischwald, Kopfweiden, Trauerweiden, Pappeln, Erlen, Eichen, Buchen, Binsen;
- fruchtbares Ackerland, Rinder- und Schafweiden, Landwirtschaft pur, Kappesfelder [= Sauerkohl, Sauerkraut], Weizenfelder, Rübenäcker, Kornfelder, Streuobstwiesen, Blumenzucht, früher Tabakanbau und Tabakwarenproduktion in manchen Gebieten, Ziegeleien, Spargel- und Flachsanbau;
- schwarzbunte Kühe, Schafe, freilaufende Schweine, Pferde (Kaltblüter); Graugänse, Reiher, Brachvögel, niedrig fliegende Schwalben und Mauersegler, Käuze;
- blaßblauer Himmel, Nebel, Regen, Dunst. Weite Horizonte konstatieren die einen, niedrige Horizonte die anderen, die Formel »Beschränktheit trotz weitestem Horizont« (Robert Steegers) definiert wohl am besten die Ambivalenz.

Drei sprechende Zitate: »Weitragende Kirchtürme unter großem grauem Himmel über dem flachen Land« (Norbert Hummelt); »eine Landschaft der Fläche mit einer überwältigenden Himmelskuppe über dem großen Strom« (Ron Schmidt); »eine Flußlandschaft, in der die Weite der Felder in die Schönheit des Himmels übergeht« (Hildegard Schnöring-Peetz).[34]

Zur Landschaft gehören auch die Ansiedlungen. Hervorgehoben wird die Reihe von geschichtsträchtigen kleinen Orten mit großen Kirchen; typisch seien Wasserburgen, Wassertürme, Windmühlen, Herrenhäuser und Gehöfte, besonders »Bauernhöfe aus braunem Backstein mit grünen Toren«, »flache Backsteinhäuser mit Fahnenstangen an mindestens einem Fenster« (Gisela Groener). Neben Giebelhäusern fänden sich vor allem sowie rote Backsteinbauten, auch Backsteingotik. Auffällig sei die Geschlossenheit und der eigene Charakter der Ortschaften.

Durchaus erkannt wird, sofern man die Region nicht auf den engeren Niederrhein beschränkt, eine gewisse Uneinheitlichkeit. Das vom Rhein zerschnittene Landstück wirke nur optisch einheitlich, in Wirklichkeit sei es von starken Gegensätzen geprägt. Das beginnt mit dem Nebeneinander von Land und Stadt, kulminierend im Gegensatz zwischen schlichten alten Bauernhäusern und der Eleganz Düsseldorfs. Ein anderer Gegensatz wird als fast noch intensiver empfunden: die Gespanntheit zwischen dem Ruhrgebiet und den ländlich-dörflichen Bereichen, wobei die Grenzen als durchaus fließend gesehen werden. Doch es wird auch positiv empfunden als »strukturiertes Miteinander von Städten und Dörfern, die sich ihr Eigenleben und ihren typischen Charakter bewahrt haben« (Ingrid Hassmann). Man empfindet »die Kohlenpottprägung im Hintergrund (mit ihrem Pendler-/Naherholungsbezug)« als »angenehm«, auch dass »kumpelhafte Einfachheit noch durchaus sympathisch wirkt« (Winfried Schiffers).

Doch finden sich auch Klagen über die fortschreitende Zerstörung einer Landschaft:

> Monströs und faszinierend die silbernen Mondkrater, die der Braunkohletagebau in die Landschaft gerissen hat. Verwundung als Romantik. Seit 400 Jahren wird der mythenreiche Strom samt Hinterland gezähmt, beschnitten, manipuliert – chirurgische Eingriffe für den Kommerz, die über kurz oder lang wieder mit grünem Pelz bedeckt werden; wie die Montanruinen im Ruhrgebiet. (Barbara Maria Kloos)

Seit dem Zeitalter der Industrialisierung nimmt der Verstädterungsprozess rapide zu. So prägen den städtischen Teil der Region Industrie, Kohle- und Salz-Bergwerke, qualmende Schlote der Schwerindustrie, (Zechen, Fördertürme und Kohlehalden), Papier- und Tuchfabriken, Textilproduktion, Speditionsbetriebe. Gegenüber der Weiträumigkeit der ländlichen Gebiete wirke der städtische Raum als gigantisches und übervölkertes Ballungsgebiet. Anders als das Land sei die Stadt schnelllebiger, die Stadtmenschen gelten als anspruchsvoller (Diptesh Banerjee).

Angesichts dieses zwiegesichtigen Erscheinungsbildes der Region wird das Verbindende und damit auch die Einheit in Geschichte, Brauchtum, Kultur und gemeinsamen Interessen gesucht. Erstaunlich mag sein, dass viele Autoren sich auf die Prägung der Provinz Niedergermanien durch die Römer berufen, dann auf die Beeinflussung durch Holländer und Spanier oder die französische Besatzung (der napoleonischen Ära), nicht aber auf die von Preußen bestimmte Epoche, die immerhin formal von 1815 bis 1945 gedauert hat. Als ein in geistiger Hinsicht erheblich intensiver prägendes Element wird der Katholizismus empfunden (Hans Kohnen, Barbara Maria Kloos).

Er führt weiter zum Gesichtspunkt »Brauchtum«. In geistlicher Hinsicht gehören dazu die Wallfahrten und der »religiöse Kitsch« (Barbara Maria Kloos), die »Heiligenhäuschen und alten Feld- oder Wegkreuze« (Marie-Luise König), in weltlicher die Volksfeste (in Form von Kirmes und Karneval). Was isst man in dieser Region bevorzugt? Flöntsch [Flönz, Blutwurst] mit Senf und rohen Zwiebeln, Pillekuchen [Reibekuchen] mit Rübenkraut, Sauerkraut mit Eisbein, Schweinebauch mit Möhren, Grünkohl mit Mettwurst, Speckpfannekuchen und Sonntagsbraten. Bei den typischen rheinischen Kaffeetafeln aber Streuselkuchen; Rosinenbrot mit Käse (und Rübenkraut). Getrunken wird vor allem Altbier, Köpi und Korn. Ein Autor meint etwas drastisch, der Niederrhein sei eine Gegend, »in der nicht Wein getrunken, sondern Schnaps gesoffen wird« (Hermann-Josef Schüren).

Freilich erschöpft sich die »reiche« Kultur der Region nicht in derlei. Auf die römische Vergangenheit wird oft hingewiesen. Museen wie der archäologische Park in Xanten, das Kurhausmuseum in Kleve, Schloss Moyland werden genannt, einzelne Kunstwerke erwähnt wie die berühmten spätgotischen Schnitzaltäre oder der Kölner Dom und die Schwanenburg zu Kleve. Doch wird Kultur nicht nur auf Historisches bezogen. Zahlreiche Theater- und Musikfestivals (Recklinghausen Theaterfestival, Moers Jazzfestival, Oberhausen Kurzfilmfestival) und Kunstmessen (Köln: *Kunstmesse*, Duisburg: *Akzente*, Düsseldorf: *Kunstakademie*) sorgen für geistige Nahrung; erwähnt werden auch das Europäische Übersetzer-Kolloquium in Straelen und das Literaturbüro NRW in Düsseldorf. Die einstige kulturelle Gemeinsamkeit des gesamten westniederdeutschen-niederländischen Raumes sei hier noch lebendig, wie der allseits gepflegte Kulturaustausch belege.

Auch politisch-wirtschaftliche Gesichtspunkte werden angeführt. Die Region sei kein einheitliches politisches Gebilde, eher ein Kunstprodukt.[35] Sie diene als »historischer Beweis, daß weder mit politischen, kirchlichen, willkürlich-geographischen noch mit sprachlichen oder vermeintlich mentalen Grenzziehungen (Eingrenzungen, Ausgrenzungen) auf die Dauer Staat zu machen« sei (Herbert Sleegers). Anderes sei, wohl auch für die Gestaltung der Zukunft, wichtiger. Unverkennbar sei die

»wirtschaftliche Nähe und Durchdringung durch die Ruhrgebietsnachbarschaft« (Joseph Anton Kruse). Doch als ebenso selbstverständlich gelten die Kontakte zu den Niederlanden, zu Frankreich und Belgien (auf allen Gebieten).

Jede geprägte Landschaft erzeugt auch ein einheitliches Lebens-Gefühl. Worin besteht nun das allgemeine Niederrhein-Gefühl?

Einige wenige reservierte Meinungen vorneweg. Die Region »versteht sich selbst nicht und kann nicht verstanden werden. Sie bräuchte unbedingt ein Hilfsprogramm, um aus der Flachheit, dem Nebel, endlich sichtbar zu werden. Der leichte Größenwahn und die völlig unverbindliche Geschwätzigkeit der Bevölkerung lässt sich wahrscheinlich aus dem Umstand erklären, dass es, außer dem Müllberg in Rheydt, den man dem großen Sohn dieser Stadt, Joseph Goebbels, nicht widmen kann, kein Hindernis gibt, das Auge und Geist überwinden muß.« (Dieter Braeg). Ein anderer charakterisiert die Region als »Landschaft am Rande der Zivilisation, in der es immer regnet. Und wenn es ausnahmsweise nicht regnet, kommen die Menschen aus ihren Häusern und von Zivilisation kann überhaupt keine Rede mehr sein« (Andreas Daams), für einen anderen ist es eine »lunare Ebene« und »keine Region, die je ein Genie hervorgebracht hätte« (Eckard Sinzig).

Wie empfinden die Bewohner die Region Niederrhein? Für viele lässt sich die Region eher über Empfindung und Gefühl definieren als über exakte empirische Argumente. Der Begriff sei eher »emotional« (Harald K. Hülsmann) oder habe eine »romantifizierende Komponente« (Norbert Blume). Die Gegend biete ein »vollkommen unspektakuläres Erscheinungsbild« (Gisela Pannen), sie sei überschaubar und eigne sich bestens für Radtouren, der Niederrhein habe die längsten Radwanderstrecken.

Die einen empfinden sie als »herbe« Landschaft mit »diesiger Stimmung«, mit offener Grenze zur Weite des Meeres, mit wechselnden Stimmungen (wozu positiv die wunderbaren Sonnenuntergänge wie auch der lang andauernde Regen rechnen), die andern eher als »bukolisch« (Thomas Laux), mit mildem Klima und sanften Jahreszeitenwechseln, »mit herrlichen Sommern und mystischen Wintern« (Hans Joachim Rech).[36] Es ist die Landschaft eines »breiten Flusses mit weichen Rändern« (Rosl Beinert), ein »Zweistromland« (Karl van Betteraey) und ein »Bauernland« (Christiane Binder-Gaspar). Sie sei ein »Rückzugsgebiet für Streßgeplagte« (Hans van Ooyen). Das typische Niederrhein-Gefühl komme nur abseits der Großstädte auf – ein Gefühl der Uneingegrenztheit, der Stille, des Abwartens, der Behaglichkeit, der (inneren) Ruhe und des Sichfindens. Ein Hauch von Melancholie, von Schwermut liege über der Landschaft, »ein Schuß Verlorenheit, eine Portion Größe« (Liane

Dirks). Weniger empfindsam-mystisch klingt dagegen die Auskunft, ein »beklemmendes Gefühl« stelle sich »am Sonntag Morgen in den Dörfern« ein (Hans-Martin Große-Oetringhaus). Zwei Seiten einer Medaille.

Was kann man in solch einer Region tun, um ihr geistig näher zu kommen, sie zu verstehen? Lakonische Antwort: »Böll lesen, Hüsch hören« (Keko Srdan). In der Tat finden sich bei Hüsch zahlreiche poetische Auslassungen über den Niederrhein, etwa im Gedicht *November*:

> Die Flüsse liegen schwarz und still,
> Die Sonne weiß nicht, was sie will,
> und überhaupt macht diese Landschaft
> mit der Melancholie Bekanntschaft.[37]

Schließlich noch ein Blick auf die Bewohner des Niederrheins. Bereits klassisch ist die Charakterisierung, die General Harras in Zuckmayers Drama *Des Teufels General* von ihnen gibt. Auf die Bemerkung des mit einer ausländischen Urgroßmutter ›geschlagenen‹ Fliegeroffiziers Hartmann, die Rassenforschung greife nicht bis in die Zeiten der Kreuzritter zurück, erwidert der aufgebrachte General:

> Muß sie aber! Muß sie! Wenn schon – denn schon! Denken Sie doch – was kann da nicht alles vorgekommen sein, in einer alten Familie. Vom Rhein – noch dazu. Vom Rhein. Von der großen Völkermühle. Von der Kelter Europas! *(Ruhiger.)* Und jetzt stellen Sie sich doch mal Ihre Ahnenreihe vor – seit Christi Geburt. Da war ein römischer Feldhauptmann, ein schwarzer Kerl, braun wie 'ne reife Olive, der hat einem blonden Mädchen Latein beigebracht. Und dann kam ein jüdischer Gewürzhändler in die Familie, das war ein ernster Mensch, der ist noch vor der Heirat Christ geworden und hat die katholische Haustradition begründet. – Und dann kam ein griechischer Arzt dazu, oder ein keltischer Legionär, ein Graubündner Landsknecht, ein schwedischer Reiter, ein Soldat Napoleons, ein desertierter Kosak, ein Schwarzwälder Flözer, ein wandernder Müllerbursch vom Elsaß, ein dicker Schiffer aus Holland, ein Magyar, ein Pandur, ein Offizier aus Wien, ein französischer Schauspieler, ein böhmischer Musikant – das hat alles am Rhein gelebt, gerauft, gesoffen und gesungen und Kinder gezeugt – und – und der Goethe, der kam aus demselben Topf, und der Beethoven, und der Gutenberg, und der Matthias Grünewald, und – ach was, schau im Lexikon nach. Es waren die Besten, mein Lieber! Die Besten der Welt! Und warum? Weil sich die Völker dort vermischt haben. Vermischt – wie die Wasser aus Quellen und Bächen und Flüssen, damit sie zu einem, großen, lebendigen Strom zusammenrinnen. Vom Rhein – das heißt: vom Abendland. Das ist natürlicher Adel. Das ist Rasse. Seien Sie stolz darauf, Hartmann – und hängen Sie die Papiere Ihrer Großmutter in den Abtritt. Prost.[38]

Angesichts dieser Erkenntnis, im Rheinland siedle eine Mischbevölkerung, wirkt es allerdings wie ein Rückschritt, wenn – bei aller Skepsis gegenüber Verallgemeinerungen – die Meinung doch dahingeht, es gebe einen niederrheinischen Typus. Die Charakterisierung der Bewohner folgt der Definition der Region. Der Menschenschlag zwischen Bonn und Grenze gilt als Rheinländer, er gilt als lebenslustig, lebensbejahend, offenherzig, frohsinnig, freundlich, temperamentvoll, humorvoll, »bis zum Leichtsinn heiter« (Clemens-Peter Bösken). Für ihn soll angeblich eine »Schlaraffenmentalität« (Heinz Breuer) typisch sein, und Karneval und Schützenfeste sollen diesen Wesenszug belegen. Dazu bemerkt ein Autor skeptisch, seit der Aufteilung des Rheinlands nach dem Zweiten Weltkrieg sei »von der Rhein-Weinseligkeit« »nichts mehr« geblieben. Heute gebe es »nur noch nordrheinische Westfalen oder mittelrheinische Pfälzer« (Karl Schmalbach). Andere wollen den Typus des Niederrheiners spezifischer definieren.[39]

Statistisch richtig ist es, dass vor dem Zweiten Weltkrieg die Bevölkerung gewiss homogener war, die Zuwanderung vornehmlich aus dem Osten (Schlesien, Polen, Ostpreußen) hat die Mischstruktur verstärkt, von der multikulturellen Gesellschaft moderner Großstädte ganz zu schweigen.[40] Insofern ist gerade heute jeder Versuch, einen niederrheinischen Typus zu charakterisieren, problematisch.

Zwei Beobachtungen stehen vorneweg. Wo die Bevölkerungsdichte abnehme, dort würden die Menschen langmütig, lautet die eine. Die andere: der Niederrheiner präsentiere sich »außen schlicht, innen offen« (Rosl Beinert). Zur Außenfassade gehören denn auch häufig begegnende Charakterisierungen wie, er sei bescheiden, achte das Einfache, bevorzuge einfache, gemütliche Lebensweise, sei verbindlich, ehrlich und verläßlich, aber zurückhaltend (und wenig aufgeschlossen), bierselig stoisch, phlegmatisch, verbinde »Geradlinigkeit mit einem Schmitz Verschlagenheit« (Heinz Breuer). Naturgebunden bzw. naturverbunden sei er, bodenständig, bedächtig und langsam, »nicht besonders temperamentvoll« (Helmut Schrey), »fleißig, aber nicht hektisch« (Klaus Otten), (die Ureinwohner) »meist nicht sehr gesprächig« (Johannes Körfges), »mehr geschäftig und neutral als ernst und nachdenklich« (Hendrik Leemrijze), aber auch gelassen. Andere behaupten, er sei humorvoll und witzig, offenherzig und herzlich (freilich auch stur), die Landbevölkerung sei von der »Leichtigkeit des Lebens« (Diptesh Banerjee) geprägt. Toleranz, Gastfreundschaft und Nachbarschaftspflege gehören ebenfalls zu den positiv hervorgehobenen Eigenschaften.[41] Wieder andere billigen ihm zwar Kontaktfreudigkeit zu, doch heiter sei er nur auf den ersten Blick, im Grunde eher ernst, wenn auch »nicht selten ausgelassen« (Hermann R. Sous).

»Die Menschen – häufig nachdenklich, besinnlich, aber auch fröhlich und offen, gastlich und beredt, wenn man sie zu nehmen weiß« (Ingeborg Nimwegen). Hilfsbereit sei er zwar, klebe aber »an Gewohnheiten und am Üblichen«, wobei »Spontanes oft untergehe« (Hedwig Pöhling). Die Innenseite präsentiere sich als herbe Schwere, Eigenwilligkeit, Sentimentalität und Melancholie. Hinzutreten Frömmigkeit und »spökenkiekerische« Begabung (Rolfrafael Schröer). Er sei »ziemlich immun gegen jedwede Art von Metaphysik mit beunruhigenden persönlichen Folgen« (Herbert Sleegers).

Ist der behauptete Sachverhalt, er sei sehr auf den eigenen Vorteil bedacht, nur eine Manifestation von Eigensinn und Bodenständigkeit, von der auch die Vereine mit »engen Vereinssatzungen und starren Regeln« zeugen? Handelt es sich um »Clanwirtschaft«, in der ohne »Vitamin B« »nix« gehe (Hedwig Pöhling), um Provinzialismus oder doch vielmehr nur um »vermeintliche Provinzialität« (Liesel Willems)? Niederrheiner seien »liebenswert-verdrehte Besserwisser« (Robert Steegers), und zwar mehr auf dem Land als in den Städten, wo sich diese Mentalität »mit einer Portion »Ruhrgebietsschnodderigkeit« paare (Robert Steegers). Wer denkt hier nicht an Hanns-Dieter Hüschs Bonmot »Der Niederrheiner weiß nix, kann aber alles erklären«?[42]

Offenbar leben auch am Niederrhein ganz unterschiedliche Menschen. Denn viele der Befragten betonen gerade die Aufgeschlossenheit des Niederrheiners, und zwar gegenüber dem übrigen Deutschland, gegenüber Europa und gegenüber der ganzen Welt, was sich an seinen selbstverständlichen Kontakten zu den westlichen Nachbarn (Anne Dorn) und – bei aller Traditionsverbundenheit – seiner Toleranz und Fortschrittsbejahung zeige.[43] Freilich seine »erzieherische Prinzipien« hätten den »Umfang einer Pamperspackung« (Okko Herlyn). Kurz, wie ein Autor bemerkt, »ein janz doller Menschenschlach« (Peter Wehe).

Man wird nicht umhinkönnen, eine Reihe der genannten Charakterisierungen für untypisch zu erklären. Sie sind allgemeinmenschlich und begegnen mit gleichbleibender Stereotypie bei der Untersuchung zahlreicher Stämme und Völker. Andere Charakterisierungen (etwa Heiterkeit – Ernst; Leichtigkeit – Schwere) scheinen sich geradezu zu widersprechen. Insofern sind sie sicherlich eher Zeugnisse des Selbstbildes, wie sich die Bewohner selbst sehen oder sehen wollen. In der Wirklichkeit – darin ist Bussmann zuzustimmen – ist »der Niederrheiner/die Niederrheinerin« ein Mythus, »vergleichbar dem niederrheinischen Nebel«.[44]

Auch am Niederrhein scheiden sich die Geister. Gewisse Fakten sind unverrückbar, anderes unterliegt der Deutung. Es wäre vermessen, wollte man hier objektive Normen ansetzen und die gelieferten Antworten ihrerseits bewerten. Mit objektiver Statistik hat dies nichts zu tun, will es nicht zu tun haben, eher mit Tendenzanzeige, mit Meinungsbild. Hans Heinrich Blotevogel hat in einer Untersuchung über die Regionsbildung am unteren Niederrhein die Frage, ob es eine Region Niederrhein gebe, auf differenzierte Weise zu beantworten versucht. Er unterscheidet geografische, politische, soziale und kulturelle Gesichtspunkte, die bei der Definition einer Region beteiligt sind.[45] Regionen lassen sich aufgrund von objektiven Fakten als »Realregionen«, aufgrund von verwaltungstechnischen Organisationsformen als »Tätigkeitsregionen« und aufgrund von Bewusstseinsprozessen als »Wahrnehmungs- und Identitätsregionen« beschreiben. Für die Identitätsfindung spielt darüber hinaus der historische Aspekt, die gemeinsame Geschichte, eine kaum überschätzbare Rolle, weil sie, stärker als ethnische oder auch sprachliche Gegebenheiten, bewusstseinsprägend wirkt. Wenn eine Region erst in der Identifikation ihrer Bewohner zur Identitäts-Region avanciert, so lässt sich auf der Basis der vorliegenden Aussagen nur bedingt von einem homogenen Auto-Image sprechen – eine historisch bedingte Sachlage, die erst in neuerer Zeit sich zu modifizieren scheint. Möglicherweise agiert dabei die Kultur als verbindendes, identitätsschaffendes Ferment. Dazu ein Blick auf die literarische Tradition, mit der sich eine Region identifiziert, in der sie sich wiedererkennt. Darum der abschließende Blick auf die bekannten, die (einst und heute) vielgelesenen, die vielleicht »klassischen« Autoren.

4.

Genannt wurden insgesamt 250 Autoren. Es versteht sich, dass die meisten Autoren sich in der Rubrik mit den Einfachnennungen befinden. Immerhin begegnen hier so bekannte Namen wie – in alphabetischer Reihenfolge:

Albertus Magnus, Peter Bamm, Sulpiz Boisserée, Clemens Brentano, Charles de Coster, Franz Joseph Degenhardt, Johann Jakob Christian Donner, Annette von Droste-Hülshoff, Konrad Duden, Meister Eckart, Ferdinand Freiligrath, Stefan George, Josef Görres, Max von der Grün, Heinrich Hart, Irmgard Keun, Carl Arnold Kortum, Sophie von Laroche, Else Lasker-Schüler, Ferdinand Lassalle, Karl Marx, Ernst Meister, Joachim Neander, Joseph Roth, Gustav Sack, Wilhelm Schmidtbonn, Hermann Stehr, Mathilde Wesendonk, Josef Winckler.

Bereits diese Auswahl zeigt, dass manche dieser Autoren nur bedingt mit dem Niederrhein zu tun hatten.

Die Treffsicherheit erhöht sich in der zweiten Gruppe. 25 Autoren wurden hier zwei Mal benannt. Hier hat in der Tat jeder Genannte irgend etwas mit dem Rhein zu tun, sei es dass er an dessen Ufer wohnt und wirkt oder dass er etwas Einschlägiges geschrieben hat. Auch hier nur eine Auswahl: Jürgen Becker, Friedrich Engels, Jakob Engels, Hanns Heinz Ewers, Wolf von Niebelschütz, Christoph Peters, Heinz Risse.

In der Gruppe der dreimal Genannten befinden sich zehn Autoren; darunter: Johann Georg Jacobi, Rudolf Herzog (der Verfasser des Romans *Die vom Niederrhein*), Hans Müller-Schlösser, Josef Reding, Felix Timmermanns.

Viermal genannt wurden: Heinrich Spoerl, Ingrid Bachér, Emil Barth, Günther Elbin.

Fünfmal: Heinrich von Veldeke, Friedrich Heinrich Jacobi, Georg Forster, Karl Leberecht Immermann, Hermann Harry Schmitz, Rolf Bongs, Erich Brautlacht, Klas Ewert Everwyn.

Sechsmal: Rose Ausländer.

Siebenmal: Gerhard Tersteegen, Herbert Eulenberg, Dieter Wellershoff.

Achtmal: Friedrich Spee von Langenfeld, Joseph von Lauff, Hans-Peter Keller.

Neunmal: Heinrich Lersch.

Zehnmal, und dies – weil es ein Griff weit zurück in die Geschichte ist – stellt der literarischen oder kulturgeschichtlichen Kenntnis der Befragten ein gutes Zeugnis aus: Thomas von Kempen.

13 Benennungen erhielten Otto Brües und Willi Fährmann.

Ein Mundartdichter darf nicht fehlen. 15 Punkte erhielt Ludwig Soumagne.

In der Spitzengruppe rangiert auf Platz vier mit 23 Benennungen der Kölner Nobelpreisträger Heinrich Böll. Allerdings gehört Köln nur bedingt zum Niederrhein. Insofern ist bei der Frage nach einem klassischen Dichter des Niederrheins die Nennung anderer Namen selbstverständlich.

Auf Platz drei steht mit 32 Benennungen der aus Süchteln gebürtige Albert Vigoleis Thelen. Freilich spielt sein Hauptwerk, der Roman *Die Insel des zweiten Gesichts*, nicht am Niederrhein, sondern auf Mallorca.

Auf Platz zwei mit 49 Benennungen steht Heinrich Heine, der sich immerhin häufig über den Rhein und den Niederrhein geäußert hat.

Von hier aus ist es nicht schwer zu erraten, wer auf Platz eins steht: Hanns-Dieter Hüsch mit 63 Benennungen. Vielen gilt er als Inbegriff des Niederrheiners, als der Autor und Darsteller, der den Niederrhein und seine Bewohner für ein breites Bewusstsein erst in die Literatur eingeführt hat. Es fiel sogar als Bezeichnung für die Region Niederrhein der

Ausdruck: »Hanns-Dieter-Hüsch-Land«. Das Korn Wahrheit, das in diesem Wort steckt, ist die Tatsache, dass Hüsch an der Identitätsfindung der Region erheblichen Anteil hat.

Eine abschließende Bemerkung. Die Erhebungen gehören ins Umfeld der Wissenschaftsdisziplin Imagologie, die das Bild vom anderen Land (vom Nachbarn, vom Fremden) – das sogenannte Heteroimage, und das Bild vom eigenen Land – das Autoimage, und beider Reziprozität erforscht.[46] Die Definition einer Region hat heute nichts zu tun mit stammesgeschichtlicher Festlegung und nichts mit Heimat in der unsäglichen Blu-Bo-Tradition. Sicher war die Region seit jeher wechselnden Einflüssen ausgesetzt, war ein kulturelles Durchgangsgebiet, eine Gegend mit »Grenzgängerkultur« (Herbert Sleegers). Aber nachdem 1945 die alte Rheinprovinz aufgelöst wurde, spielt das historische Bewusstsein des übergreifend Rheinischen für die Region Niederrhein keine beherrschende Rolle mehr. Sie definiert sich ganz unspektakulär nüchtern, deskriptiv und funktional – als geographisch-politisch-kulturelle Struktur, als ökonomisches, verkehrstechnisch-logistisches und kulturpolitisches Gebilde, das im Rahmen eines zusammenwachsenden Europa das Muster-Modell einer grenzüberschreitenden Region (nämlich Maas-Niers-Rhein) abgeben könnte und dies überwiegend auch möchte. Die 1988/89 von der Landesregierung gebildete »ZIN-Region« Niederrhein (Duisburg, die Kreise Wesel und Kleve) erfolgte aus organisatorischen Gründen und in Abgrenzung von den Regionen »MEO« (Mülheim, Essen, Oberhausen) und »Mittlerer Niederhein« (Düsseldorf, Krefeld, Mönchengladbach, die Kreise Neuss und Viersen). Blotevogels Frage, »inwiefern der regionale Zuschnitt der ZIN-Region NiederRhein der regionalen Identität der Bevölkerung entspricht«[47], lässt sich negativ beantworten. Die Befragten identifizierten sich eher mit einem historisch gewachsenen und geistig tradierten Kulturraum, dessen größtes Potential jedoch in seiner Anschließbarkeit an Nachbarregionen besteht. Es ist weder eine homogene noch eine eindeutig definierte Region, es ist aber in aller Inhomogenität eine sich entwickelnde Region, deren mentales Profil sich gerade in der Abweichung von der allgemeinen Norm manifestiert, in ihrer »Offenheit« gegenüber etablierten Grenzen. Auch aus literaturwissenschaftlicher Sicht wurden Bedenken an der Identität des angesprochenen geographischen Raums mit einer »Region Niederrhein« geäußert. Bei der Herausbildung von »Heimaträumen« handle es sich stets um »mentale Geographie«, um einen von tradierten kollektiven und erfahrenen subjektiven Niederrhein-Bildern gespeisten Vorstellungsraum. Es könne allerdings bezweifelt werden, ob es den literarischen Bemühungen des ersten Drittels des 20. Jahrhunderts gelungen sei, »den Niederrhein als eigenständige Region

[...] durchzusetzen [...]«, also eine allgemein akzeptierte »Konstruktion einer niederrheinischen Identität in Literatur, Kultur und Geschichte« erreicht zu haben.[48] Für die Gegenwart sieht Bussmann bessere Chancen, wenn er auf die Tatsache, dass »die Bedingungen für das Entstehen einer niederrheinischen Identität« heute besser als je zuvor seien, hinweist und drei Gründe aufführt: das Abnehmen der prägenden Kraft konfessionellen Denkens, die Zunahme ethnischer Vielgestaltigkeit und die durch gesteigerte Mobilität geprägte Infrastruktur.[49] Ob diese günstigen Voraussetzungen freilich zu einer Niederrhein-Identität führen, muss offen bleiben. Eines indes steht fest: Angesichts der vor einiger Zeit mit großer Verve verfochtenen Debatte über den Begriff einer »deutschen Leitkultur« muss die Missverständlichkeit dieses Begriffs betont werden. Er erweckt – in der deutschen Sprache und vor dem Hintergrund der deutschen Geschichte in der ersten Hälfte des 20. Jahrhunderts – Assoziationen an »lenken« und »führen«. Er ist aber auch unangebracht, weil sich im Jahre 2000 das Programm einer nationalen Leitkultur reichlich anachronistisch anhört. Er ist in einer Zeit weltweiter Mobilität und Grenzüberschreitung nicht mehr zeitgemäß. Nichts gegen die Pflege jahrhundertalter Eigenarten, doch lässt sich daraus keine Forderung nach einer »deutschen Leitkultur« ableiten. Bereits Goethe, der 1827 einer »Weltliteratur« das Wort redete, erhoffte sich von einer »Freihandelszone der Ideen und Gefühle« – modern gesprochen vom Kulturtransfer – die Völkerverständigung und die Steigerung des Reichtums und des allgemeinen Wohlbefindens.[50]

Hier am Niederrhein, wo seit Jahrtausenden sich viele Völkerschaften begegnen, mag solch ein provinzlerisches Denken ohnehin als abwegig erscheinen! Was als übergeordnetes Wertesystem gebraucht wird, ist keine nationale Kultur unseligen Angedenkens, sondern eine die Völker verbindende europäische Kultur. In diesem Denken gehört die Region Rhein-Maas wohl zu den fortschrittlichsten Regionen Europas.[51]

Anmerkungen

1. Hanns Dieter Hüsch: »Tante Anna«, in: Das Hanns Dieter Hüsch-Buch. Frankfurt a. M. 1993. Bd. 2. Das schwarze Schaf vom Niederrhein. Texte und Lieder vom flachen Land, S. 41.
2. Helge Drafz: Heimatkunde als Weltkunde. Provinz und Literatur in den achtziger Jahren, in: Walter Delabar, Werner Jung, Ingrid Pergande (Hrsg.): Neue Generation – Neues Erzählen. Deutsche Prosa – Literatur der achtziger Jahre. Opladen 1993, S. 77-101, hier S. 81 ff. zu den Begriffen Region, Heimat, Provinz.
3. Vgl. Helmut Tervooren: Der Niederrhein. Zur Entstehung eines Landschaftsnamens, in: Dieter Geuenich (Hrsg.): Köln und die Niederrheinlande in ihren historischen Raumbeziehungen (15.-20. Jahrhundert). Pulheim 2000, S. 9-27, hier S. 14.
4. Dieter Scheler: »Die niederen Lande«: Der Raum des Niederrheins im späten Mittelalter und in der frühen Neuzeit, in: Der Kulturraum Niederrhein. Von der Antike bis zum 18. Jahrhundert. Bd. 1. Hrsg. v. Dieter Geuenich. Essen 1996, S. 93-114, hier S. 93.
5. Tervooren (Anm. 3), S. 11.
6. Ebd., S. 15.
7. Wilhelm Heinrich Riehl: Wanderungen am Niederrhein. Hrsg. und eingel. von Günther Elbin. 2. Aufl. Duisburg 1991, S. 28.
8. Zu den politisch-historischen Entwicklungen vgl. Volker Schönherr: Die Geschichte des Niederrheins. Duisburg 1998, sowie Wilhelm Janssen: Kleine Rheinische Geschichte. Düsseldorf 1997.
9. Irmgard Hantsche: Atlas zur Geschichte des Niederrheins. Essen 1999, S. 127 [= Schriftenreihe der Niederrhein-Akademie, Bd. 4].
10. Johann Heinrich Zedler: Großes vollständiges Universal-Lexikon. Bd. 24. Leipzig/Halle 1740. 2. vollständiger, photomechanischer Nachdruck. Graz 1995, Sp. 747, verweist auf das Stichwort »Rhein« in Bd. 31, wo sich aber keine weiteren Ausführungen zu Niederrhein finden. Das Brockhaus'sche Bilder-Conversationslexikon von 1839 nennt ebenfalls den Begriff »Niederrhein« nicht, umschreibt aber immerhin dessen Reichweite: »Unterhalb Bonn geht er in das nördliche Flachland über und auf niederländischem Gebiet theilt er sich sogleich in zwei Arme [...].« Bilder-Conversations-Lexikon für das deutsche Volk. Bd. 3. Leipzig: Brockhaus 1839, S. 691.
11. Das große Conversations-Lexicon, hrsg. v. J. Meyer. Bd. 23. Hildburghausen 1853, S. 806.
12. Ebd. Zweite Abtheilung. Bd. 5. Hildburghausen 1850, S. 1036. Auch das Staats- und Gesellschafts-Lexikon von 1864 unterteilt den Strom in die drei Abschnitte: der Oberrhein von Basel bis Mainz, der Mittelrhein von Mainz bis Köln und der Niederrhein von Köln bis Kleve. Bei Koblenz öffnet sich die Verengung des Mittelrheins. Wörtlich: »Aber noch hat der Strom nicht das Niederland erreicht. Dieses ist erst bei Köln der Fall nach Durchbrechung eines dritten Gebirgsriegels.« Und speziell zum Niederrhein: »In der Nähe von

Bonn beginnt der Unter- oder Niederrhein, von den Schiffern in den deutschen oder preußischen und in den holländischen Niederrhein abgetheilt.« Neues Conversations-Lexikon. Staats- Gesellschafts-Lexikon. Hrsg. von Herrmann Wagener. Bd. 17. Berlin 1864, S. 149 f. Allerdings heißt es im selben Artikel, S. 149, auch: »der sogenannte, zwischen den Endpunkten Bingen und Bonn in einer Länge von 13 Meilen [!] strömende Mittelrhein«.

13. Meyers Großes Konversations-Lexikon. 4. Aufl. Bd. 13. Leipzig 1889, S. 776.
    Meyers Konversations-Lexikon. 5. Aufl. Bd. 14. Leipzig und Wien 1896, S. 694 f.
    Meyers Großes Konversations-Lexikon. 6. Aufl. Bd. 16. Leipzig und Wien 1909, S. 861.
14. Meyers Enzyklopädisches Lexikon. 9. Aufl. Bd. 20. Mannheim, Wien, Zürich 1977, S. 74.
15. Brockhaus Enzyklopädie. 14. Aufl. Bd. 13. Leipzig, Berlin und Wien 1903, S. 825 f.
16. Brockhaus Enzyklopädie 17. Aufl. Bd. 15. Wiesbaden 1972, S. 737.
17. Ebd., Bd. 13, 1971, S. 441.
18. Brockhaus Enzyklopädie 19. Aufl. Bd. 15, S. 586, Bd. 18, S. 351 f.; Brockhaus Enzyklopädie 20. Aufl., Bd. 15, S. 641, Bd. 18, S. 328.
19. Neues Grosses Volkslexikon in zehn Bänden. Auflage 1979. Stuttgart: Fackelverlag, Bd. 5, S. 165.
20. Der Große ADAC Natur-Reiseführer Deutschland. München 1991, S. 281.
21. Heft 13 von »Falk Reisen«, S. 97.
22. Weitere Karten und Abgrenzungsansätze bietet der Beitrag von Hans Heinrich Blotevogel: Gibt es eine Region Niederrhein? Über Ansätze und Probleme der Regionsbildung am unteren Niederrhein aus geographisch-landeskundlicher Sicht, in: Dieter Geuenich (Hrsg.): Der Kulturraum Niederrhein im 19. und 20. Jahrhundert. Bd. 2. Essen 1997, S. 155-185.
23. »NiederRhein 2000. Harmonie der Kontraste«, hrsg. v. der Touristik-Agentur NiederRhein, S. 11.
24. Auch Joachim Römer: Der Niederrhein. Eine kulinarische Reise. J.P. Bachem-Verlag 2000, bezieht sich auf den Raum zwischen Grevenbroich und Xanten.
25. Online-Verzeichnis »Niederrhein im Internet«. http://www.niederrhein-info.de
26. Rainer Behnke, Günther Elbin: Niederrhein. Würzburg 1999, S. 127.
27. »Großraum Städte- und Gemeindeatlas Niederrhein«. Ein ADAC-Atlas, S. 2/3.
28. Zit. n. Schönherr (Anm. 8), S. 7 f.
29. Blotevogel (Anm. 22), S. 159f. Hierzu interessant die daselbst zitierte Charakterisierung der Region im Programm »Natur 2000 in Nordrhein-Westfalen. Leitlinien und Leitbilder für Natur und Landschaft«. Hrsg. v. Ministerium für Umwelt, Raumordnung und Landwirtschaft NRW. Überarb. Fassung Düsseldorf 1994, S. 34 ff.
30. Karte bei Hantsche (Anm. 9), S. 187. »Von Emmerich bis Köln wird ein feucht-fröhlicher Hellbierring um den Düsseldorfer Altbierkern geschlungen – um diese Spezialität geheim zu halten. Würde in Düsseldorf mit Rheinwasser gebraut, würde der Niederrhein ziemlich nieder sein.« (Peter Wehe)

31. Wetterkarte der »Rheinischen Post«.
32. Mittlerweile im Internet unter dem Namen »Schriftsteller am Niederrhein. Ein Adressen- und Publikationsverzeichnis«. http://www.uni-duisburg.de/Institute/InKuR/grimm/start.htm. Die hier zitierten Schriftsteller finden sich in diesem Verzeichnis. In diesem Zusammenhang ist hinzuweisen auf die literaturwissenschaftliche Studie von Wolfgang Behschnitt: Braune Schollen, grüne Wiesen, silberner Strom. Der Niederrhein als literarische Landschaft und als Heimatraum, in: Sprache und Literatur am Niederrhein. Schriftenreihe der Niederrhein-Akademie. Bd. 3. Hrsg. v. Dieter Heimböckel. Essen 1998, S. 125-151, der die Regionsfindung an literarischen und literaturhistorischen Texten aus dem ersten Drittel des 20. Jahrhunderts anhand folgender Leitfragen untersucht: »Statt dessen geht es um die Konstruktion einer niederrheinischen Identität in literarischen und metaliterarischen Texten dieser Zeit: Welches sind die besonderen Merkmale dieser Identität? Wie wird die Region charakterisiert? Und auf welche Weise versuchen die literarischen Werke, dem Leser Identifikationsmöglichkeiten zu eröffnen, ihm also eine niederrheinische Identität anzubieten?« S. 128.
33. Heinrich Böll: Der Rhein, in: ders.: Briefe aus dem Rheinland. Schriften und Reden 1960-1963. München 1985, S. 20.
34. Vgl. die hochpoetische Charakterisierung der Region im Programm »Natur 2000« (Anm. 29), S. 34 ff., zit. bei Blotevogel (Anm. 22), S. 159 f., sowie die literarischen Kostproben provinzieller Heimatkunst bei Behschnitt (Anm. 32), S. 133 ff.
35. »Die Region Niederrhein ist ein politisches Gebilde der Landesregierung.« (Klaus Otten)
36. Ähnlich: »kurze feuchte Sommer, graue nasse Winter, schöne farbige Herbste« (Ana Capresa-Wolter).
37. Hanns Dieter Hüsch: »November«, in: Jürgen Kessler (Hrsg.): Hanns Dieter Hüsch. Kabarett auf eigene Faust. München 1997, S. 22. Hinweis und Fundort verdanke ich Frau Gisela Groener.
38. Carl Zuckmayer: Des Teufels General. Drama in drei Akten. Stockholm 1946, S. 70.
39. »Die Niederrheiner sind zwar keine Rheinländer im üblichen Sinn mit deren Freude am lauten Trubel und Fröhlichkeit, aber auch sie feiern gern ihre traditionellen Feste.« (Anita Schorn) Zum angeblichen »Volkscharakter des Niederrheiners« vgl. auch die Belege bei Claus Bussmann: Gibt es »Niederrheiner«? Historische Gründe für das Fehlen eines niederrheinischen Identitätsbewußtseins, in: Der Kulturraum Niederrhein. Von der Antike bis zum 18. Jahrhundert. Hrsg. v. Dieter Geuenich. Essen 1996, S. 157-166, hier S. 160. Vgl. auch die bei Behschnitt (Anm. 32) zitierten Ausführungen von Oskar Walzel (»Je mehr der Rhein sich der Grenze Hollands nähert, desto weniger bleibt von dem leichten Schwung [der Rheinländer] bestehen. Auch reines Ackerbauland in der Rheinebene zeitigt hier Menschen von schwerdumpfem Blut.«) und von Ludwig Mathar (Der Niederrheiner sei »nicht laut, neckisch, wie droben am Mittelrhein, sondern still, ernst.«).

40. Hier lebe ein »Mischvölkchen, fröhlich und offen« (Ottilie Pfeiffer).
41. Die breiten und nicht zu blonden, blauäugigen Männer könnten zupacken, seien gefällig und charmant. (Rosl Beinert)
42. Tach zusammen. Geschichten von Hanns Dieter Hüsch und Niederrhein-Bilder von Norbert Schinner. Duisburg 1993, S. 102.
43. »Bodenständigkeit und Weltzugewandtheit gehören hier zusammen.« (Hanne Buschmann)
44. Bussmann (Anm. 39), S. 160f.
45. Blotevogel (Anm. 22), S. 158f., 164 ff.
46. Dazu Hugo Dyserinck: Zur Entwicklung der komparatistischen Imagologie, in: Colloquium Helveticum 7 (1988), S. 19-42, bes. S. 25 ff.
47. ZIN ist die Abkürzung für »Zukunftsinitiative für die Regionen Nordrhein-Westfalen«. Blotevogel (Anm. 22), S. 179. »Ist diese Region, und zwar genau in der genannten Abgrenzung, nämlich unter Einschluß von Duisburg, aber unter Ausgrenzung von Krefeld, Neuss, Viersen und Mönchengladbach, tatsächlich eine Region im umfassenden Sinne, also eine Region, die nicht nur eine Struktur- beziehungsweise Verflechtungsregion sowie eine politische Tätigkeitsregion, sondern auch eine Wahrnehmungs- und Identitätsregion ist?«
48. Behschnitt (Anm. 32), S. 148, 129.
49. Bussmann (Anm. 39), S. 164.
50. Wulf Segebrecht: Die Freihandelszone der Idee. Goethes Übersetzungen in der Ausgabe des Klassiker Verlages. Johann Wolfgang Goethe: »Bezüge nach außen. Übersetzungen II. Bearbeitungen. Hrsg. v. Hans-Georg Dewitz. Frankfurt a. M. 1999. FAZ Nr. 263 vom 11.11.2000, S. 42.
51. Über diesen »Vorgeschmack eines grenzenlosen Europas« (Robert Steegers) urteilt ein Autor zusammenfassend: »Daß sich hier schon seit Jahrzehnten eigentlich von selbst schon das herausgebildet hat, was einmal Europa ausmachen soll: ein völkerverbindender Lebensstil, ein allseits belebender Kulturaustausch, eine starke gegenseitige wirtschaftliche Befruchtung und ein bemerkenswertes Verständnis für Eigenarten des anderen« (Richard Baumann).

»Das rheinische Herz schlägt in der Küche«
Koch- und Küchentraditionen als Teil rheinischer Identität

Von Rita Mielke

Viele Wege führen in das Herz einer Region. Viele Deutungsansätze – historische, politische, geografische, kulturelle – bieten Möglichkeiten, sich dem je Eigenen, Unverwechselbaren einer Landschaft und ihrer Bewohner zu nähern. Auch der Alltagskultur kommt in diesem Kontext weitreichende Bedeutung zu. Überlieferte Traditionen, Sitten und Gebräuche, Feste und Feiern, in die der einzelne – von der Wiege bis zum Grab – eingebettet ist, die er neu mit Leben erfüllt und individualisiert, um so gleichzeitig den Fortbestand für die Zukunft zu sichern, haben umfassende identitätsstiftende Funktionen. Und mitten im Zentrum dieser regional verankerten Alltagskultur steht – quasi als Herzstück – die jeweilige Koch- und Küchenkultur.

So ist es kein Zufall, dass in den Berichten von Menschen, die über einen längeren Zeitraum fern von Zuhause gelebt haben, eine ganz spezielle Form von Heimweh eine zentrale Rolle spielt, Heimweh nämlich nach den Spezialitäten der Kindheit, den Lieblingsrezepten der Mutter oder Großmutter – und nach all dem, was sich an Aromen und Düften, an Geschichten und Gefühlen mit diesen Gerichten verbindet. Denn Essen und Trinken bedeuten weit mehr als nur das Stillen von Hunger und Durst. Eine gemeinsame Mahlzeit beinhaltet weitaus mehr als nur die Möglichkeit, den leeren Magen zu füllen. Mit dem leiblichen Wohl geht seelisches Wohlbefinden einher – und beide spielen, ob bewusst oder unbewusst, für das tägliche Leben und im Alltag des einzelnen Menschen eine zentrale Rolle. Ein Blick in Töpfe und Pfannen offenbart sehr viel mehr als nur die Zusammensetzung einzelner Gerichte: Er zeigt, dass die Koch- und Küchenkultur einer Landschaft tief in deren sozialen und regionalen Strukturen verwurzelt ist.

Die Menschen im Rheinland haben das schon immer gewusst. »Essen und Trinken hält [!] Leib und Seele zusammen«, heißt hier eine gern angeführte sprichwörtliche Redensart, die grammatikalisch zwar falsch ist, inhaltlich jedoch eine tiefgreifende Lebenserfahrung auf den Punkt bringt. Dem entspricht, was bei einer vom Amt für rheinische Landeskunde Anfang der 80er Jahre durchgeführten, teils schriftlichen, teils mündlichen Befragung von mehreren hundert Gewährsleuten zutage trat:

Erzählerinnen und Erzähler kommen bald in jedem Rückblick auf das Essen, die tägliche Mahlzeit, das Festmahl, die Nahrungsvorsorge, die Essensvorbereitung zu sprechen. Sie streifen nicht nur das Thema, sie geben der Frage des leiblichen Wohls einen bestimmenden Stellenwert in ihren Berichten. Die Logik, die dahintersteht, ist klar und einfach: Das muss so sein, weil das Thema Essen und Hunger – ein Elementarbedürfnis – den Alltag regiert.[1]

Aufschlussreiche Einsichten zur Frage nach dem Stellenwert von Nahrungsvorsorge und Essen für den Alltag der Menschen im Rheinland bieten auch die 1991 von Katharine Specht unter dem Titel *Maikirschen* veröffentlichten *Kindheitserinnerungen an niederrheinisches Landleben* in der ersten Hälfte des 20. Jahrhunderts.[2] Diese Aufzeichnungen, die gleichsam das niederrheinische Pendant zu Anna Wimschneiders *Herbstmilch* darstellen, lassen beispielhaft die Dimensionen eines Lebens zutage treten, das – sehr viel stärker als heute – von klaren, durch Natur und Kultur vorgegebenen Rhythmen geprägt war. Die Arbeiten in Feld und Garten, eine umsichtige Vorratshaltung, die einfache Werktagsküche und die ›gehobene‹ Feiertagskost, nicht zuletzt auch die aufwendigen Tätigkeiten, die angesichts einer fehlenden ›High-Tech-Ausrüstung‹ heutigen Zuschnitts in der Küche unumgänglich waren: All dies sind Facetten, die die Autorin umfassend und mit großer Detailgenauigkeit zur Sprache bringt. Zuweilen explizit, häufiger jedoch zwischen den Zeilen liefert sie dabei wichtige Anhaltspunkte für die Frage nach den ›Säulen‹, auf denen die ›typisch‹ rheinische Küche, wie sie vielerorts noch bis vor wenigen Jahrzehnten gepflegt wurde, basiert.

Grundlagen der rheinischen Koch- und Küchenkultur

Als wichtigste Säule der traditionellen rheinischen Kochkultur ist die weitgehend bäuerlich-handwerklich-ländlich geprägte Sozialstruktur der Region am unteren Rhein zu nennen. Die Menschen hier waren, teilweise bis weit in die 60er Jahre des vergangenen Jahrhunderts hinein, Selbstversorger. Die Hausfrauen konzentrierten sich bei der Gestaltung ihrer Speisepläne im wesentlichen auf das, was die Region selbst bot, was leicht – und vor allem preiswert – zu besorgen war, was bekannt und vertraut war. Absoluten Vorrang hatte, was im eigenen Garten oder auf dem Feld angebaut werden konnte. Die landschaftliche Struktur der Region mit ihren fruchtbaren Feld- und Ackerböden kam diesem Selbstversorgungsprinzip entgegen, liess sie doch Gemüse aller Art ebenso wie Kartoffeln und Obst hervorragend wachsen und gedeihen. Diese Versorgungsweise stellte eine nur geringe Belastung der bei den meisten

Familien eher spärlichen Haushaltskasse dar, allerdings setzte sie täglichen Fleiß und einen umfangreichen Wissens- und Erfahrungsschatz, etwa beim Bestellen von Garten und Feld, voraus. Darüber hinaus beinhaltete sie auch ein erhebliches Risiko: Denn Nahrungsmittel für die ganze Familie in ausreichender Menge zur Verfügung zu haben – heute lediglich eine Frage rechtzeitigen Disponierens für den Einkauf im Supermarkt – war nicht zuletzt von ebenso unwägbaren wie unbeeinflussbaren Komponenten, zum Beispiel den klimatischen Verhältnissen im Lauf des Gartenjahres, abhängig. Blieben infolge eines schlechten Sommers die notwendigen Ernteerträge aus, musste im Winter »Schmalhans Küchenmeister spielen«. Aber auch eine gute Ernte allein war noch keine Garantie für gut gefüllte Mägen im Winter. In Zeiten vor Kühlschrank, Gefriertruhe und Gefrierprodukten frei Haus stellte die umsichtige Vorratshaltung der Hausfrauen einen zentralen Aspekt innerhalb der Selbstversorgerkette dar. Denn nur sie konnte rund ums Jahr eine ausreichende Versorgung der Familie sicherstellen, nur sie konnte die Kluft zwischen der Erntefülle des Sommers und dem Mangel des Winters überbrücken. Lagerhaltung, z. B. für Kartoffeln, Dörren von Obst, Einmieten, etwa von Möhren oder Sellerie, im Sand, später, nach Erfindung der »Weck-Gläser«, das Einkochen von Gemüse und Obst, gehörten zu den die ganze Familie einspannenden Tätigkeiten in der Erntezeit.[3]

Fleisch, sei es die Wurstscheibe fürs Brot oder der Braten auf dem Mittagstisch, gehörte zu den eher kostbaren und daher keinesfalls alltäglichen Delikatessen im Rheinland. Auch hier galt das Selbstversorgungsprinzip: Wer immer die Möglichkeiten hatte, hielt sich ein paar Hühner, Gänse, Enten, zudem idealerweise noch ein paar Schweine. Geschlachtet wurde allerdings nur ein-, maximal zweimal pro Jahr. Entsprechend lang war die Zeitspanne, für die die Fleischportionen einzuteilen und zu konservieren waren. Frisches Fleisch gab es in vielen Familien nur anlässlich des Schlachttages. Kein Wunder also, dass die Rheinländer diese Tage zum ›Fest‹, zum ›Schlachtfest‹, und zu einem Höhepunkt im Jahresablauf erklärten.[4] Hausschlachtungen waren sehr verbreitet, boten sie den Hausfrauen doch ideale Möglichkeiten, unmittelbar alle notwendigen Verarbeitungsschritte einzuleiten. Schinken, Speck, Eisbein und Rippchen wurden gesalzen, gepökelt, getrocknet und geräuchert. Das Blut der Tiere wurde aufgefangen und zu Blutwurst verarbeitet. Kleine Fleischstücke, Innereien, Schwarten und Speck wurden zu Brat-, Mett- oder Leberwurst verarbeitet. Für alle Wurstsorten fanden die Tierdärme Verwendung. Der größere Teil der Würste wurde geräuchert und anschließend in einer kühlen und sorgfältig vor Ungezieter geschützten Fleischkammer zum Trocknen aufgehängt. Höhepunkt eines jeden Schlachttages war das Panhaskochen, das für die Kinder mit dem Auslöffeln der Schüsseln, für die Erwachsenen, Familienmitglieder, Freunde oder Nachbarn, mit einer dicken Scheibe, kross gebraten, verbunden war.

Eine weitere Annehmlichkeit für den rheinischen Speisezettel boten bis ins 20. Jahrhundert hinein der Rhein und seine Nebenflüsse, die die Menschen in der näheren Umgebung mit einem üppigen Fischbestand versorgten: So wird in alten Geschichten vom Niederrhein gern von einem Dienstmädchenaufstand berichtet, bei dem die jungen Damen sich dagegen auflehnten, täglich Lachs essen zu müssen.

Essen und Trinken in christgläubiger Gesinnung

Zu der nicht immer einfachen Abhängigkeit des rheinischen Küchenkalenders vom Jahresrhythmus und der Abfolge der Jahreszeiten gesellt sich eine weitere Säule hinzu, die sich weniger durch die naturgegebenen als vielmehr durch kulturell vermittelte Bedingungen definiert. Heinrich Böll hat diesen Aspekt einmal treffend formuliert: »Da [am Niederrhein] ist die Erde katholisch und die Hühner und die Hunde sind es auch, auch die Rüben, die da wachsen.«[5] In der Tat sind es letztlich ja keine anderen als die Wurzeln der Religion, die für eine zusätzliche klare Strukturierung des Jahres sorgten, für die deutliche Trennung von Werktagen und Sonn- oder Feiertagen, für die nach-karnevalistische bzw. vorösterliche Fastenzeit, für das freitägliche Fleischverbot und die Vorschriften für andere christliche Feste wie Aschermittwoch oder Karfreitag, St. Martin oder Nikolaus. Daraus leiteten sich feste Speiseplanregeln ab, die mancherorts teilweise heute noch, vor allem von alten Menschen, als Relikte aus längst vergangenen Kindertagen beibehalten und gepflegt werden: Freitag zum Beispiel war (Stock-)Fischtag, Aschermittwoch war Zwiebelsuppe angesagt, Gründonnerstag Spinat, Karfreitag Dampfnudel. Nach dem fleischlosen Freitag waren die sonntägliche Wurst auf dem Frühstückstisch und der duftende Braten im Topf um so verführerischer. Auch eine gute Suppe und ein Nachtisch gehörten mit zum rheinischen Sonntagsmenü und hoben dieses weit über die üblichen werktäglichen Ein-Gang-Mittagessen hinaus. Ganz besondere Feiertage wurden durch einen weiteren Gang, nicht selten ein Stück Tafelspitz mit Mayonnaise und sauer eingelegten Gürkchen, hervorgehoben. So sehr die rheinischen Hausfrauen um Sparsamkeit im Alltag bemüht waren, so großzügig zeigten sie sich, wenn es darum ging, besonderen Ereignissen einen würdigen kulinarischen Rahmen zu verleihen. In einer Zeit, in der man im Rheinland von einer

Freizeitgesellschaft heutigen Zuschnitts mit ihrer Überfülle an Unterhaltungsangeboten meilenweit entfernt war, boten Feste jedweder Art eine außerordentliche Möglichkeit, dem harten, anstrengenden Alltag zu entkommen.

Dabei gesellten sich zu den hohen kirchlichen Festtagen im Jahreskreis weitere Feiertage, bei denen Essen und Trinken ebenfalls im Mittelpunkt standen. Beispielhaft erwähnt seien hier das in jeder Gemeinde alljährlich gefeierte Erntedankfest, die Kirmes oder das Schützenfest, für das in mancher Familie ein ganzes Jahr lang gespart wurde, um dann für zwei oder drei Tage lang wirklich nicht auf ein paar Pfennige achten zu müssen.

Nicht weniger ereignisreich war die Ausrichtung so außergewöhnlicher Feste wie der Erstkommunion oder der Hochzeit. In der Erzählung »Elsken und Heinrich« von Christa Feltgen lesen wir beispielsweise von den Vorbereitungen für ein großes Hochzeitsessen:

Mit der Mutter hatte Elsken besprochen, was es zur Hochzeit zu essen geben würde. Im Garten wuchs schon Salat, und im Keller gab es noch Sauerkraut, weiße Bohnen und eingelegte Gürkchen, die man zum Rindfleisch reichte. Die Hühner hatten fleißig gelegt, ein paar von ihnen würden in die Suppe kommen. Onkel Henn sollte Rindfleisch besorgen und im Bussem hingen noch Würste und Schinken vom letzten Schlachtfest. Zum Nachtisch würde man den traditionellen »stiewen Ries mät Quetschen« kochen.[6]

Besonders interessant – und sinnfällig im Hinblick auf die enge Verbindung von Esskultur und Lebenswirklichkeit im Rheinland – ist am Anfang der Erzählung die Schilderung der dem gemeinsamen Eheversprechen der jungen Leute vorausgehenden Zeremonie:

Elsken betrachtete ihn genau. Ob das der Richtige war? Sie schaute die Mutter an und die nickte unmerklich mit dem Kopf. »Elsken soll dir ein Brot machen«, sagte sie zu Heinrich, »du wirst hungrig sein nach dem langen Ritt!« Der junge Mann und Elsken bekamen beide einen roten Kopf. Von diesem Brot hing alles ab. War Schinken darauf, konnte Heinrich aufatmen. War aber Fleutekäs darauf, also Quark, konnte er sich weitere Bemühungen um das Elsken ersparen. Dann war er »durch den Braatsch geschooten«, wie man dazu sagte.[7]

Rheinische Kochkunst contra Gyros, Pizza und Nouvelle Cuisine

Vor etwa dreißig Jahren setzte im Rheinland (wie in vielen anderen deutschen Regionen) der allmähliche Verfall der guten alten Kochtraditionen ein. Bis dahin hatte die rheinische Küche sich und den Menschen, die mit ihr groß geworden waren und sie schätzten, vollauf genügt. Dann jedoch, als die Zeiten besser, das Fleisch reichlicher, die Küchentechnik ausgefeilter und die kulinarischen Ansprüche dezidierter wurden, geriet sie zunehmend in Misskredit, wurde mit dem Etikett einer altmodischen, ein bisschen langweiligen und ziemlich deftigen Arme-Leute-Küche versehen und aufs Altenteil geschoben. Eintöpfe verschwanden vom Speiseplan, Schlachtfeste aus dem Festtagskalender. Die alten Konservierungsmethoden gerieten in Vergessenheit, ebenso viele kreative Ideen, die Teil des Wissens- und Erfahrungsschatzes rheinischer Hausfrauen waren. Die entstehende Freizeit- und Lifestylegesellschaft entwickelte ihre eigene Dynamik und liess nur wenig übrig von den noch vor ein oder zwei Generationen alltagsprägenden Strukturen. Jene rheinische Identität, die einst aus Töpfen und Pfannen und den sich um sie rankenden Traditionen ihre Nahrung bezog, konnte nur noch auf kleinster Flamme weiterschmoren und -brutzeln.

Nicht zuletzt auch war es die Begegnung mit einer bis dahin weitgehend unbekannten gastronomischen Vielfalt, die die heimische Hausmannskost ins Hintertreffen gerieten liess. Befördert wurde der Blick über den eigenen Tellerrand auf die kulinarische Internationalität in der näheren oder weiteren Umgebung einerseits durch die wachsende Globalisierung des Wirtschaftslebens und den einsetzenden Auslandstourismus, andererseits durch die ins Land strömenden Neubürger jugoslawischer, griechischer, italienischer etc. Provenienz, die selbstverständlich ihre heimischen Küchentraditionen mitbrachten und allenthalben für eine Welle neuer gastronomischer Betriebe sorgten. War man früher im Rheinland zum Sauerbraten-, Martinsgans- oder Muschelessen in die angestammte Gaststätte gegangen, bot sich plötzlich die Möglichkeit, preiswert ›beim Griechen‹ oder ›beim Italiener‹ neue, bislang völlig unbekannte Köstlichkeiten zu entdecken. Das galt darüber hinaus als chic und zeitgeistig und demonstrierte Weltläufigkeit, zumal dann, wenn man sich gleichzeitig mit ein paar abschätzigen Bemerkungen über die Provinzialität der eigenen, angestammten Küche erheben konnte.

Schließlich drang von Frankreich her die Kunde von einer ganz neuen Küche auch in deutsche Lande vor. »Nouvelle Cuisine« wurde zur Zauberformel, die radikal alle alten ›Küchen-Zöpfe‹ abschnitt. Nahrhaftigkeit war längst kein Kriterium mehr, zumal sie zunehmend von einer neuen gesundheitsbewussten Ernährungslehre in Frage gestellt wurde. Butter, Sahne, Fett und Mehl, kräftige Saucen und inhaltsschwere Suppen wurden auf den Index einer völlig überalterten Küche gestellt, die den Anschluss an die kulinarischen Wünsche und Forderungen des modernen Menschen versäumt hatte. Gesund und optisch überaus anspruchsvoll war, was fortan landauf landab in der gehobenen Gastronomie auf den Gast wartete, übersichtliche Portionen, kunstvoll angerichtet und dekoriert zwar, aber für Gaumen und Magen zuweilen doch eher enttäuschend: Gemüse halb gar, Beilagen hingehaucht, Fleisch allenfalls mit einer Spur von Butter oder Sauce angereichert – zudem ein internationaler ›Einheitsbrei‹, der dem Touristen im Pariser sternedekorierten Nobelrestaurant ebenso angeboten wurde wie dem Geschäftsreisenden in der gehobenen Gastronomie in Düsseldorf, München oder Hamburg.

Es war absehbar, dass dies dauerhaft nicht das Ende aller kulinarischen Traditionen sein konnte. Und in der Tat: Nachdem die neuen Weltenbummler in Sachen Genuss alles gegessen und alles erprobt haben – die Nouvelle Cuisine französischer Provenienz ebenso wie Pizza und Pasta, Gyros und Döner, Chinesisches aus dem Wok und Mexikanisches mit Feuer, schlägt das Pendel zurück: Nach allen Ausflügen und Streifzügen durch die Küchen dieser Welt wächst der Wunsch nach den Köstlichkeiten der Kindheit, nach regionalen Besonderheiten und landschaftstypischen Spezialitäten. Regionales kehrt auf die Speisekarten zurück, regionale Kochbücher haben Hochkonjunktur. Immer häufiger warten renommierte Meisterköche mit Spezialitäten auf, die kunstvoll traditionelle Küche mit zeitgemäßen Anforderungen an eine gesunde, leichte, raffinierte, gleichzeitig aber auch schmackhafte Kost verbinden. Inzwischen lohnt es auch kulinarisch wieder, in die Bretagne oder nach Burgund, nach Tirol oder in die Toskana, in den Schwarzwald oder nach Hamburg zu fahren: So unterschiedlich die Landschaften, so differenziert sind vielerorts inzwischen die Speisekarten der Restaurants. Die Besonderheiten und Eigentümlichkeiten der einzelnen Regionen kann man hier nicht nur sehen und erleben, man kann sie sich auch – im wahrsten Sinne des Wortes – auf der Zunge zergehen lassen.

Diese begrüßenswerte Entwicklung, die der Tatsache Rechnung trägt, dass angesichts von wachsender Internationalisierung und Globalisierung die Pflege regionaler Traditionen im Sinne von multikultureller Vielfalt unverzichtbar ist, zeitigt im Rheinland bislang nur mäßige Erfolge: »Denn die traditionellen Bewahranstalten der Brauchtums-Kost, die liebenswerten Brauhäuser und knuffigen Nostalgie-Gaststätten, sind auf den feinen Zungenschlag des heimgekehrten Weltreisenden meist – noch – nicht eingestellt«.[8] Mehr noch: Es mangelt ganz offensichtlich an Selbstbewusstsein und einem gewissen Stolz auf die überlieferten Spezialitäten, die sich, entsprechend zeitgemäß aufbereitet, durchaus messen lassen könnten mit dem, was andere Regionen mit ausgeprägterem kulinarischen Traditionsbewusstsein erfolgreich vermarkten.

Potential für eine Um- und Neubewertung der rheinischen Küche ist reichlich vorhanden. Die alten Vorurteile jedoch verstellen den Blick für die unvoreingenommene Wahrnehmung einer Küche, die – so die These – gesünder, kreativer, geschichtsträchtiger und weltläufiger ist, als man es ihr gemeinhin zugestehen will und sie sich selbst in aller Regel präsentiert.

Für ein neues Image der rheinischen Küche

Denn, um mit dem Punkt der Gesundheit zu beginnen, so manches, was schon in den Töpfen und Tiegeln der rheinischen Groß- und Urgroßmütter zu finden war, liegt heute absolut im Trend dessen, was kluge Oecotrophologen empfehlen: Einst waren es Mangel und Sparsamkeit, die die rheinischen Hausfrauen zu einer fleischarmen, dafür aber gemüse- und kartoffelreichen Ernährung veranlassten. Heute sind es moderne ernährungswissenschaftliche Erkenntnisse, die uns Fleisch in Maßen, aber Gemüse und Rohkost so viel als möglich ans Herz legen und uns damit dahin zurückführen, wo unsere Mütter und Großmütter längst schon einmal waren.

Kreativität ist ein weiterer wichtiger Aspekt: Im wahrsten Sinne des Wortes aus dem Vollen zu schöpfen und angesichts eines kulinarischen Überangebots die Qual der Wahl zu haben, ist ein Erlebnis, das den meisten rheinischen Hausfrauen älterer Generationen stets verwehrt war. Daraus zu folgern, dass die traditionelle rheinische Küche etwa im Vergleich zu heutigen Koch- und Essgewohnheiten einfallslos und unkreativ gewesen sei, bedeutet einen Trugschluss: Denn Not, nicht Überfluss, hat zu allen Zeiten erfinderisch gemacht. Diesem Umstand verdankt die rheinische Küche eine stattliche Zahl unverwechselbarer Spezialitäten: Raffinierte süß-saure Würzmethoden, köstliche Resteverwertungsrezepte wie Schinkentod oder Linneweaver (Leineweber), nicht zuletzt zahllose Kartoffel-, Kohl- und Eintopfvarianten, bei denen die rheinischen Küchenkünstlerinnen mit den Zutaten aus Garten und Feld, mit ein paar Spritzern Essig, einer Prise Salz, einem Löffelchen Zucker und jeder Menge Phantasie Monotonie und Langeweile ein Schnippchen schlugen, ehe diese die Chance hatten, sich in Töpfen und Pfannen breitzumachen. Ein bisschen von dieser Kreativität, zeitgemäß aktualisiert, wäre manch heutigem Koch im Rheinland zu wünschen, wenn er sich um die Anpassung rheinischen Koch-Kulturguts an moderne Essgewohnheiten bemüht.

Bleiben noch Geschichtsträchtigkeit und Weltläufigkeit der rheinischen Küche: Auch hier ist einiges in Vergessenheit geraten, das Anknüpfungspunkte für reizvolle neue Facetten rheinischen Küchenguts bilden könnte: Schließlich lassen sich die Küchentraditionen am unteren Rhein sehr viel länger zurückverfolgen als nur bis in die Generationen der Groß- und Urgroßmütter. Aufschlussreich sind vor allem die Erkenntnisse der Archäologen über die römisch-rheinische Küchenliaison, der die Menschen im Rheinland schon vor 2000 Jahren die Bekanntschaft mit Spargel oder Gurken, Porree oder Zwiebeln verdankten. Mehr noch: In gewissen römisch-rheinischen Kreisen gehörte es zum guten Ton, Austern zu schlürfen oder Oliven und Feigen zu knabbern. Und es dürfte die Rheinländer eigentlich mit großem Stolz erfüllen, dass die Römer etwa von der Süße der niederrheinischen »carotas«, also Möhren, so begeistert waren, dass sie sie über ausgetüftelte Versorgungswege in gewaltigen Mengen nach Rom schaffen liessen.

Ebenso nachlässig wie mit den römischen Wurzeln ist der Umgang mit den französischen Einflüssen. Die Beschäftigung mit alten Kochbüchern und Aufzeichnungen aus dem Rheinland zeigt, dass es neben der volkstümlich-ländlichen Küche durchaus auch eine gehobene herrschaftliche Küche gegeben hat, insbesondere bei den wohlhabenden Familien in Städten wie Köln, Bonn oder Düsseldorf, aber auch beim Adel auf dem Land, in den Stiften und Klöstern und Herrensitzen. Hier vollzog sich seit dem 17. Jahrhundert eine Entwicklung, die sozusagen grenzüberschreitend auf europäischer Ebene stattfand: Denn nachdem in Italien der Grundstock für die aufstrebende Kochkultur gelegt worden war, nachdem kurze Zeit in England der Geist einer bahnbrechenden Küchenkultur Heimat gefunden hatte, waren es letztlich die Franzosen, die in Fragen des Kochens, Essens und Genießens allen anderen Nationen den Rang abliefen. Diese Vorreiter- und Vorbildrolle wurde allenthalben akzeptiert, auch im Rheinland, wo zumindest in bestimmten Kreisen das Bemühen wuchs, das eigene Küchen-Image durch Adaption französischer Sitten und Gebräuche aufzupolieren. Eine ganze Reihe von Rezeptsammlungen zeugt von der kulinarischen Frankophilie der gehobenen rheinischen Kreise: Da wurde Fleisch plötzlich »à la mode« zubereitet und serviert, wurden aus Gurken »Komkommere« – frz. ›Concombre‹ – , wurde das Rippenstück von Schwein oder Kalb zum »Cotelett« und aus Apfel- oder Pflaumenmus »Compot«.

Unter dem Aspekt der Weltläufigkeit ist zu betonen, dass der Rhein als Handelsweg (vor allem für Köln als wichtigem Warenumschlagsplatz) ebenso wie etwa die Nähe zu den seefahrenden niederländischen Nachbarn sehr früh schon Anregungen jedweder Art lieferten, die die heimische bodenständige Küche – wenn auch sozial und regional nicht flächendeckend, so doch partiell – erweiterten und ergänzten. Reis aus Indien, Hering aus den Niederlanden, Gewürze aus dem Fernen Osten ermöglichten eine interessante Anreicherung des heimischen Speisen- und Würzangebots. Die Gewürz- und Honigkuchen etwa, wie sie im grenznahen niederrheinischen Raum um Kevelaer beheimatet sind, wären ohne die Zutat von Kardamom, Nelken und Zimt und ohne die damit verbundenen niederrheinisch-niederländischen Händel wohl nie zu ihrem unvergleichlichen Aroma gekommen. Und ob die Kartoffel je auf rheinischen Feldern heimisch geworden wäre, wenn im 17. Jahrhundert die hungernden Rheinländer nicht beschlossen hätten, dass, was den Nachbarn jenseits der westlichen Grenzen offensichtlich wohlbekam, auch ihnen nicht zum Schaden, sondern vielleicht nur zu einem vollen Magen verhelfen könne, sei dahingestellt. Danach allerdings, als einmal die Scheu vor den vielbeschworenen Gefährdungen durch die Kartoffel überwunden war, vollzog sich die Adaption, ja Einverleibung der Erdäpfel als fester, zentraler Bestandteil des rheinischen Küchenzettels so schnell und so nachhaltig, dass Bratkartoffeln und Reibekuchen und alle Kartoffel-Eintopf-Varianten schon bald als ur-rheinische Gerichte galten.

Die kurze Auflistung zeigt, dass Potential für ein neues, positives Image der rheinischen Küche durchaus vorhanden ist. Dennoch spielt die rheinische Küche im Konzert der traditionellen Regionalküchen, die aktuell eine bemerkenswerte Renaissance erleben, keine Rolle. Hier liegt eine große Herausforderung, vor allem für die jüngeren, nachwachsenden Generationen im Rheinland, die sich der Koch- und Küchenfrage unbelastet von den teilweise beklemmenden Kriegs- und Nachkriegserfahrungen ihrer Eltern und Großeltern nähern können. Es geht darum, der rheinischen Küche innerhalb der deutschen wie der europäischen Regionen Platz und Stimme zu verschaffen. Es geht darum, rheinische Küchentraditionen jungen rheinischen Hausfrauen ebenso wie kreativen Köchinnen und Köchen ans Herz zu legen und sie mit ihrer Hilfe aufbereiten, weiterentwickeln und populär werden zu lassen. Damit verbunden ist eine große Chance – nicht nur für die gastronomische, kulinarische und touristische Zukunft der Region, sondern insbesondere auch für das Selbstverständnis und die Identität der Menschen, die sich im Rheinland zu Hause fühlen. Denn Liebe, heißt es, geht durch den Magen. Und das gilt zweifellos auch für die Liebe zu einer Landschaft, einer Region. Angesichts politischer Veränderungen, die im Hinblick auf ein vereintes Europa Grenzziehungen bedeutungslos werden lassen, angesichts historischer Entwicklungen auch, die gerade für jüngere Menschen nur noch wenig Identifikationspotential beinhalten, sollte zukünftig der Pflege und Bewahrung von Kultur, von Alltagskultur, von Küchen- und Kochkultur eine um so größere Bedeutung zukommen. Ein Europa der unterschiedlichen Koch- und Küchenkulturen ist eine Variante, die vielen

Zeitgenossen angenehmer und sympathischer, weil schlüssiger und nachvollziehbarer sein dürfte als manch andere Konstruktion, die zwar bürokratisch konsequent ist, bedauerlicherweise jedoch weder die Köpfe und noch weniger die Herzen derjenigen erreicht, um die es eigentlich dabei gehen sollte.

Anmerkungen

1. Berthold Heizmann: Die rheinische Mahlzeit. Zum Wandel der Nahrungskultur im Spiegel lokaler Berichte. Köln 1994, S. 5.
2. Katharine Specht: Maikirschen. Kindheitserinnerungen an niederrheinisches Landleben. Mit einer Einleitung von Franz Langensiepen und Peter Honnen. Köln 1991.
3. Vgl. ebd., z. B. S. 254, 261 und 271.
4. Vgl. ebd., S. 284 f; vgl. Heizmann (Anm. 1), S. 51 f.
5. Zit. n. Merian. Niederrhein. Ausgabe Mai 1984, S. 20
6. Christa Feltgen: Elsken und Heinrich, in: Jochen Arlt/Irmgard Bernrieder (Hrsg.): Teil meiner selbst. Niederrhein-Lesebuch. Pulheim 1992, S. 250.
7. Ebd., S. 248.
8. Barbara Lutterbeck/Joachim Römer: Kölsches Kochbuch. Köln 1994, S. 7.

Sprachgrenzen und Sprachschichtungen im Rheinland
Zur sprachlichen Genese des »Rheinischen«

Von Michael Elmentaler

1. Vorüberlegungen

Gibt es eine rheinische Sprache? Diese Frage erscheint angesichts der Existenz eines *Rheinischen Wörterbuchs*, einer *Rheinischen Sprachgeschichte*, eines *Mittelrheinischen Sprachatlas*, einer Buchreihe über die *Rheinischen Mundarten* sowie zahlreicher Untersuchungen zum rheinischen Platt, zu rheinischen Flurnamen, zur rheinischen Akzentuierung und Gutturalisierung, zur Sprache des rheinischen Fischers oder zum Sprachbewusstsein rheinischer Handwerksmeister auf den ersten Blick fast rhetorisch.[1] Der selbstverständliche Gebrauch des Ausdrucks ›rheinische Sprache‹ oder ›rheinischer Dialekt‹ in einer Vielzahl sprachwissenschaftlicher und mundartkundlicher Publikationen[2] suggeriert eine weitgehende Übereinkunft über das Vorhandensein einer derartigen Regionalvarietät, über deren linguistisches Profil und areale Verbreitung. Bei näherer Betrachtung erweist sich jedoch die Verwendung des Attributes ›rheinisch‹ im sprachwissenschaftlichen Kontext als keineswegs unproblematisch, nicht nur, weil die Auffassungen darüber, was zum Rheinischen gehören könnte, z. T. beträchtlich auseinandergehen, sondern vor allem auch aufgrund von Überlegungen, die gegen die Existenz einer rheinischen Dialektregion sprechen.

Um einen Ausdruck wie ›rheinische Sprache‹ überhaupt sinnvoll mit Inhalt füllen zu können, erscheint es aus linguistischer Sicht zunächst notwendig, das Grundwort ›Sprache‹ zu explizieren, wobei mindestens zwei Faktoren zu berücksichtigen sind. So ist in Hinblick auf das Kommunikationsmedium zwischen der mündlichen und der schriftlichen Realisierungsform von Sprache zu unterscheiden, wobei etwas spezifisch ›Rheinisches‹ im gegenwärtigen Sprachgebrauch prinzipiell nur im Bereich des Gesprochenen identifiziert werden kann, da die deutsche Schriftsprache – sieht man von spezifischen Verwendungsbereichen wie der Dialektliteratur ab – keine regionalen Differenzierungen mehr aufweist. Dahingegen steht für die sprachgeschichtliche Erforschung des ›Rheinischen‹ ausschließlich die (bis zum 17. Jahrhundert noch stark regional gefärbte) schriftliche Überlieferung zur Verfügung, aus der sich Veränderungen der gesprochenen Sprache nur indirekt erschließen lassen.

Ein zweiter Faktor, der für die Erforschung der rezenten Sprachverhältnisse im Rheinland ebenso wie für ihre historische Entwicklung eine zentrale Rolle spielt, ist die Unterscheidung verschiedener Sprachschichten (Straten). Geht man – einer gängigen Klassifikation der neueren Soziolinguistik folgend[3] – von einer idealtypischen dreifachen Schichtung der gesprochenen Sprache aus, dann sind dem Ortsdialekt als dem ältesten Typus einer arealen Sprachvarietät heute mindestens zwei jüngere Varietäten gegenüberzustellen, die häufig als ›Regiolekt‹ bzw. ›regionale Umgangssprache‹[4] und als ›regionale Variante der gesprochenen Standardsprache‹ bezeichnet werden. Auch für frühere Zeitepochen kann (zumindest in den Städten) von einer derartigen diastratischen Auffächerung der Sprache ausgegangen werden, so dass eine Untersuchung zur sprachlichen Charakteristik, arealen Verbreitung und Entstehungsgeschichte des ›Rheinischen‹ grundsätzlich nicht nur die alten Mundarten in Betracht zu ziehen hat, sondern auch die beiden supradialektalen Varietäten.

Entsprechend dieser Vorbemerkungen gliedert sich der folgende Versuch einer sprachwissenschaftlichen Annäherung an das ›Rheinische‹ in vier Teile. Die Abschnitte 2-4 beschäftigen sich mit der Frage, inwieweit sich auf der Ebene der rezenten Dialekte, der gesprochenen Standardsprache und der Regiolekte Argumente für die Ansetzung eines rheinischen Sprachareals finden lassen. Auf der Basis dieser Überlegungen zur gegenwärtigen Sprachsituation wird anschließend eine aktuelle Hypothese zur Genese rheinischer Sprachvarietäten vorgestellt, die zugleich neue Perspektiven für die Interpretation schreibsprachlicher Überschichtungs- und Annäherungsprozesse eröffnet.

2. Schwierigkeiten einer dialektologischen Definition des Rheinischen

Auf seinem Weg von den schweizerischen Alpen bis zu den niederländischen Nordseemündungen von Waal und Lek passiert der Rhein mehr als ein Dutzend Dialektgebiete, und so könnte man das Hochalemannische oder das Seeländische eigentlich ebenso gut als rheinische Mundarten bezeichnen wie die Dialekte im Umland von Köln, Düsseldorf oder Wesel. Wie jedoch ein Blick in das *Rheinische Wörterbuch* oder in die Publikationen des Amts für rheinische Landeskunde zeigt[5], hat sich die deutsche Dialektologie bei dem Gebrauch des Ausdrucks ›rheinisch‹ größtenteils auf einen mittleren Rheinabschnitt festgelegt, der sich von der deutsch-niederländischen Grenze bei Emmerich bis zum Hunsrück erstreckt und das Gebiet der ehemaligen preußischen Rheinprovinz umfasst (vgl. Abb. 1).[6] Die sprachliche Raumgliederung folgt somit einer durch den Wiener Kongress 1815/16 festgesetzten und 1945 wieder aufgehobenen Verwaltungsgrenze, was einige Probleme bei der Konstruktion und Rechtfertigung einer Dialektregion ›Rheinland‹ mit sich bringt.

Geht man davon aus, dass eine Sprachregion ein gewisses Maß an innerer Homogenität und äußerer Abgrenzbarkeit aufweisen muss[7], lässt sich ein in Analogie zur Rheinprovinz definiertes ›rheinisches‹ Sprachareal nicht mit klassischen Dialektregionen wie dem Westfälischen oder Bairischen vergleichen. Denn einerseits wird das Rheinland durch die prominenteste Dialektscheide des deutschen Sprachgebiets, die Benrather Linie (*maken/machen*), zerschnitten, so dass in seinem nördlichen Teil niederfränkische Mundarten, in seinem südlichen Teil dagegen hochdeutsche Mundarten gesprochen werden; und da mit der Uerdinger Linie (*ik/ich*), der ›Eifelschranke‹ (*dorp/dorf*) und der ›Hunsrückschranke‹ (*dat/das*) noch drei weitere wichtige Dialektgrenzen quer durch das Rheinland verlaufen, lässt sich im Gebiet der Rheinprovinz eine Nord-Süd-Staffelung von nicht weniger als fünf verschiedenen Dialekten ausmachen: dem Kleverländischen, dem Südniederfränkischen, dem Ripuarischen, dem Moselfränkischen und einem schmalen Streifen des Rheinfränkischen. Eine solche Mundartenvielfalt lässt sich nicht mit der Vorstellung einer einheitlichen Dialektregion ›Rheinland‹ vereinbaren.

Andererseits ist auch das Kriterium der äußeren Abgrenzbarkeit im Falle der rheinischen Dialekte nicht erfüllt, vor allem nicht im Nordwesten, wo sich das traditionelle kleverländische Platt, wie es in Emmerich, Rees oder Kleve gesprochen wird, kaum von den alten Mundarten in der benachbarten niederländischen Provinz Limburg, etwa in Venlo oder Venray, unterscheidet. Eine dem Verlauf der Staatsgrenze folgende Trennung von kleverländisch-südniederfränkischen und maasländischen Mundarten, wie sie das *Rheinische Wörterbuch*[8] und die in dessen Tradition stehenden Publikationen ebenso vornehmen wie entsprechende Arbeiten auf niederländischer Seite[9], lässt sich also dialektologisch nicht begründen, auch wenn in jüngster Zeit eine allmähliche Auseinanderentwicklung der Dialekte beiderseits der Grenze unter dem Einfluss der jeweils überdachenden Standardsprachen festzustellen ist.[10]

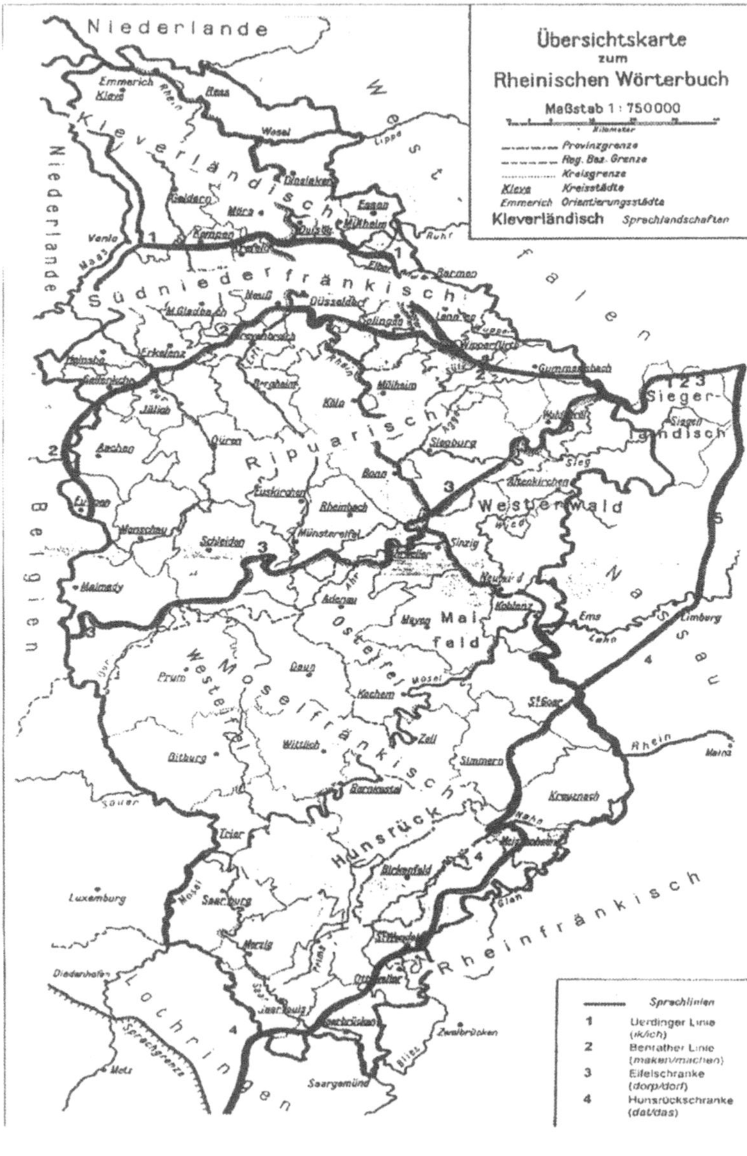

Abb. 1: Das Rheinische in der Definition des *Rheinischen Wörterbuchs*

Aufgrund der mangelnden sprachlichen Homogenität und der Schwierigkeit der äußeren Abgrenzung kann somit von einer rheinischen Dialektregion in Analogie zu dem politischen Gebilde der preußischen Rheinprovinz nicht gesprochen werden.[11] Dieses Problem der Nicht-Übereinstimmung von territorialer und dialektaler Raumgliederung hat Dialektologen gelegentlich dazu veranlasst, den Begriff ›rheinisch‹ sehr viel enger zu fassen und z. B. mit dem Ripuarischen zu identifizieren[12], was den Grad der internen Homogenität des so verstandenen ›Rheinischen‹ zwar erhöht, aber nicht unbedingt dem Selbstverständnis aller Rheinländer entsprechen dürfte, wäre doch z. B. Düsseldorf bei einer solchen Grenzziehung – mit der Benrather Linie als Nordgrenze – als nicht-rheinische Stadt zu werten, ganz zu schweigen vom unteren Niederrhein oder auch dem Moselraum. Umgekehrt können die Dialekte des Rheinlandes in einen größeren, fränkischen Zusammenhang gestellt werden, wie in dem seit 1981 erscheinenden *Fränkischen Sprachatlas* von Jan Goossens, wodurch sich eine staatsgrenzenübergreifende Sprachlandschaft ergibt, die »vom Hunsrück bis zur Schelde« reicht.[13] Eine solche sprachgeographische Erweiterung, die der alten Verwandtschaft der mittel- und niederfränkischen Mundarten des westlichen Deutschland mit den Dialekten der südöstlichen Niederlande und Belgiens Rechnung trägt, läuft jedoch letztlich auf einen Verzicht auf den Ausdruck ›rheinisch‹ hinaus. Der Versuch, ein rheinisches Sprachareal auf der Basis der alten Dialekte zu definieren, erweist sich somit als wenig aussichtsreich.

3. Anhaltspunkte für eine rheinische Variante der gesprochenen Standardsprache

Die gesprochene deutsche Standardsprache hat zwar – als »erstrebte mündliche Realisierungsform der Schriftsprache« – tendenziell überregionalen Charakter, doch unterliegt auch sie »landschaftlich unterschiedliche[n] Gebrauchsnormen«[14], so dass zu fragen ist, ob sich nicht auch eine spezifische, für die westliche Mitte Deutschlands charakteristische Ausprägung des gesprochenen Standards ausmachen lässt, die man als ›rheinisch‹ bezeichnen könnte. Eine derartige Fragestellung ließe sich im Prinzip auf allen sprachlichen Ebenen (Lexik, Morphologie, Syntax) untersuchen, doch bietet sich aufgrund der bisherigen Forschungsschwerpunkte eine Fokussierung auf den Teilbereich der Phonetik an, also auf die regionalen Aussprachеweisen, in denen die landschaftlichen ›Einfärbungen‹ des gesprochenen Standarddeutschen wohl auch am deutlichsten zum Tragen kommen. Im Folgenden wird daher vor allem diskutiert, inwieweit man von einer rheinischen Aussprache des Standarddeutschen, einem ›rheinischen Hochdeutsch‹ sprechen kann.

Die regionale Gliederung der gesprochenen Standardsprache ist in den Karten aus Werner Königs *Atlas zur Aussprache des Schriftdeutschen in der Bundesrepublik Deutschland* von 1989 anschaulich dokumentiert[15], und eine Durchsicht dieser Lautkarten vermag die Hypothese einer ›rheinischen‹ Ausspracheweise im Ganzen durchaus zu bestätigen. Die im Rheinland zwischen Kleve und Koblenz/Wittlich übliche Aussprache unterscheidet sich bei einer Reihe von Lautmerkmalen deutlich von der süddeutschen Aussprache. Hierzu zählt etwa die stimmhafte Realisierung des an- und inlautenden *s* als [z] (z. B. in *Sohn, reisen*), das im deutschen Süden überwiegend stimmlos gesprochen wird[16], die reduzierte, spirantische Aussprache von anlautendem *pf* (z. B. in *Pferd, Pflanze*) als [f] gegenüber erhaltenem [p͡f] in Süddeutschland[17], die aspirierte und nichtlenisierte (›harte‹) Realisierung von inlautendem *p, t* und *k* (z. B. in *Kneipe, Note, Ecke*) gegenüber einer süddeutschen Tendenz zur unbehauchten, lenisierten (›weichen‹) Aussprache[18] oder die Aussprache der Endsilbe *-ig* als [ɪç] gegenüber süddeutschem [ɪk].[19] Nach Süden hin lässt sich die im Rheinland gesprochene Variante des Standarddeutschen insgesamt klar abgrenzen.[20]

Weniger konturiert erscheint dagegen die Grenzziehung nach Norden und Nordosten, da die rheinische Aussprache des Standarddeutschen bei vielen Merkmalen mit der in Norddeutschland üblichen Aussprache übereinstimmt. Allerdings treten einige Lautungen im Rheinland besonders frequent auf und scheinen somit für das Rheinische in besonderem Maße charakteristisch zu sein; so etwa die Realisierung der Vorsilbe *ge-* mit unbetontem Schwa-Laut [ə] gegenüber vollen oder nur halbreduzierten Lautungen in großen Teilen des nördlichen und südlichen Sprachraums[21], die [ʃ]-Aussprache des anlautenden *ch* in den Wörtern *China* und *Chemie* (gegenüber nördlichem [ç] und südlichem [k][22]) oder der Verzicht auf die Aussprache des (hiattilgenden) *h* in Wörtern wie *Ehe, sehen*.[23] Auch wenn die für den Aussprachеatlas erhobenen Sprachdaten für eine präzise Charakteristik der gesprochenen Standardsprache im Rheinland letztlich nicht ausreichen, da nur insgesamt fünf rheinländische Ortspunkte berücksichtigt wurden (Kleve, Duisburg, Köln, Koblenz, Wittlar) und die lokalen Sprachproben auf den Äußerungen von nur jeweils einem einzigen Sprecher beruhen, wodurch es gelegentlich zu Verzerrungen kommt[24], zeichnet sich hier doch schon das Profil einer gesprochenen Standardsprache rheinischer Prägung ab. Dieser Eindruck wird dadurch verstärkt, dass die alten dialektalen Differenzen zwischen dem Kleverländischen und Südniederfränkischen oder dem Ripuarischen und dem Moselfränkischen, wie sie in den Mundartgrenzen des Rheinlandes zum Ausdruck kommen, auf der Ebene des rheinisch gefärbten Standards weitgehend nivelliert werden, so dass man mit einem gewissen Recht von einer dialektübergreifenden rheinischen Aussprache sprechen kann.

4. Möglichkeiten einer Bestimmung des Rheinischen auf der Ebene der Regiolekte

Die regionalen Aussprachevarianten des Standarddeutschen werden häufig als eine Art »Akzent« oder »Sprachfärbung« bezeichnet[25], da sie vielfach nur auf geringfügigen Abweichungen in der Prosodie oder in der Artikulation einzelner Phone (z. B. graduelle Abstufungen hinsichtlich der Stimmhaftigkeit, Behauchung oder Lenis-Fortis-Aussprache) beruhen, die sich der bewussten Sprachwahrnehmung entziehen und nur über phonische Analysen genauer bestimmen lassen. Demgegenüber werden die Regiolekte aufgrund ihrer stärkeren Durchdringung mit regionalsprachlichen Merkmalen und ihrer größeren Distanz zur Standardsprache meist als eigenständige, ›mittlere‹ Varietäten angesehen[26] und sind als solche auch im Bewusstsein der Sprecher präsent.[27]

Für das Rheinland kann nach gegenwärtigem Forschungsstand von der Existenz zweier rheinischer Regiolekte mit einer deutlich unterscheidbaren Sprachcharakteristik ausgegangen werden, die in etwa auf der Höhe der Uerdinger Linie aufeinander treffen. Der im südlichen Rheinland verwendete Regiolekt, den man als ›ripuarisch-rheinisch‹ bezeichnen könnte, ist in einer Reihe von Einzeluntersuchungen relativ gründlich erforscht worden, vor allem im Zusammenhang mit einem Anfang der 70er Jahre von Werner Besch begründeten Bonner Forschungsprojekt, in dem der Sprachgebrauch von 142 Bewohnern des Eifeldorfes Erp (20 km südwestlich von Köln) erfasst und beschrieben wurde.[28] Demgegenüber gibt es zum Regiolekt des unteren Niederrheins bislang vergleichsweise wenige Untersuchungen, doch lassen sich z. B. aus einer 1998 erschienenen Arbeit von Kerstin Salewski zur Umgangssprache des Ruhrgebiets einige Erkenntnisse über diesen ›nordrheinischen‹ Regiolekt gewinnen.[29] Einige der wichtigsten phonischen Merkmale dieser beiden rheinischen Regiolekte sind in Abb. 2 aufgelistet.[30]

Merkmale des nordrheinischen Regiolekts

Kürzung von Langvokalen in offener Silbe vor *-er*	[abɐ, vɪdɐ] ›aber, wieder‹
Senkung der mittleren Langvokale vor *-r*	[lɛ:ʁɐ, bɔ:ʁɐ] ›Lehrer, Bohrer‹
Kurzvokal statt standardsprachlichem Langvokal	[ʃɔn, taχ] ›schon, Tag‹
Dehnung und Hebung von Kurzvokalen	[vi:ntɐ, mu:tɐ] ›Winter, Mutter‹
Okklusion des [j] zu [g]	[gɛt͜s, ge:dɐ] ›jetzt, jeder‹

Merkmale des ripuarisch-rheinischen Regiolekts

Koronalisierung von [ç] zu [ʃ]	[ɪʃ, ʃprɛʃən] ›ich, sprechen‹
Artikulation von [r] als [χ] vor [t]	[jaχtən, vɪχt] ›Garten, Wirt‹
Velarisierung von [l] zu [ɫ] vor [d, t]	[jɛɫt, vaɫt] ›Geld, Wald‹
Spirantisierung von [g] zu [ɣ] im Inlaut	[va:ɣən, bo:ɣən] ›Wagen, Bogen‹
Spirantisierung von [g] zu [j] im An- und Inlaut	[ju:t, re:jən] ›gut, Regen‹

Gemeinsame Merkmale der rheinischen Regiolekte

Erhalt des dentalen Verschlusslautes [t] statt [s] in ›das, was, es‹	[dat, vat, ɛt] ›das, was, es‹
Reduzierung von [p͜f] zur Spirans [f]	[fanə, flant͜sə] ›Pfanne, Pflanze‹
Spirantisierung von auslautendem *-g* (gespr. [k]) zu [ç, χ] bzw. [ʃ, χ]	[kʁi:ç] (nordrh.) bzw. [kʁi:ʃ] (rip.-rhein.), [taχ] ›Krieg, Tag‹
Kontraktion von enklitischen Pronomen mit Vokalschwächung	[hasə, vɛnə] ›hast du, wenn du‹

Abb. 2: Ausgewählte phonische Merkmale der rheinischen Regiolekte

Je nach Situation und Sprecher treten diese Merkmale in unterschiedlicher Dichte und Frequenz auf, so dass man bei genauerer Differenzierung zwischen mehreren graduell abgestuften Regionalvarietäten zu unterscheiden hätte, von einer relativ standardnahen, eher in formellen Situationen verwendeten Varietät, bei der die charakteristischen Sprachmerkmale nur zu geringen Prozentsätzen vorkommen, bis hin zu einer stark dialektal geprägten Umgangssprache für den informellen Gebrauch.[31] Hierbei ist es den Sprechern allerdings durchaus möglich, auch innerhalb einer Situation zwischen verschiedenen umgangssprachlichen Varietäten oder auch zwischen rheinischem Regiolekt und Ortsdialekt zu wechseln.[32]

In diatopischer Hinsicht ist bemerkenswert, dass die Uerdinger und nicht die Benrather Linie die Grenze zwischen diesen beiden Regiolekten bildet. Dies stellt eine auffällige Abweichung zur Raumgliederung auf der Ebene der alten Dialekte dar, bei der ja traditionell die Benrather Linie als Hauptgrenze zwischen dem Ripuarischen und dem Südniederfränkischen angesehen wird. Die Verwendung des ripuarisch-rheinischen Regiolekts in dem Gebiet zwischen Benrather und Uerdinger Linie deutet auf sprachliche Überschichtungsvorgänge hin, die es bei einer historischen Betrachtung der regionalen Sprachvarietäten im Auge zu behalten gilt.

Mit welchem Recht lassen sich nun diese im Rheinland gesprochenen Regiolekte zusammenfassend als ›rheinische‹ Varietäten bezeichnen? Treten hier nicht ähnliche Definitionsprobleme auf wie hinsichtlich der alten Dialekte? Prüft man zunächst wieder das Kriterium der äußeren Abgrenzbarkeit der Sprachregion, so erscheint die Verwendung des Ausdrucks ›Rheinisch‹ auf der Ebene der Regiolekte eher angemessen als auf dialektaler Ebene, da die Verbreitung der rheinischen Umgangssprachen tatsächlich in etwa auf das Gebiet der ehemaligen Rheinprovinz beschränkt ist. Insbesondere die Schwierigkeit der Abgrenzung der nordrheinischen von den dialektologisch eng verwandten maasländischen Varietäten auf heute niederländisch-belgischem Staatsgebiet entfällt, da sich die Umgangssprachen auf den beiden Seiten der Grenze aus zwei ganz unterschiedlichen Hochsprachen, eben dem Standarddeutschen und dem Standardniederländischen, speisen und daher nur geringe Übereinstimmungen aufweisen. Auch nach Osten hin kann der nordrheinische Regiolekt hinreichend abgegrenzt werden, da er sich in einer Reihe von Merkmalen von der Umgangssprache des östlichen Ruhrgebietes und Westfalens unterscheidet[33], und der ripuarisch-rheinische Regiolekt weist gegenüber den im Osten und Süden angrenzenden hessischen und pfälzischen Regionalvarietäten ebenso deutliche Unterschiede auf.[34]

Problematischer erscheint die pauschale Verwendung des Ausdrucks ›Rheinisch‹ hingegen unter dem Aspekt der für eine Sprachregion geforderten inneren Homogenität, denn die ausgeprägten Unterschiede zwischen dem nördlichen und dem südlichen Regiolekt dominieren deutlich gegenüber den gemeinsamen Merkmalen, die zudem in der Mehrzahl überregional verbreitet sind und teils auch als allgemeine Kennzeichen gesprochener Sprache gelten können. Daher ist, wenn man auf den Gebrauch des Ausdrucks ›Rheinisch‹ auf der Ebene der Regiolekte nicht verzichten möchte, die Verwendung eines differenzierenden Beiworts, wie sie hier vorgeschlagen wurde, unumgänglich.

5. Überlegungen zur Genese des Rheinischen

Die bisherigen Ausführungen haben ergeben, dass die Verwendung des Ausdrucks ›Rheinisch‹ auf der Ebene der Dialekte nicht angebracht ist, da die Mundartgrenzen im Rheinland bis heute erhalten geblieben sind und auch der strukturelle Zusammenhang der kleverländisch-südniederfränkischen mit den maasländischen Dialekten trotz der Segregationstendenzen unter dem Einfluss der jeweils überdachenden Standardsprachen noch gegeben ist. Von der Herausbildung einer rheinischen Sprache kann also nur in Bezug auf die großlandschaftlichen Varietäten oberhalb der alten Dialekte gesprochen werden, d. h. die Regiolekte und die für das Rheinland charakteristische Ausprägung des Standarddeutschen. Über die Frage, wann und unter welchen Umständen diese Varietäten entstanden sind, konnte bisher noch keine Einigkeit erzielt werden. Dies gilt im besonderen für die regionalen Umgangssprachen, deren Entstehung von der Forschung teils im 19. Jahrhundert angesetzt wurde (als Produkte einer unvollkommenen Anpassung der Basisdialekte an die Standardsprache), teils bereits im 17. und 18. Jahrhundert (als vermittelnde Ausgleichsvarietäten zwischen Dialekt und Standard).[35] Eine wesentlich frühere Datierung für die Entstehung der deutschen Umgangssprachen hat neuerdings Arend Mihm vorgeschlagen, der darauf verweist, dass die bisherigen Hypothesen beide auf der Annahme einer vorgängigen Monoglossiesituation, d. h. einer schichtenübergreifenden Verwendung des Dialekts als alleiniger städtischer Sprachvarietät in der Zeit vor 1800 bzw. vor 1600, beruhten, was jedoch aufgrund metasprachlicher Zeugnisse des 16. und 17. Jahrhunderts, die die Existenz sprachlicher Schichtungen in den Städten des Mittelalters und der frühen Neuzeit belegen, als unwahrscheinlich gelten müsse.[36] Mihm schlägt daher (in Anknüpfung an Überlegungen von Peter von Polenz)[37] ein erweitertes, die älteren Deutungen integrierendes Verlaufsmodell für die Entstehung von Umgangssprachen vor, das von einer bereits im Mittelalter bestehenden Diglossie von Dialekten und »lokalen und regionalen Hochsprachen« ausgeht und auf der

Annahme basiert, dass »mittlere« Varietäten (also die modernen Umgangssprachen) »typologisch als die Hochsprachen der vorangehenden Epoche anzusehen [seien], die von neuen Prestigevarietäten überschichtet wurden.«[38] Die modernen Umgangssprachen bzw. Regiolekte gingen demnach auf oberschichtige Sprachvarietäten mit ehemals hohem Prestige zurück, die erst durch die überregionale Verbreitung des gesprochenen Standarddeutschen auf das Niveau eines Substandards abgesunken seien.

Die Gültigkeit eines solchen Erklärungsansatzes erweist sich vor allem darin, inwieweit er sich mit den bisher bekannten sprachhistorischen Daten zur Entwicklung der regionalen Sprachvarietäten in Zusammenhang bringen lässt bzw. ob er durch diese gestützt werden kann. Da zeitgenössische Äußerungen zum Sprachgebrauch aus älterer Zeit nur spärlich überliefert sind und sie zudem immer nur selektive und subjektiv gefilterte Eindrücke von den gegebenen Sprachverhältnissen vermitteln, lässt sich hieraus allein kein konsistentes Bild von den Veränderungen im rheinischen Varietätenspektrum gewinnen. Unter diesen Umständen erscheint es legitim und sinnvoll, auf die schreibsprachliche Überlieferung (insbesondere auf nicht-literarische Texte mit regional bzw. lokal begrenzter Reichweite) zurückzugreifen, um daraus Rückschlüsse auf die sprachlichen Veränderungen im Rheinland zu ziehen.

Dass die historischen Schreibsprachen grundsätzlich in einem engen Bezug zu der gesprochenen Sprache der Region oder des Schreibortes stehen, lässt sich aufgrund ihrer ausgeprägten regionalen Färbung kaum bestreiten und konnte im Einzelnen vielfach nachgewiesen werden.[39] Hierbei ist allerdings davon auszugehen, dass sie keine getreue Wiedergabe der Basismundart des jeweiligen Schreibortes bieten, da zahlreiche Dialektmerkmale aus Gründen der Schreibökonomie und graphematischer Normierungsbestrebungen und wohl auch bedingt durch soziale Stigmatisierungen bestimmter mundartlicher Wendungen oder Aussprachevarianten in der Schriftsprache unterdrückt werden.[40] Vielmehr dürfte als gesprochene Bezugsgröße städtischer Schreibsprachen wohl am ehesten der Sprachgebrauch der ›oberen‹ Gesellschaftsschichten in Frage kommen, denen ja in der Regel sowohl der Schreiber (z. B. der Stadtsekretär) als auch die Auftraggeber und Adressaten der Schriftstücke (z. B. Bürgerschaft und Rat) angehörten.

Wenn in dieser Weise von einem grundsätzlichen Konnex zwischen historischen Schreibsprachen und oberschichtigen Sprechvarietäten ausgegangen werden kann, dann ermöglicht dies wiederum eine neue Lesart der in den rheinischen Schreibsprachen seit dem 14./15. Jahrhundert beobachtbaren Annäherungs- und Überschichtungsprozesse, die auf Veränderungen in der gesprochenen Sprache hinweisen. Um weitere Aufschlüsse über die Herausbildung des Rheinischen zu gewinnen, erscheint es daher lohnend, die spätmittelalterliche und frühneuzeitliche Schreibsprachgeschichte rheinischer Städte zu rekonstruieren und in Hinblick auf mögliche Veränderungen der gesprochenen Bezugsvarietäten, also der ›Hochsprachen‹ des städtischen Bürgertums, zu interpretieren, was im Folgenden am Beispiel Düsseldorfs durchgeführt werden soll.[41]

Düsseldorf gehört zu dem traditionell als »Südniederfränkisch« bezeichneten Dialektgebiet zwischen Uerdinger und Benrather Linie.[42] Die Düsseldorfer Mundart weist somit im Gegensatz zum Ripuarischen, wie es in Köln gesprochen wird, ursprünglich einen weitgehend unverschobenen Konsonantenstand auf, so dass z. B. düsseldorfisches *loope* ›laufen‹, *jroote* ›große‹, *maake* ›machen‹ gegen ripuarisches *loofe, jruusse, maache* steht.[43] Der niederfränkische Grundcharakter der Düsseldorfer Sprache kommt auch in der Schreibsprache der ältesten in der Stadtgeschichte von Friedrich Lau (1921) abgedruckten volkssprachigen Urkunde der Düsseldorfer Schöffen von 1364 deutlich zum Ausdruck (Abb. 3).[44]

Wir Ailf van dem Bachuys ind Herman under Wijden, scheffen **tu** Dusseldorp, doyn kunt allen luden, dye dissen breif seynt of hoirent leesen, dat vur uns as vur scheffen synt komen bescheiden lude Hynze van Deyrendorp, burger **tu** Dusseldorp, ind Alvrait, syne **elike** huysvrauwe, ind haynt bekant, dat sy [...] haynt gegeyven in dye Gayzs ere an des heiligen Cruzs vicarye ind elter **tu** Dusseldorp eyn malder roggen **erfliker** guyldyn Dusseldorper **mayten** [...]
[...] ind haynt dat bewijst ind bewisent uvermyzs dissen breif an eine dyrdendeile van **veirtijn** morgen artlanzs, der **tijn** morgen geleigen synt an eine stucke, dat **geheiten** is der Steynacker, ind veir morgen an **twen** stucken genant der Scheylacker, dat des vurschreven Hynzen reite erve is ind syn kyntdeil ind nu **ter tijt** oich ungedeylt is, al jair up synt Lambreyzs dach los ind vri van allen **saken, erfliken** ind **eweliken tu** Dusseldorp **tu** antwerden ind **tu betalen** myt **alsusliker** vurwerden, weyr yt **sake**, dat de **vurspraiken** Geirhart Sasse [...]

Abb. 3: Düsseldorfer Schöffenurkunde von 1364 in südniederfränkischer Sprache (Auszug)

Trotz einiger Gemeinsamkeiten mit der ripuarischen Schreibtradition[45] kann die Sprache aufgrund der fast vollständigen Bewahrung des unverschobenen Konsonantismus (*tu/ter* ›zu/zu der‹, *tijn* ›zehn‹, *twen* ›zwei‹, *tijt* ›Zeit‹, *betalen* ›bezahlen‹; *mayten* ›Maßen‹, *geheiten* ›geheißen‹; *sake*

›Sache‹, *vurspraike* ›Fürsprecher‹, *-like* ›-liche‹; Ausnahme: *scheffen* ›Schöffen‹) als (süd)niederfränkisch bezeichnet werden.

Die Sprachwahl der Düsseldorfer Kanzlei in den ältesten volkssprachigen Quellen lässt erkennen, dass die Düsseldorfer Führungsschichten bis ins 14. Jahrhundert hinein durchaus noch die Intention hatten, an ihrer autochthonen Sprache festzuhalten. Da dies ursprünglich sicherlich auch für den Bereich des Gesprochenen gegolten haben wird, wäre in dieser ersten Phase der rheinischen Sprachentwicklung für das gehobene Bürgertum idealtypisch von einer Diglossie von altem Dialekt und einer stark regional bzw. lokal gefärbten Sprechvarietät auszugehen.

Dass diese Diglossie von Basisdialekt und regionaler ›Hochsprache‹ jedoch bereits in der zweiten Hälfte des 14. Jahrhunderts instabil geworden sein muss, zeigen die raschen Veränderungen, die die Düsseldorfer Verwaltungssprache in den folgenden Jahren durchläuft. Innerhalb eines Jahrzehnts (1364/65 bis 1375/77) geht man in der Düsseldorfer Kanzlei zur Verwendung des Ripuarischen über, das dann auch in der Folgezeit dauerhaft beibehalten wird (vgl. Abb. 4).[46]

Die drei ältesten im Original erhaltenen Schöffenurkunden von 1364/65[47] (darunter der in Abb. 3 auszugsweise abgedruckte Text) sind noch weitgehend in der alten südniederfränkischen Schreibsprache verfasst, mit Erhalt der unverschobenen Konsonanten *p, t, k* z. B. in *heirschap* ›Herrschaft‹ und *apen* ›offen‹, *tijt* ›Zeit‹ und *mayte* ›Maße‹, *sake* ›Sache‹ und *elike* ›eheliche‹, außerdem mit der charakteristischen Schreibung <a> für *o* in offener Tonsilbe wie in *have* ›Hof‹ und *aver* ›über‹ und den gerundeten Pronominalformen *ur/ure* ›ihr/ihre‹. Die Urkunden von 1375 und 1377 dagegen[48] lassen bereits einen vollständig ripuarischen Sprachstand erkennen: Aus *apen* ist *offen* geworden, aus *tijt* und *mayte* wird *zijt* und *maisse*, aus *sake* und *elike* wird *sache* und *eliche*, und auch die übrigen niederfränkischen Besonderheiten sind durch die entsprechenden ripuarischen Formen ersetzt worden (*over* – ›über‹, *ere* – ›ihre‹) (Textbeispiel in Abb. 5).[49]

Sprachliches Merkmal	**1364/65** (Nr. 42, 44, 45)	**1371** (Nr. 49)	**1375/77** (Nr. 55, 60)
p	**<p>** *apen* ›offen‹ *heirschap* ›-schaft‹ *schaip* ›Schaf‹	-	**<ff>** *offen*
t	**<t>** *betalen* ›bezahlen‹ *tijt* ›Zeit‹ *tu* ›zu‹ *getuch* ›Zeugnis‹ *tijn* ›zehn‹ *twentich* ›zwanzig‹ *mayte* ›Maße‹	**<t, th>** *betalen* *thijt* *thu* *gethuygh*	**<z, ss>** *bezalen* *zijt* *zo* *gezuich* *zyn* *zwenzich* *maisse*
k	**<k>** *elike* ›eheliche‹ *sake* ›Sache‹ *sekerheyt* ›Sicherheit‹	**<gh>** *elighe* *saghe* *sigherheit*	**<ch>** *eliche* *sache*
Pronomen ›ihr‹ mit gerundetem Vokal	**<u>** *ur/ure* ›ihr/ihre‹	**<e>** *ere*	**<e>** *ere*
o in offener Silbe	**<a>** *aver* ›über‹ *apen* ›offen‹ *have* ›Hof‹ *gaytzhuys* ›Gotteshaus‹	**<a>** *aver* - *have*	**<o>** *over* *offenen*

Abb. 4: Der Übergang vom Südniederfränkischen zum Ripuarischen in der ältesten Düsseldorfer Urkundenüberlieferung

> Wir Herman under den Wijden ind Cono **zo** der Porten, **scheffen zur zijt zo** Dussildorp, doen kundich allen luden ind **bezuigen** in desime **offenen** breive, dat vur uns sint komen Haick van Vlyngeren ind Aleyt, sijn **eliche** wijff, ind haent **sementlichen** bekant vur sich ind ere erven, dat sij haven verkoeft heren Engilbrechte Hellinge, **dechgene zur zijt zo** Dussildorp, vunff schillinge ind seys pennynge Brabensch, as **zur zijt** der **bezalingen zo** Dussildorp genge ind geve is, erfgulden an eyme stucke lantz [...]

Abb. 5: Düsseldorfer Schöffenurkunde von 1377 in ripuarischer Sprache (Auszug)

Dass es sich bei dieser ›Ripuarisierung‹ um einen Prozess handelt, der sich in Schüben vollzogen hat, zeigt ein Vergleich mit einer Düsseldorfer Urkunde von 1371[50], die ein sprachliches Übergangsstadium repräsentiert: Rheinmaasländisches *k* ist im Inlaut schon zu *ch* verschoben (hier <gh> geschrieben) und für das Pronomen ›ihr‹ wird bereits die ripuarische Form *ere* verwendet, aber anlautendes *t* sowie *o* in offener Silbe bleiben noch in der alten Schreibung erhalten; die modernen ripuarischen Formen wie *-lighe, saghe, sigherheit* stehen hier also neben den autochthonen Schreibungen wie *betalen* und *tijt, aver* und *have.*

Ähnlich wie in anderen Städten des südlichen Rheinmaaslandes[51] hat in Düsseldorf also offenbar eine Umorientierung der bürgerlichen Elite stattgefunden, die sich auf der Ebene der Schreibsprachen in einer zunächst lexem- oder lautgebundenen, dann vollständigen Übernahme ripuarischer Merkmale manifestiert. Dieser Ripuarisierungsprozess, der sich in einigen Städten (wie in Düsseldorf) in kürzester Zeit vollzieht, in anderen aber auch über einen Zeitraum von anderthalb Jahrhunderten erstrecken kann (wie in Ratingen) und der in etwa an der Uerdinger Linie als Nordgrenze haltmacht[52], verweist auf eine nun einsetzende sprachliche »Heterozentrierung«[53] der sozialen Oberschichten, die sich kaum auf den Bereich der Schriftlichkeit beschränkt haben wird. Dies wird auch Auswirkungen auf die innerstädtische Kommunikation gehabt haben, denn die neue Ausrichtung auf die wohl als vornehmer erachteten Schreib- und Aussprachegewohnheiten des ripuarischen Südens (insbesondere Kölns) bewirkte eine deutliche Vergrößerung der sprachlichen Distanz zwischen den oberen Bevölkerungsschichten und den Bauern und einfachen Bürgern, die weiterhin den örtlichen Dialekt verwendeten.

Bis zu diesem Zeitpunkt ist es noch nicht zur Entstehung von ›mittleren Varietäten‹, also Umgangssprachen gekommen. In den Städten nördlich der Uerdinger Linie besteht die alte oberschichtliche Diglossie von regionaler ›Hochsprache‹ und Dialekt auf kleverländischer Basis weiter, südlich der Benrather Linie gibt es eine ebensolche Diglossie auf ripuarischer Basis, während sich in großen Teilen des südniederfränkischen Dialektraums eine neue Diglossie von autochthoner Mundart und einer ripuarisierten Oberschichtssprache herausgebildet hat. Diese Verhältnisse ändern sich erst infolge eines weiteren Überschichtungsprozesses, der im 16. Jahrhundert zunächst im schriftlichen Bereich und sehr viel später auch auf der Ebene der gesprochenen Sprache zur Verbreitung des Standarddeutschen als neuer, überregionaler Prestigevarietät führen sollte.

In der zweiten Hälfte des 16. Jahrhunderts werden die mittel- und niederfränkischen Schreibsprachen innerhalb weniger Jahrzehnte durch eine überregionale frühneuhochdeutsche Ausgleichssprache auf oberdeutsch-ostmitteldeutscher Grundlage verdrängt. Damit dringen eine Reihe neuer Sprachmerkmale an den Mittel- und Niederrhein vor, so dass statt *myn, huys, huser* jetzt *mein, haus, heuser*, statt *geuen* und *lof geben* und *lob* und statt *raden* nun *raten* geschrieben wird. In Köln setzt sich die neue Schreibweise bereits in den 1520er und 1530er Jahren durch[54], und bis 1600 wird auch in den meisten Städten des Niederrheins im amtlichen Schriftgebrauch die Umstellung auf diese neue Schreibvarietät, den Vorläufer des modernen Hochdeutschen, vorgenommen, so etwa in Ratingen um 1565/67, in Wesel 1591 und in Duisburg 1598.[55] In Düsseldorf geht man im internen Kanzleiverkehr vor 1570 zur Verwendung des Hochdeutschen über, wobei sich einzelne niederfränkische oder ripuarische Sprachformen allerdings durchaus noch längere Zeit halten konnten (Textbeispiel in Abb. 6).[56]

Wir Burgermeister, Scheffen und Rath der Statt Dusseldorff thun kundt und bekennen offentlich **overmitz** diesem Brieff vor uns und unsere nachkommen, das wir mit vorbedachtem rathe umb unser Statt nutz und best willen in einen rechten vasten steeden kouff **uff** einen widderkouff verlassen und verkoufft haben, thun solchs auch hiemit, Byltgen wilandt Dietherichen van Wesels und Metzgen Heymans eheleuten seliger gedechtnuss iren leibs**erven**, **off** dem **helder** diess Briefs mit irem willen sechs thaller und ein ordt vom einem thaller jarlicher gewisser erbrenten [...]

Abb. 6: Düsseldorfer Schöffenurkunde von 1571 in frühneuhochdeutscher Sprache (Auszug)

Die dialektale Prägung der gesprochenen Hochsprachen des Rheinlandes wird auch nach der hochdeutschen Überschichtung der Schreibsprache noch über längere Zeit erhalten geblieben sein. So nehmen Walter Hoffmann und Klaus J. Mattheier für Köln an, dass sich im Zuge dieser Entwicklung zunächst »stark am eigenen Dialekt orientierte Aussprachenormen« herausgebildet hätten, »die den hd. Schreibungen [...] dialektale Lautungen unterlegen«[57], und auch Jürgen Macha geht noch für das 17. Jahrhundert von einer »starke[n] Beharrungskraft der gesprochenen ripuarischen Landessprache« aus.[58] Für die Zeit um 1700 wird dann die Entstehung einer »hd. Sprechsprache mit einem kölner Akzent«, also eines »kölnischen Hochdeutschen« angesetzt, das jedoch erst im 19. Jahrhundert in weiteren bürgerlichen Schichten Verbreitung gefunden habe.[59] Mit der endgültigen Durchsetzung des gesprochenen Standarddeutschen als prestigehöherer und überregional verbreiteter Sprechsprache kam es schließlich ab der zweiten Hälfte des 19. Jahrhunderts zu einer zunehmenden Stigmatisierung und zugleich Umfunktionalisierung der alten regionalen Hochsprache, die nun den Charakter einer Umgangssprache für eher informelle Verwendungssituationen erhielt. Eine vergleichbare Entwicklung wie für Köln und die ripuarischen Städte wird auch für den nördlichen Niederrhein angesetzt werden können[60], so dass der Prozess der Herausbildung der ›rheinischen‹ Umgangssprachen thesenhaft wie folgt zusammengefasst werden könnte: Aus den oberschichtigen (kleverländisch basierten) Varietäten nördlich der Uerdinger Linie entwickelte sich der Typus der nordrheinischen Umgangssprache, wie sie für das westliche Ruhrgebiet skizziert wurde, aus der südlichen (ripuarisch basierten) Oberschichtvarietät der zwischen Krefeld und Bonn gesprochene ripuarisch-rheinische Regiolekt.

Die frühneuhochdeutsche Überschichtung der rheinischen Schreibsprachen des 16. Jahrhunderts würde hiernach eine Entwicklung einleiten, die mit dem Funktionswandel der regionalen Hochsprachen zu regionalen Umgangssprachen und der Etablierung der überregionalen Standardsprache als neuer Prestigevarietät ihren vorläufigen Abschluss gefunden hat. Zugleich jedoch sind die sprachlichen Anpassungsvorgänge in dieser Zeit auch unter dem Aspekt der Herauslösung des ›Rheinischen‹ aus alten westlichen Zusammenhängen von grundlegender Bedeutung. Denn dadurch, dass die frühneuhochdeutsche Überdachung im Wesentlichen nur die Schreibsprachen im ›rheinischen‹ Teil des Rheinmaaslandes erfasste, während die westlichen Kanzleien zunächst ihre althergebrachte Schreibsprache weiter verwendeten und dann im 17. Jahrhundert zu einer frühneuniederländischen Schreibvarietät übergingen, wird bereits in der frühen Neuzeit, also lange vor der Festlegung der deutsch-niederländischen Grenze (1815/16), die sprachliche Teilung des Rheinmaasraums begründet, die sich heute im hochsprachlichen Gegensatz von Niederländisch und Deutsch manifestiert.[61] Mit der Auflösung der ursprünglichen Einheit der rheinmaasländischen Sprachlandschaft sind die Voraussetzungen für die Entstehung der regionalen Varietäten gegeben, die man heute als ›Rheinisch‹ bezeichnen könnte.[62]

Anmerkungen

1. Rheinisches Wörterbuch. Aufgrund der von J. Franck begonnenen, von allen Kreisen des rheinischen Volkes unterstützten Sammlung bearb. und hrsg. v. Josef Müller. Bd. 1-9. Bonn 1928-71; Theodor Frings: Rheinische Sprachgeschichte. Essen 1924; Günter Bellmann: Mittelrheinischer Sprachatlas. Bd. 1-4 und Einführungsband. Tübingen 1994-99; Rheinische Mundarten. Beiträge zur Volkssprache aus den rheinischen Landschaften. Buchreihe des Amts für rheinische Landeskunde Bonn mit bisher 11 Bänden. Köln/Bonn 1981 ff.; Georg Wenker: Das rheinische Platt (Deutsche Dialektgeographie, Bd. 8). Marburg 1915; Heinrich Dittmaier: Rheinische Flurnamen. Bonn 1963; Jürgen Erich Schmidt: Die mittelfränkischen Tonakzente (Rheinische Akzentuierung). Stuttgart 1986 [= Mainzer Studien zur Sprach- und Volksforschung, Bd. 8]; Heinrich Matthias Heinrichs: Zur Chronologie der Rheinischen Gutturalisierung, in: Rheinische Vierteljahrsblätter 20 (1955), S. 237-252; Johannes Schneider: Sprache und Brauch des rheinischen Fischers. Teil 1: Fischnamen. Diss. Elberfeld 1929; Jürgen Macha: Der flexible Sprecher. Untersuchungen zu Sprache und Sprachbewußtsein rheinischer Handwerksmeister. Köln/Weimar/Wien 1991.
2. Vgl. hierzu die von Walter Hoffmann erstellte »Bibliographie zu Grammatik und Wortschatz rheinischer Dialekte« (Köln/Bonn 1994) mit 1073 Titeln.
3. Peter Wiesinger: Sprachliche Varietäten – Gestern und Heute, in: Gerhard Stickel (Hrsg.): Varietäten des Deutschen. Regional- und Umgangssprachen. Berlin/New York 1997, S. 9-45, hier S. 13 und 29 f. [= Institut für deutsche Sprache, Jahrbuch 1996].
4. Die Ausdrücke ›(regionale) Umgangssprache‹ und ›Regiolekt‹ werden im Folgenden als synonyme Termini für eine primär diatopisch bestimmte Sprachvarietät »zwischen Hochsprache/Standardsprache einerseits und kleinräumig gebundenen Dialekten andererseits« verwendet (Hadumod Bußmann: Lexikon der Sprachwissenschaft. 2., völlig neu bearb. Aufl. Stuttgart 1990, S. 814), nicht zur Bezeichnung einer speziellen lexikalischen Stilschicht (wie ›Vulgärsprache‹) oder einer ausschließlich auf bestimmte Verwendungssituationen festgelegten Varietät (wie ›Alltagssprache‹). Zur Definition von ›Umgangssprache‹ und ›Regiolekt‹ vgl. Hugo Steger: Bemerkungen zum Problem der Umgangssprachen. In: Werner Besch/Klaus Hufeland/Volker Schupp/Peter Wiehl (Hrsg.): Festschrift für Siegfried Grosse zum 60. Geburtstag. Göppingen 1984, S. 251-278; Arend Mihm: Die Rolle der Umgangssprachen seit der Mitte des 20. Jahrhunderts, in: Werner Besch/Anne Betten/Oskar Reichmann/Stefan Sonderegger (Hrsg.): Sprachgeschichte. Ein Handbuch zur Geschichte der deutschen Sprache und ihrer Erforschung. Zweiter Teilband. 2., überarb. Aufl. Berlin/New York 2000 (im Druck), hier Kap. 1.4.
5. Die vom Amt für rheinische Landeskunde herausgegebene Reihe Rheinische Mundarten (Anm. 1) orientiert sich wie das Rheinische Wörterbuch (Anm. 1, hier Bd. 1, Bonn 1928, S. X) an den Grenzen der ehemaligen preußischen Rheinprovinz »zwischen Kleve und Bad Kreuznach«; vgl. Georg Cornelissen/

Peter Honnen/Fritz Langensiepen (Hrsg.): Das rheinische Platt. Eine Bestandsaufnahme. Handbuch der rheinischen Mundarten. Teil 1: Texte (Rheinische Mundarten, Bd. 2). Köln 1989, S. 5. Das gleiche gilt für das in Planung befindliche Historische Rheinische Wörterbuch; vgl. Walter Hoffmann: Das Projekt eines historischen rheinischen Wörterbuchs und seine Konzeption als historisches Regionalwörterbuch, in: Werner Besch und Hans Joachim Solms (Hrsg.): Regionale Sprachgeschichte. Berlin 1998, S. 152-162 [= Sonderheft der Zeitschrift für deutsche Philologie, Bd. 117].

6. Abb. 1 bietet einen verkleinerten Abdruck der im ersten Band des Rheinischen Wörterbuchs (Anm. 1) enthaltenen Übersichtskarte, wobei die Bezeichnungen der Dialektgebiete in zwei Fällen vereinheitlicht wurden (›Südniederfränkisch‹ anstelle von ›Südniederfränkisch/Niederbergisch‹ und ›Ripuarisch‹ statt ›Links-Ripuarisch/Rechts-Ripuarisch/Oberbergisch‹).
7. Ingo Reiffenstein: Zum Konzept einer regionalen Sprachgeschichte am Beispiel des Ostoberdeutschen, in: Gotthard Lerchner/Marianne Schröder/Ulla Fix (Hrsg.): Chronologische, areale und situative Varietäten des Deutschen in der Sprachhistoriographie. Festschrift für Rudolf Große. Frankfurt a. M. u. a. 1995, S. 325-332, hier S. 328 [= Leipziger Arbeiten zur Sprach- und Kommunikationsgeschichte, Bd. 2].
8. Zur Orientierung des Rheinischen Wörterbuchs an den Grenzen der Rheinprovinz vgl. die Kritik von Helmut Tervooren: Niederländisch – Niederrheinisch – Deutsch. Historische Streifzüge durch eine Region, in: Nachbarsprache Niederländisch 14 (1999), S. 145-161, hier S. 159.
9. Auch das Woordenboek van de Limburgse Dialecten (Assen 1983 ff.) macht an der Staatsgrenze halt und berücksichtigt ausschließlich die in der niederländischen und belgischen Provinz Limburg gesprochenen Mundarten (Herman Crompvoets: Das »Woordenboek van de Limburgse Dialecten«, in: Volkskultur an Rhein und Maas 10 (1991), S. 33-44).
10. Georg Cornelissen: Niederländisch – Kleverländisch – Deutsch. Zur alten Verwandtschaft der Dialekte an Rhein und Maas und zu ihrem heutigen Auseinanderwachsen. Duisburg 1994 [= Xantener Vorträge zur Geschichte des Niederrheins, Heft 10]; José Cajot: Neue Sprachschranken im »Land ohne Grenzen«? Zum Einfluß politischer Grenzen auf die germanischen Mundarten in der belgisch-niederländisch-deutsch-luxemburgischen Euregio. Bd. I: Text. Bd. II: Karten und Tabellen. Köln/Wien 1989.
11. Auch Hoffmann (Anm. 5), S. 154 weist auf das Problem hin, »daß es ein ›rheinisches‹ Dialektareal nicht gibt und nicht gab, wohl aber eine politische Raumbildung preußische Rheinprovinz, die zum größten Teil das dialektale Areal des Mittel- und des Niederfränkischen abdeckt.«
12. Vgl. etwa die areale Abgrenzung des ›Rheinischen‹ in Eva Klein, Klaus J. Mattheier und Heinz Mickartz: Rheinisch. Düsseldorf 1978, S. 19 [= Dialekt, Hochsprache – kontrastiv, Bd. 6].
13. Jan Goossens (Hrsg.): Sprachatlas des nördlichen Rheinlands und des südöstlichen Niederlands. »Fränkischer Sprachatlas« (FSA). Erste Lieferung, Textband. Marburg 1988, S. 5.

14. Wiesinger (Anm. 3), S. 33.
15. Werner König: Atlas zur Aussprache des Schriftdeutschen in der Bundesrepublik Deutschland. Bd. 1: Text. Bd. 2: Tabellen und Karten. Ismaning 1989. – Weitere Regionalismen im Standarddeutschen lassen sich auf der suprasegmentalen Ebene ausmachen, also im Bereich der Intonation, auf die hier aus Platzgründen nicht eingegangen werden kann. Für das Rheinland spielen die Akzentverhältnisse (»Rheinische Akzentuierung«) eine zentrale Rolle, deren areale Verbreitung von Schmidt (Anm. 1) ausführlich beschrieben wird.
16. König (Anm. 15), Bd. 1, S. 95 und Bd. 2, S. 241-245 (Karten).
17. Ebd., Bd. 1, S. 101 und Bd. 2, S. 259 (Karte).
18. Ebd., Bd. 1, S. 103 f. und Bd. 2, S. 261 f., 274 f., 288 f. (Karten).
19. Ebd., Bd. 1, S. 117 f. und Bd. 2, S. 319 (Karte).
20. Gelegentliche Schwankungen des Grenzverlaufs in der Kontaktzone zwischen dem mosel- und dem rheinfränkischen Dialektraum (die Ausspracheweise in Mainz schließt sich bei einigen Merkmalen dem Rheinischen an und das moselfränkische Wittlich hat in manchen Fällen eher südliche Lautungen) ändern nichts an der grundsätzlichen und deutlich hervortretenden Differenz zwischen dem rheinischen und dem süddeutschen Ausspracheareal.
21. König (Anm. 15), Bd. 1, S. 116: »Die Realisierungen des [ə] bilden beim ‹ge-› ein relativ geschlossenes Gebiet in der westlichen Mitte«, und die Karte in Bd. 2, S. 317. Eine ähnliche geographische Verteilung von Schwa-Lauten und vollen Vokalen zeigt sich auch bei der Realisierung von auslautendem *-e* z. B. in *Rübe, Kiste* (ebd., Bd. 1, S. 118 und Bd. 2, S. 320 f.).
22. Ebd., Bd. 1, S. 98 und Bd. 2, S. 249 (Karte).
23. Ebd., Bd. 1, S. 89 f. und Bd. 2, S. 234 (Karte). In weiten Teilen des nord- und süddeutschen Raumes wird das *h* in dieser Position gesprochen.
24. So ist die Koronalisierung von [ç] zu [ʃ] nach König (ebd., Karte in Bd. 2, S. 247) zwar in Koblenz, Wittlar und im rheinfränkischen Kusel, nicht aber in Köln belegt, da bei dem Kölner Sprecher »der Artikulationsort generell nach hinten verschoben« sei (ebd., Bd. 1, S. 98), was jedoch nicht unbedingt als repräsentativ für die ripuarische Aussprache des Standarddeutschen gelten kann.
25. Wiesinger (Anm. 3), S. 34. Auch von den Sprechern selbst wird ihre regionale Aussprache des Hochdeutschen häufig als »Färbung« oder »Akzent« bezeichnet, vgl. z. B. die bei Martin Kreymann: Aktueller Sprachwandel im Rheinland. Empirische Studie im Rahmen des Erp-Projektes (Rheinisches Archiv, Bd. 133). Köln/Weimar/Wien 1994 zitierten Sprecheräußerungen: »Also wir reden auch nit so reines Hochdeutsch miteinander, sondern so gefärbt« (S. 225), »ein akzentfreies Hochdeutsch sprechen wir aber auch nicht« (S. 226).
26. Steger (Anm. 4), S. 251.
27. Hierbei konnte festgestellt werden, dass von den Sprechern selbst jeweils nur eine begrenzte Zahl von umgangssprachlichen Merkmalen als typische Spracheigenheiten wahrgenommen werden, während andere, im aktuellen Sprachgebrauch z. T. hochfrequente Merkmale weitgehend unbemerkt blei-

ben; vgl. Arend Mihm: Prestige und Stigma des Substandards. Zur Bewertung des Ruhrdeutschen im Ruhrgebiet, in: Arend Mihm (Hrsg.): Sprache an Rhein und Ruhr. Dialektologische und soziolinguistische Studien zur sprachlichen Situation im Rhein-Ruhr-Gebiet und ihrer Geschichte. Stuttgart 1985, S. 163-193, hier S. 184 [= Beihefte der Zeitschrift für Dialektologie und Linguistik, Bd. 50].

28. Werner Besch (Hrsg.): Sprachverhalten in ländlichen Gemeinden. Forschungsbericht Erp-Projekt. Bd. 1: Ansätze zur Theorie und Methode. Bd. 2: Dialekt und Standardsprache im Sprecherurteil. Berlin 1981 und 1983; Macha (Anm. 1); Helmut Lausberg: Situative und individuelle Sprachvariation im Rheinland. Variablenbezogene Untersuchung anhand von Aufnahmen aus Erftstadt-Erp. Köln/Weimar/Wien 1993 [= Rheinisches Archiv, Bd. 130]; Kreymann (Anm. 25).
29. Kerstin Salewski: Zur Homogenität des Substandards älterer Bergleute im Ruhrgebiet. Stuttgart 1998 [= Beihefte der Zeitschrift für Dialektologie und Linguistik, Bd. 99]. Der von Salewski untersuchte, niederfränkisch basierte Regiolekt des westlichen Ruhrgebiets (Duisburg) dürfte im Wesentlichen mit der am unteren Niederrhein (nördlich der Uerdinger Linie) verwendeten Umgangssprache übereinstimmen.
30. Die Merkmalsauswahl für den nordrheinischen Regiolekt beruht auf den Ergebnissen von Salewski (Anm. 29), S. 53-57 zu Duisburg-Homberg und Duisburg-Neumühl und der Merkmalsübersicht in Arend Mihm: Die Realität des Ruhrdeutschen – soziale Funktion und sozialer Ort einer Gebietssprache, in: Konrad Ehlich/Wilhelm Elmer/Rainer Noltenius (Hrsg.): Sprache und Literatur an der Ruhr. Essen 1995, S. 15-34, hier Abb. 2 (S. 17 f.). Für den ripuarisch-rheinischen Regiolekt wurden die Arbeiten von Macha (Anm. 1), S. 138-189 über den Sprachgebrauch in Siegburg, Eitorf und Windeck (rechtsrheinisch), Lausberg (Anm. 28), S. 42-172 und Kreymann (Anm. 25), S. 62-171 über Erftstadt-Erp (linksrheinisch) sowie die kursorischen Ausführungen von Georg Cornelissen: Regiolekte im deutschen Westen. Forschungsansätze, in: Niederdeutsches Jahrbuch 122 (1999), S. 91-114, hier S. 101-103 zum Regiolekt im südniederfränkischen Raum (Mönchengladbach-Viersen, Krefeld, Solingen) zugrunde gelegt.
31. Bei intendierter Standardaussprache in formeller Situation dominieren in der Regel jüngere umgangssprachliche Varianten, die nicht aus den alten Dialekten stammen, wie (beim ripuarisch-rheinischen Regiolekt) die Koronalisierung von [ç] zu [ʃ] (*isch*), die Artikulation von [r] als [χ] vor [t] (*Spocht*) oder die Reduzierung von [p͡f] zur Spirans [f] (*Fert*); dagegen treten im informellen Gebrauch bei »intendierter Umgangssprache« (Cornelissen [Anm. 30], S. 96) häufig auch alt-dialektale Aussprachevarianten auf, so z. B. [p] statt hd. [f] (*helpe* ›helfen‹), [v] statt hd. [b] (*leve* ›leben‹), [d] statt hd. [t] (*dun* ›tun‹) oder die ripuarische Verbform *han* statt hd. *haben*.
32. Je nachdem, ob hierbei ein abrupter Wechsel zwischen zwei Varietäten oder eher ein allmähliches Gleiten auf einer kontinuierlichen Skala zwischen den Polen Dialekt (bzw. tiefste Stufe des Regiolekts) und Standardsprache ange-

nommen wird, wird in der Forschung von ›code-switching‹ oder ›code-shifting‹ gesprochen. Für ›code-switching‹-Prozesse in der ripuarisch-rheinischen Umgangssprache vgl. Macha (Anm. 1), S. 137 f., 198-221; für ›code-shifting‹ im nordrheinischen Regiolekt-Standard-Kontinuum vgl. Salewski (Anm. 29), S. 124-205.

33. Der westfälisch basierte Regiolekt des östlichen Ruhrgebiets weist gegenüber dem nordrheinischen (niederfränkisch basierten) Regiolekt eine Reihe zusätzlicher, dialektal bedingter Substandardlautungen auf, etwa velarisiertes [ɫ] statt [l] z. B. [gɛɫt] ›Geld‹, auslautendes [ŋk] statt [ŋ] z. B. [dɪŋk] ›Ding‹ oder Zungenspitzen-*r* [r] statt des niederrheinischen uvularen [ʁ]. Vgl. hierzu die Graphiken 1, 3 und 5 in Salewski (Anm. 29), S. 51-55.

34. Zusammenfassend Mihm (Anm. 4), Kap. 3.2: Mitteldeutsche Umgangssprachen.

35. Vgl. die Diskussion der bisherigen Entstehungshypothesen bei Mihm (Anm. 4), Kap. 2.1.

36. Ebd. – Vgl. auch Heinrich Matthias Heinrichs: ›Wye grois dan dyn andait eff andacht is ...‹ Überlegungen zur Frage der sprachlichen Grundschicht im Mittelalter, in: Zeitschrift für Mundartforschung 28 (1961), S. 97-153; Werner Besch: Bemerkungen zur schreibsoziologischen Schichtung im Spätmittelalter. In: Werner Besch/Klaus Fehn/Dietrich Höroldt/Franz Irsigler/ Matthias Zender (Hrsg.): Die Stadt in der europäischen Geschichte. Festschrift Edith Ennen. Bonn 1972, S. 459-470; Walter Hoffmann: Zum Verhältnis von Schreibschichtung und Sprachwandel im spätmittelalterlichen Köln, in: Thomas Cramer (Hrsg.): Literatur und Sprache im historischen Prozeß. Vorträge des Deutschen Germanistentages Aachen 1982. Bd. 2: Sprache. Tübingen 1983, S. 101-113; Walter Hoffmann und Klaus J. Mattheier: Stadt und Sprache in der neueren deutschen Sprachgeschichte: eine Pilotstudie am Beispiel von Köln, in: Werner Besch/Oskar Reichmann/Stefan Sonderegger (Hrsg.): Sprachgeschichte. Ein Handbuch zur Geschichte der deutschen Sprache und ihrer Erforschung. 1. Aufl. Zweiter Halbband. Berlin/New York 1985, S. 1837-1865. Hoffmann/Mattheier (S. 1861: Abb. 160.6) setzen für Köln im 15./16. Jahrhundert einen mehrfach gegliederten »gesprochene[n] ribuarische[n] Stadtdialekt« an (»geschichtet nach Stilebenen, nach dem Grad der Schriftorientiertheit der Sprecher und nach den Stadtvierteln«), der sich wiederum von den »ländliche[n] Dialekte[n] in der Umgebung von Köln« unterschied.

37. Peter von Polenz: Die altenburgische Sprachlandschaft. Untersuchungen zur ostthüringischen Sprach- und Siedlungsgeschichte. Tübingen 1954, S. 101 f.

38. Mihm (Anm. 4), Kap. 2.1.

39. In der älteren Forschung wurde in diesem Zusammenhang vor allem auf isolierte »Reflexe gesprochener Sprache« wie dialektale Direktanzeigen oder Hyperkorrekturen hingewiesen; vgl. z. B. die entsprechenden Artikel (Nr. 78, 87, 97, 107, 118) im zweiten Teilband des neuen Handbuchs »Sprachgeschichte« hrsg. v. Besch/Betten/Reichmann/Sonderegger (Anm. 4) sowie den einflussreichen Aufsatz von Werner Besch: Zur Erschließung früheren Sprach-

standes aus schriftlichen Quellen, in: Friedrich Maurer (Hrsg.): Vorarbeiten und Studien zur Vertiefung der südwestdeutschen Sprachgeschichte. Freiburg i. B. 1965, S. 104-130. Demgegenüber konnte in jüngeren Studien zur nieder- und mittelrheinischen Sprachgeschichte nachgewiesen werden, dass historische Schreibsprachen in einigen Bereichen durchaus auch strukturelle Lautdifferenzen zum Ausdruck bringen; vgl. Michael Elmentaler: Diachrone Schreibsprachenforschung und historische Dialektologie des Niederdeutschen, in: Niederdeutsches Jahrbuch 121 (1998), S. 1-34; Michael Elmentaler: Zur phonischen Interpretierbarkeit spätmittelalterlicher Schreibsprachen, in: Volker Honemann/Helmut Tervooren/Carsten Albers/Susanne Höfer (Hrsg.): Beiträge zur Sprache und Literatur des Mittelalters in den *nideren landen*. Gedenkschrift für Hartmut Beckers. Köln/Weimar/Wien 1999 [= Niederdeutsche Studien, Bd. 44], S. 87-103; Arend Mihm: Zur Entwicklung der Kölner Schreibsprache im 12. Jahrhundert, in: Ebd., S. 157-180.

40. Zur Distanz zwischen Schriftsprache und gesprochener Sprache vgl. die zugespitzte Formulierung von Karl Bischoff: »Im allgemeinen schreibt man nicht, wie man spricht, sondern wie man zu schreiben gelernt hat« – Karl Bischoff: Reflexe gesprochener Sprache im Mittelniederdeutschen, in: Besch/Reichmann/Sonderegger (Anm. 36), S. 1263-1268, hier S. 1263.

41. Die Möglichkeiten eines solchen Interpretationsverfahrens wurden bereits in verschiedenen Untersuchungen zur frühneuzeitlichen Entwicklung rheinmaasländischer Schreibsprachen erprobt, die im Rahmen eines Duisburger Forschungsprojekts unter der Leitung von Arend Mihm durchgeführt wurden; vgl. Arend Mihm: Gesprochenes Hochdeutsch in der norddeutschen Stadt. Zur Modalität des Sprachwechsels im 16. und 17. Jahrhundert, in: Peter Wagener (Hrsg.): Sprachformen. Deutsch und Niederdeutsch in europäischen Bezügen. Festschrift für Dieter Stellmacher zum 60. Geburtstag. Stuttgart 1999, S. 67-80; Arend Mihm/Michael Elmentaler/Stephanie Heth/Kerstin Salewski/Tim Stichlmair: Die frühneuzeitliche Überschichtung der rheinmaasländischen Stadtsprachen. Ein Duisburger Forschungsprojekt zur Entstehung der deutsch-niederländischen Sprachgrenze, in: Michael Elmentaler (Hrsg.): Regionalsprachen, Stadtsprachen und Institutionssprachen im historischen Prozess. Wien 2000, S. 115-154.

42. Anders als auf der Karte des Rheinischen Wörterbuchs (Abb. 1) wird hierunter das gesamte Gebiet zwischen der Uerdinger Linie, der germanisch-romanischen Sprachgrenze und der Benrather Linie verstanden, wie es bei Jan Goossens: Die Gliederung des Südniederfränkischen, in: Rheinische Vierteljahrsblätter 30 (1965), S. 79-94 definiert wird, also unter Einschluss der ›limburgischen‹ Mundarten Ostbelgiens und der südlichen Niederlande (vgl. Goossens, ebd., Karte 2). Für die Dialekte nördlich der Uerdinger Linie fehlt in der traditionellen Dialektologie eine entsprechende grenzüberschreitende Bezeichnung; hier wird meist von ›nordlimburgisch‹ (für den heute niederländischen Teil) und ›kleverländisch‹ bzw. ›niederrheinisch‹ (für den heute deutschen Teil) gesprochen. Einen der historischen Verwandtschaft dieser Dialekte Rechnung tragenden terminologischen Vorschlag macht Arend

Mihm: Sprache und Geschichte am unteren Niederrhein, in: Niederdeutsches Jahrbuch 115 (1992), S. 88-122, hier S. 104, der das gesamte Dialektgebiet als »Rheinmaasländisch« bezeichnet, wobei die Uerdinger Linie die Grenze zwischen dem »Nordrheinmaasländischen« (Nordlimburgisch und Kleverländisch) und dem »Südrheinmaasländischen« (Südniederfränkisch) bildet. Da der Fokus des vorliegenden Beitrags auf der östlichen, ›rheinischen‹ Hälfte dieses Raumes liegt, wird im Folgenden jedoch an den traditionellen dialektologischen Begriffen festgehalten.

43. Karl Zeck: Laut- und Formenlehre von Düsseldorf-Stadt und -Land. Diss. Münster 1921, S. 13 f.; Ferdinand Münch: Grammatik der ripuarisch-fränkischen Mundart. Bonn 1904, S. 76-83. Der Düsseldorfer Stadtdialekt ist zur Zeit der Untersuchung Zecks allerdings bereits stark hochdeutsch beeinflusst, so dass sich die unverschobenen Konsonanten zumeist nur noch in der Mundart des ländlichen Umlands finden. Zeck sieht hierin einen jüngeren neuhochdeutschen Einfluss.
44. Nach Friedrich Lau: Geschichte der Stadt Düsseldorf. Von den Anfängen bis 1815. Zweite Abteilung: Urkunden und Akten. Düsseldorf 1921, S. 24 (Text Nr. 42). Wörter mit unverschobenen, von der ripuarischen Schreibtradition abweichenden Konsonantengraphien sind durch Fettdruck markiert.
45. Eher der ripuarischen Tradition entsprechen vor allem einige Schreibungen im Bereich des Vokalismus, z. B. <ei, ey> in *breif, seynt, veir* ›Brief, sehen, vier‹ (statt niederfränkisch *brief, sien, vier*), <u> in *tu* ›zu‹ und *uvermyzs* ›mittels‹ (statt *to, avermyts*), sowie die Verbalflexion der 3. Ps. Pl. in *seynt, hoirent, haynt* ›sehen, hören, haben‹ (statt *sien, hoiren, hebben*) und die Formen *reite* ›Recht‹ und *Lambreyzs* ›Lambrechts‹ mit Ausfall des *ch* vor *t*.
46. Berücksichtigt wurden nur Schöffenurkunden als Originalausfertigungen. Sprachstand nach der Edition von Lau (Anm. 44). Angegeben ist jeweils die dort verzeichnete Eintragsnummer.
47. Lau (Anm. 44), S. 24-26 (Texte Nr. 42, 44 und 45). Die früheste bei Lau angeführte Schöffenurkunde von 1351 (Text Nr. 36) wurde ausgeklammert, da sie nur in einer späteren Abschrift überliefert ist.
48. Lau (Anm. 44), S. 32 (Text Nr. 55) und S. 34 (Text Nr. 60).
49. Nach Lau (Anm. 44), S. 34 (Text Nr. 60). Nach ripuarischem Muster verschobene Konsonantenschreibungen sind durch Fettdruck markiert.
50. Lau (Anm. 44), S. 28 f. (Text Nr. 49).
51. Vgl. z. B. den Beitrag von Kerstin Salewski über die Entwicklung in Ratingen in Mihm/Elmentaler/Heth/Salewski/Stichlmair (Anm. 41), S. 125-134 sowie Leo Gillessen: Schreibdialekt und Mundart. Beobachtungen zum historischen Schreib- und Lautwandel im ehemaligen Amt Heinsberg, in: Rheinische Vierteljahrsblätter 58 (1994), S. 258-283; Dirk Otten: Schreibtraditionen und Schreibschichten in Sittard im Zeitraum von 1450-1609. Bonn 1977, S. 133 [= Rheinisches Archiv, Bd. 98]. Andererseits gibt es allerdings auch Schreiborte im südniederfränkischen Raum (z. B. Erkelenz, Roermond), in denen die ripuarische Schreibtradition offenbar keinen nennenswerten Einfluss hatte, was mit der territorialen Zugehörigkeit zusammenhängen könnte. Vgl. Klaus

Egert: Zur Geschichte der Schreibsprachen in Stadt und Amt Erkelenz vom 16. bis 19. Jahrhundert. Erkelenz 1994. Für Roermond wurden im Rahmen des in Anm. 41 erwähnten Duisburger Forschungsprojekts städtische Verwaltungstexte des 14. bis 17. Jahrhunderts diachronisch untersucht (Bearbeiterin: Stephanie Heth).

52. Am nördlichen Niederrhein bleibt der ripuarische Einfluss offenbar auf ausgewählte Morpheme beschränkt; vgl. zusammenfassend Arend Mihm: Rheinmaasländische Sprachgeschichte von 1500 bis 1650, in: Jürgen Macha/Elmar Neuß/Robert Peters (Hrsg.): Rheinisch-Westfälische Sprachgeschichte vom Spätmittelalter bis zur Gegenwart. Köln/Weimar/Wien 2000, S. 139-164, hier S. 148-151.
53. Zu den Begriffen »Heterozentrierung« und »Autozentrierung« vgl. Utz Maas: Der kulturanalytische Zugang zur Sprachgeschichte, in: Wirkendes Wort 37 (1987), S. 87-104, hier S. 99.
54. Hoffmann/Mattheier (Anm. 36), S. 1854.
55. Vgl. für Ratingen und Wesel die Beiträge von Salewski und Stichlmair in Mihm/Elmentaler/Heth/Salewski/Stichlmair (Anm. 41), S. 125-142; für Duisburg vgl. Mihm (Anm. 41), S. 67-80. Weitere Hinweise gibt Mihm (Anm. 52), S. 151 f.
56. Abdruck der Urkunde nach H. Eschbach: Urkunden zur Geschichte der Stadt Düsseldorf, in: Beiträge zur Geschichte des Niederrheins 4 (1889), S. 93-150, hier S. 106 f. (Nr. 12). Frühneuhochdeutsche (nicht-ripuarische) Neuerungen sind durch Unterstreichung markiert, ripuarische Reliktformen durch Fettdruck. – Die bei Eschbach abgedruckten innerstädtischen Quellen aus den Jahren 1570-72 (Nr. 10, 12, 13) lassen erstmals einen weitgehend frühneuhochdeutschen Sprachstand erkennen, auch wenn noch zahlreiche ripuarische Reliktformen oder ›hybride‹ Wortbildungen mit teils ripuarischem und teils oberdeutschem Lautstand (*leibseruen, aufmuiren, absteruen*) vorkommen. Im weniger formellen Schreibgebrauch lässt sich ein gehäuftes Auftreten ripuarischer Sprachmerkmale noch Jahrzehnte später nachweisen; vgl. etwa den bei Lau (Anm. 44), S. 195 f. (Text Nr. 346) abgedruckten Entwurf einer Bauordnung aus der Zeit um 1590/1600. In einer erkennbar höheren Sprachlage sind die an den Herzog von Jülich, Kleve und Berg gerichteten Schreiben der Stadt Düsseldorf (Eschbach, Texte Nr. 9, 11, 14 von 1571/72) und die Bittschreiben Düsseldorfer Bürger an die Stadt (ebd., Text Nr. 19 von 1602) verfasst, die kaum noch ›Ripuarismen‹, dagegen zahlreiche Schreibneuerungen mit vermutlich ornativer Funktion wie Konsonantenhäufungen (*offtermaill, eussersst*), oberdeutsches <p> für *b* (*pleiben, gepuer, gepieten*) und postkonsonantisches <h> (*rhaitt, nhu, zhien, fhuiren*) enthalten.
57. Hoffmann/Mattheier (Anm. 36), S. 1857 f.
58. Jürgen Macha: Rheinische Sprachverhältnisse im 17. Jahrhundert, in: Rheinische Vierteljahrsblätter 57 (1993), 158-175, hier S. 175.
59. Hoffmann/Mattheier (Anm. 36), S. 1860.
60. Für das nordrheinische Duisburg geht Arend Mihm davon aus, dass sich »schon im 17. Jahrhundert ein gesprochenes Beinahe-Hochdeutsch mit nieder-

deutschen Einsprengseln ausbildete«, das dann im Verlauf des 19. Jahrhunderts durch ein dialektfernes, normgerechteres Hochdeutsch verdrängt wurde; vgl. Arend Mihm: Arbeitersprache und gesprochene Sprache im 19. Jahrhundert, in: Dieter Cherubim/Siegfried Grosse/Klaus J. Mattheier (Hrsg.): Sprache und bürgerliche Nation. Beiträge zur deutschen und europäischen Sprachgeschichte des 19. Jahrhunderts. Berlin/New York 1998, S. 282-316, hier S. 288.

61. Jan Goossens: Die Herausbildung der deutsch-niederländischen Sprachgrenze. Ergebnisse und Desiderate der Forschung, in: Besch/Hufeland/Schupp/Wiehl (Anm. 4), S. 23-44; Jan Goossens: Zur sprachlichen Teilung des Rhein-Maas-Raumes, in: Rheinische Vierteljahrsblätter 55 (1991), S. 274-293; Mihm (Anm. 42), S. 113-122; Mihm (Anm. 52). Der Prozess der frühneuniederländischen Überschichtung im Westen ist bislang wenig erforscht; vgl. z. B. Heinz Eickmans: Zur regionalen Sprachgeschichte des nördlichen Rheinlands, in: Besch/Solms (Anm. 5), S. 36-49, hier S. 46; Jan Goossens: Sprache am Niederrhein: ein Probleminventar, in: Helga Bister-Broosen (Hrsg.): Niederländisch am Niederrhein. Frankfurt am Main u. a. 1998, S. 41-52, hier S. 46. Erste Ergebnisse zur Entwicklung in Venlo bietet der Beitrag von Stephanie Heth in Mihm/Elmentaler/Heth/Salewski/Stichlmair (Anm. 41), S. 142-149.

62. Zugleich wird hiermit die Voraussetzung für die Herausbildung eines rheinischen Sprachbewusstseins und der Vorstellung eines rheinischen »Kultur- und Identitätsraumes« geschaffen, die sich dann nach der Gründung preußischen Rheinprovinz weiter festigen konnte; vgl. Klaus J. Mattheier: Gibt es eine regionale Sprachgeschichte der Rheinlande? in: Besch/Solms (Anm. 5), S. 144-151.

Gibt es rheinische Dichter?

Von Bernd Kortländer

I.

Gibt es rheinische Dichter? Auf den ersten Blick eine müßige Frage. Natürlich gibt es und gab es rheinische Dichter, seit Dichter, oder sagen wir der Einfachheit halber Autoren, so genannt werden bzw. sich selber so nennen. Herr Grimm wird uns sogar von niederrheinischen Autoren berichten. Da zu den Beständen des Heine-Instituts ein »Rheinisches Dichterarchiv« gehört, das im Jahr 1942 im Auftrag der Provinzialverwaltung angelegt wurde, und da wir selbst dabei sind, unser »Rheinisches Literaturarchiv« auszubauen, so muss es ja wohl auch »rheinische Dichter« geben.

»Düsseldorfer Autor« ist der Namensgeber des Hauses, in dem wir uns hier befinden, und er erinnert uns daran, dass in Deutschland der kulturelle Regionalismus eine Tradition hat. Seit dem frühen 19. Jahrhundert haben Bibliotheken und Archive damit begonnen, lokal und regional wichtige kulturelle Dokumente zu sammeln und zu verwahren, haben sich an den Geburts- und Wirkungsorten Freundeskreise und Gesellschaften gebildet und auf diese Weise dazu beigetragen, die Nachwirkung und das Andenken von Autoren, Musikern, Malern, Bildhauern zu sichern und zu verstärken. Die Dezentralisierung hat gewisse Vorteile gegenüber einer zentralen Pflege aller national bedeutsamen und auch vieler weniger bedeutsamen Nachlässe. Ein Blick nach Paris, wo weder die Bibliothèque Nationale was das Ankaufen von Autographen, noch der CNRS was die Finanzierung von wissenschaftlichen Ausgaben angeht, Schritt halten können mit den Erfordernissen, wo viele Gedenkstätten, wie etwa die Geburtshäuser von Baudelaire oder Nerval, ohne Not zerstört wurden, unterstreicht das. Die deutsche Dezentralisierung hat für die Minores den Vorteil, dass auch an sie gedacht wird, und sie gleichzeitig durch die Nähe einiger herausgehobener Großer aufgewertet werden. Für die Großen werden die Lasten besser verteilt und die Chancen vermehrt. Die Geburtsorte spielen dabei die wichtigste Rolle: viele Werkausgaben von Autoren entstehen an den Geburtsorten (in NRW z. B. Lasker-Schüler, Heine, Droste, Hasenclever), dort befindet sich der Sitz der ihnen gewidmeten Gesellschaften, dort gibt es Denkmäler, Gedenktafeln, Veranstaltungen, Preisverleihungen.

Der stark ausgeprägte Kult des Geburtsortes in Deutschland hat neben den genannten positiven gelegentlich auch groteske Folgen. Wilhelm Schäfer, der im zarten Alter von zwei Wochen seinen Geburtsort Ottrau im Hessischen verlassen hat, wird dort gleichwohl als Ortsheiliger verehrt mit Schulbenennung und repräsentativer Grabanlage. Peter Rühmkorf, wiewohl lediglich durch Zufall auf der Durchreise nach Hamburg in Dortmund geboren, erfüllt als in Westfalen geborener Autor die Kriterien für die Vergabe des Droste-Literatur-Preises. Wer in Köln geboren ist, kommt auf jeden Fall ins gerade im Entstehen begriffene Lexikon der Kölner Autoren, auch wenn er schon als Kleinkind die Stadt verlassen hat.

Die traditionell hohe Wertschätzung des Geburtsortes als Ordnungskriterium ist übrigens ebenfalls eine deutsche Eigenart, die z. B. in Frankreich nur in geringerem Maße geteilt wird und sich dort erst in letzter Zeit aus touristischen Gründen etwas stärker ausgebreitet hat. Die Gefahren, die sich damit latent verbinden, brauche ich hier nicht eigens zu betonen. Die »Macht des Blutes« und die »Kraft des Heimatbodens« gehörten lange zu den Stereotypen, die sich mit der Zuordnung zum Geburtsort verbanden, und sie liegen auch heute nicht allzuweit unter der Oberfläche, wie manche gedankenlose Formulierung in Publikationen aus dem Bereich der heimatlichen Kulturpflege verraten, wie aber auch die Diskussion um die Heine-Universität Düsseldorf gezeigt hat.

In Bezug auf unsere Frage nach den »rheinischen Autoren« hilft die lokale Verortung der Autoren nur sehr bedingt weiter. Zuerst müsste man dazu wissen, welche Orte denn zum Rheinland gehören, eine Frage die, wie wir im Verlauf dieses Kolloquiums vielfach bestätigt gefunden haben, nicht zu beantworten ist. Sicher, man kann davon ausgehen, dass »rheinischer Autor« nur sein kann, wer einen Bezug hat zu den Ländern am Rhein, den »Rheinländern«. Aber welcher Bereich ist das konkret? Wie breit soll der Uferstreifen sein? Ist Freiburg eine Stadt im Rheinland, und Aachen, und Wuppertal, und Frankfurt?

Man hat angesichts dieser Schwierigkeiten zu politischen Grenzen als Definitionslinien für das Regionale gegriffen, wobei die ständige Varianz schon vorab anzeigt, dass es sich dabei nur um Hilfslinien handeln kann. So bin ich selber vorgegangen in meinem Sammelband *Literatur von nebenan. 1900-1945* mit dem deshalb so umständlichen Untertitel *60 Portraits von Autoren aus dem Gebiet des heutigen Nordrhein-Westfalen.*[1] Ich habe den bewussten Anachronismus meines Auswahlkriteriums damals mit dem Gebrauchswert meines Readers begründet: Sein Ausgangspunkt war weniger die regionale Identität der dargestellten Literatur und ihrer Autoren, als das unterstellte Bedürfnis des heutigen

Lesers nach regionaler Identität. Leicht variiert ist so auch die vierbändige Anthologie von Kruse/Oellers/Steinecke angelegt, die allerdings für die Bände 1 und 2, die Zeit bis 1945 umfassend, die Grenzen der preußischen Rheinprovinz, und erst für Bände 3 und 4 die des heutigen NRW zugrunde legt, auf diese Weise die historische Veränderlichkeit der Regionalität ihres Gegenstandes ebenfalls sehr deutlich machend.[2]

II.

Im Grunde geht es in diesen beiden Sammelbänden und in Anthologien, die sich ganz ausdrücklich an solchen politischen Grenzen für ihre Auswahl orientieren, gar nicht um »rheinische Autoren«, sondern um Autoren aus dem Rheinland (Puristen müssten sagen: aus einem Teil des Rheinlandes), eine Unterscheidung, von der aus ich meine Annäherung an die Beschreibung der »rheinischen Autoren« jetzt betreiben möchte.

Denn es ist offensichtlich, dass mit dem Ausdruck »rheinische Autoren« mehr gemeint sein muss, als die bloße Aneinanderreihung von Schriftstellern, die durch zwei historische Zufälle: den Zufall der Geburt bzw. des Lebensweges und den Zufall einer Grenzziehung zusammengeraten sind. Fragen wir deshalb zunächst ganz allgemein und ohne in historische Details einzutreten nach weiteren möglichen Merkmalen eines »rheinischen Autors«. Man könnte z. B. solche Autoren »rheinisch« nennen, die nicht nur im wie immer umgrenzten Rheinland geboren sind, sondern sich darüber hinaus mit Themen aus der rheinischen Landschaft, also vor allem mit dem Fluss selbst, seiner Geschichte, der Landschaft seiner Ufer beschäftigen. Dass das Kriterium allein nicht ausreicht, wird jeder sofort einsehen, dem man sonst Karl May als amerikanischen Autor präsentieren könnte. Dass es andererseits aber auch relativ unsinnig ist, von einem »rheinischen Autor« zu sprechen, wenn derjenige nicht wenigstens irgendwo in seinem Werk rheinische Themen und Stoffe aufgreift, ist auch einsichtig. Solche Fälle gibt es selbstverständlich vielfach: Der expressionistische Romancier Curt Corrinth aus Solingen wäre hier z. B. zu nennen oder der Dramatiker und Prosaist Theodor Weisenborn aus Velbert.

Das macht auf eine Gefahr aufmerksam, die sich mit dem Einbezug des inhaltlichen Kriteriums selbstverständlich ergibt: Man rückt mit einer solchen Zuordnung das, was man dann noch als »rheinisch« bezeichnen kann, in die Nähe der Heimatkunst, und zwar weniger im engeren, historisch festgeschriebenen Sinne dieses Begriffs, als vielmehr in einem weiteren Sinne, im Sinne einer »echten Heimatkunst«, wie sie z. B. Oskar Walzel 1925 in seinem Versuch einer Eingrenzung der »rheinischen Literatur« vorgenommen hat.[3] Die Aufgabe einer solchen »echten Heimatkunst« bestehe darin, schreibt er, das »Besondere und Bezeichnende der Menschenart einer Landschaft [...] zu enthüllen. Und zugleich das Charakteristische dieser Landschaft selbst, zumal soweit es sich in den Menschen auslebt.« (XVI f.) Er sieht dabei eine Abstufung im Schreibvorgang:

Von dem schlichten Versuch, das Auffälligste im Verhalten der Menschen des Landstrichs, ihre Lebensgewohnheiten, ihr Verhältnis zur Welt, ihre Ausdrucksweise festzuhalten, ging es allmählich fort zu dem schwierigeren Wagnis, die geheimsten Erlebnisse von Seelen zu enthüllen, die im Sinn ihrer Heimatscholle fühlen, doch keineswegs im Alltäglichen stecken bleiben. (XVII)

Walzel trennt solche Autoren der »echten Heimatkunst« von den anderen, »die sich bewußt nicht an die Scholle binden und aus dem Gefühl einer ganzen großen Welt heraus und für dies Gefühl gestalten.« Ergebnis seiner Untersuchung ist also die Unterscheidung der »rheinischen Autoren« von den »Autoren aus dem Rheinland«:

Die Rheinprovinz zählt jetzt unter ihren Söhnen beides: echte Künstler, die den rechten Ausdruck für die heimlichsten Stimmungen ihres engeren Vaterlandes zu treffen wissen [i. e. »rheinische Dichter], und Dichter, die von vornherein in lockerer Weise mit der Heimatscholle verknüpft sind und ihr Wesen in dem Beruf erblicken, der weitesten Welt neue Bahnen zu eröffnen, Kunst neu zu gestalten [i. e. »Dichter aus dem Rheinland«]. (XVIII)

Man kann es Walzel hoch anrechnen, dass er hier nicht der Versuchung erlegen ist, die durchaus nahelag und der viele seiner Fachkollegen in dieser Zeit und noch lange nachher auch immer wieder nachgegeben haben: ein wie immer geartetes »Wesen« des Rheinischen zu hypostasieren und die beiden Gruppen von Autoren, zwischen denen es ja auch immer Misch- und Zwischenformen gibt, darauf rückzubeziehen.

Der im Sinne der Wirkung wichtigste Bezugsort solchen »Wesens« war in der Diskussion der ersten Jahrzehnte des 20. Jahrhunderts das Element des »Stammes« bzw. der »Stammesseele« oder der Seele ganz allgemein. Über das Konzept von Nadlers *Literaturgeschichte der Stämme und Landschaften* möchte ich hier nicht weiter sprechen; all das ist ja hinlänglich bekannt und im übrigen auch so unappetitlich, dass es schwer fällt, sich länger dabei aufzuhalten.[4] Wie stark dieses Gedankengut auch in die spezifisch rheinische Literaturgeschichtsschreibung eingegangen ist, zeigen z. B. zwei Skizzen von Dettmar Heinrich Sarnetzki, dem Feuilletonleiter der *Kölnischen Zeitung* und einflussreichen Literaturkritikers der Region, und dem Juristen und Schriftsteller Leo Sternberg[5] aus den 20er Jahren, als auch der Walzelsche Text entstand; dann aber natürlich ganz besonders die Literaturgeschichte von Walter Linden *Deutsche Dichtung am Rhein*, die ganz aus diesem Geiste lebt.[6] Festzuhalten ist, dass mit »Stamm« und »Stammesseele« eine »Wesenheit« eingeführt wird, die jenseits der Geschichte liegt, nicht veränderbar und damit auch keiner historischen Kritik zugänglich ist. Solche aus Blut- und Rasseideen begründeten Ableitungen, sie gehören im übrigen im Rahmen des Staatsbürgerschaftsrechts bis heute zu unserem Alltag, machen jeden Autor, der auf »fränkischem Stammland« und aus »fränkischem Blut« geboren ist, zum »rheinischen Dichter«.[7] Bei Juden aus dem Rheinland machen sich jedoch schon früh Zweifel breit, man vergleiche das scheußliche Gedicht von Ernst Bertram in seinem Gedichtzyklus *Der Rhein* über Düsseldorf und den Dichter Heinrich Heine mit dem Titel *Der Fremdling*.[8]

Der Heine-Herausgeber Walzel, der erfreulicherweise auf eine Einführung des Begriffes »Stamm« fast schon demonstrativ verzichtet, probiert in seiner Skizze gleichwohl einige andere Elemente aus, die gerade in den 20er Jahren auch sonst als mögliche Basis für die Konstruktion des »Rheinischen« diskutiert wurden.

So reiht er z. B. Argumente für eine einheitliche Sprachgeschichte des gesamten Rheinlandes auf, um sie am Ende als nicht allzu aussagekräftig zu verwerfen.[9]

Auch die Vorstellung einer gemeinsamen Sozialisationsgeschichte des Rheinlandes weist Walzel ab. Dies ist ein Element, das auch in der jüngeren Diskussion immer wieder ins Spiel gebracht wird, wenn es um die Beschreibung des Regionalen geht: Die Region als Raum gemeinsamer Erfahrung.[10] Für kleinere Einheiten mag so etwas vorstellbar sein, für den gesamten Umfang des Rheinlandes vom Ober- bis zum Niederrhein allerdings kaum.[11] Schon Walzel macht für die von ihm unterschiedenen Rheinland-Abschnitte (bis Mainz; bis Koblenz; bis Köln; bis zur Grenze) auf die enormen Unterschiede in Mentalität und Habitus der Bevölkerung aufmerksam. Sein angesichts des Publikationsortes eher unerwartetes, aber offenbar ehrliches Fazit ist, dass es schon einiger Leichtherzigkeit bedarf, die Rheinländer, »sei's als Volk, sei's als Träger von Geistesarbeit, von Kunst oder von Dichtung« zu einer »strenggeschlossenen Einheit zusammenzuschmieden«. Ich fürchte, Walzel hat das von ihm erwartete Ergebnis als Einleitung in einen propagandaträchtigen Band zur 1000-Jahrfeier des Rheinlandes weit verfehlt.

III.

Immerhin: Als gemeinsames Band, das die Menschen am Rhein verbindet, als ein Element, das das spezifisch »Rheinische« konstituieren könnte, möchte Oskar Walzel schließlich doch die kulturelle Geschichte des Rheintals, seine bis zur frühen Neuzeit herausgehobene Rolle als Keimzelle deutscher Kultur und Literatur gelten lassen. Wie bei Walzel, so ist bei vielen anderen Autoren vor ihm und nach ihm dieser Umstand Ausgangspunkt von vielerlei Mythenbildung, der ich mich jetzt etwas genauer zuwenden will.

Ausgangspunkt dieser Mythisierung war die Entdeckung, man könnte auch sagen: Erfindung des Rheins durch die Romantiker. Friedrich Schlegel in seinem *Europa*-Aufsatz von 1803 entwickelte angesichts des Rheins patriotische Gefühle:

Nirgends werden die Erinnerungen an das, was die Deutschen einst waren, und was sie sein könnten, so wach als am Rheine. Der Anblick dieses königlichen Stromes muß jedes deutsche Herz mit Wehmut erfüllen. Wie er durch Felsen mit Riesenkraft in ungeheuerm Sturz herabfällt, dann mächtig seine breiten Wogen durch die fruchtreichsten Niederungen wälzt, um sich endlich in das flachere Land zu verlieren, so ist er das nur zu treue Bild unseres Vaterlandes, unserer Geschichte und unseres Charakters.«[12]

Dieser Entdeckung des Rheins und seiner Landschaft in patriotischer folgte seine Kartographierung in poetischer Absicht. Zunächst Brentano und Arnim, dann Sagensammler wie Aloys Schreiber und andere hoben die Städte und Dörfer, die Ruinen und Kirchen vor allem längs dem Mittelrhein aus ihrer historischen Anonymität, indem sie sie mit Sagen, Geschichten und Liedern besetzten und so überhaupt erst sichtbar machten. Gleichzeitig kreierten sie, unterstützt seit Anfang der 1820er Jahre von Heine und einigen anderen, eine Atmosphäre, eine Stimmung, die sich von nun an mit dem Rhein und seiner Landschaft verband.[13] Das Schlüsselgedicht bis heute ist Heines *Loreley*, die im übrigen den mythischen Charakter dieses Landschaftsentwurfes ebensowenig verschweigt wie den ideologischen Verblendungszusammenhang, in dem dieser Entwurf steht. Poetische Verklärung und prosaische Realität treffen im Schicksal des ergriffenen und deshalb ertrinkenden Schiffers aufeinander.[14]

Was auf diese Weise in den ersten beiden Jahrzehnten des 19. Jahrhunderts entstand, war bis dahin nicht vorhanden, hatte keinerlei Entsprechung in der Geschichte; es entstand ein Mythos mit weitreichenden historische Folgen, ein Mythos, den die folgende Generation dann häufig schon wie ein Stück historische Realität behandelt.

Der Hintergrund dieser Bemühungen der Romantiker liegt klar zu Tage. Ganz kurz gesagt: Er gründet einerseits in der politischen Situation, der Napoleonischen Besetzung, in der die Erinnerung an vergangene Größe geeignet war neue Kraft zu geben und wo das Rheinland als deutsch-französisches Grenzland besonders herausgehoben war. Er liegt andererseits in den Anstrengungen der Romantiker, eine antiklassische, nationale literarische Tradition zu begründen, die sich auf Natur und Volk als ihre Quellen berufen wollte.

Wir können also feststellen, dass das, was uns im Rahmen dieser literarischen Debatte als »rheinisch« gegenübertritt und bis heute gern als »typisch Rheinisch« angeboten wird, ein ideologisches Konstrukt ist, geboren aus dem Bemühen, bestimmte Interessen und Positionen zu propagieren und durchzusetzen. Anders als das aus der »Stammesseele« abgeleitete rheinische Wesen, hat ein so konstruiertes »Rheinisches« selbstverständlich von vornherein nur einen begrenzten Geltungsanspruch und ist historisch kritisier- und veränderbar.[15]

Was wir gleichzeitig feststellen können ist, dass diese Konstruktion noch nicht benutzt wird, um »rheinische Dichter« zu schaffen. Die an der Erfindung des Rheins beteiligten Autoren waren nur zu einem kleinen Teil gebürtige Rheinländer. Brentano war einer und Heine auch. Aber als »rheinisch« mehr als im Sinne des »vom Rhein stammend« hätten die beiden sich sicher nicht bezeichnet. Walzel spricht den Rheinromantikern des 19. Jahrhunderts die Befähigung zu »rheinischen Dichtern« schlichtweg ab: Zu weit weg vom Volk seien sie, aus der Fremde gekommen und mit sentimentalischer, nicht naiver Liebe dem Rhein und seinen Bewohnern gegenübergetreten (S. XVII). Auch Alfons Paquet, Vertreter einer Generation von Autoren aus dem Anfang des 20. Jahrhunderts, die sich jetzt bewusst »rheinische Dichter« nennen, spricht etwas abfällig davon, dass die Rheinromantik »literarisch bis zur Unnatur« gewesen sei, »nicht mehr imstande, die ganze Breite des Völkerlebens aufzuwühlen.«[16]

Die Verwendung des Begriffs »rheinisch« in der Literaturkritik ist damals noch die einer rein geographischen Ordnungskategorie. Zwar gibt es im 19. Jahrhundert bereits reichlich regional bezogene Publikationsorgane – zwischen 1815 und 1850 etwa führen 32 Zeitschriften mit Literaturteil das Wort »rheinisch« in irgendeiner Form im Titel, darunter *Niederrheinisches Taschenbuch für Liebhaber des Schönen und Guten; Musenalmanach für das Rheinland und Westphalen; Rheinisches Jahrbuch; Rheinisches Taschenbuch; Rhenania*, aber auch *Rheinisch-westfälischer Anzeiger* u. a.[17] Und in den Feuilletons gehört die regionale

Zuordnung der Autoren zu den Alltäglichkeiten: So wie französische, italienische und englische werden westfälische, schwäbische und eben auch rheinische Autoren als eigene Gruppen vorgestellt.[18] Man hat jedoch den Eindruck, auch wenn man sich z. B. Heines Umgang mit der Kategorie »rheinisch« ansieht, dass die regionale, landsmannschaftliche Zuordnung damals noch ganz selbstverständlicher Gebrauch ist, das Wort rheinisch noch zu sehr rein regionale Ordnungskategorie ist (nach deren genauer Füllung wir hier nicht fragen müssen), als dass sie sich schon im ideologischen Sinne aufgeladen hätte.

Auf die Erfindergeneration folgten mehrere Generationen von Epigonen, die sich des just entdeckten »rheinischen Gegenstandes« versicherten. Das galt für beide ursprünglichen Stränge des Mythos: Der Rhein als Anlass patriotischer Aufregung wurde im 19. Jahrhundert vor allem in der sogenannten Rheinkrise von 1840 und dann wieder im deutsch-französischen Krieg von 1870/71 virulent. Niklas Becker aus Köln und sein Lied *Sie sollen ihn nicht haben* löste eine Flutwelle aus, wozu auch der Text von Max Schneckenburgers *Die Wacht am Rhein* gehörte, der aber erst 1870 in der Vertonung von Karl Wilhelm richtig populär und zum allgemeinen Kampflied wurde. Sie seien hier für alle anderen genannt. Der andere, genuin poetische Strang der »rheinischen Poesie« wurde ebenfall in breitester und trivialster Fülle weiterentwickelt und schlug sich in Liedertexten, in den beliebten historisierenden Verserzählung wie *Otto, der Schütz* von Gottfried Kinkel oder *Der Trompeter von Säckingen* von Victor von Scheffel nieder, aber auch z. B. in einer Vielzahl von »Loreley«-Opern, die meisten auf ein Textbuch des Goldschnittpoeten Emanuel Geibel. Es entstand eine industrielle Vermarktung des »Rheinischen« in Form von Abbildungen, Postkarten, Andenken, Liedern etc., und am Ende war die Landschaft am Fluss von Bildern, Texten, patriotischem Geschrei und fröhlichem Zechergesang so zur Unkenntlichkeit entstellt, dass Otto Brües den netten Zweizeiler bildete: »Erfunden ist der ganze Rhein / vom Fremden- und Verkehrsverein.«[19] Gerade diese völlige Banalisierung und Trivialisierung des Rheinischen ist dann einer der Gründe dafür, dass sich zu Beginn des 20. Jahrhunderts eine neue Generation von Rheinländern davon distanzierte, sich daran machte, den Sängern der ›Blauäugleinpoesie‹ von deutschem Rhein und deutschem Wein das Monopol auf das »Rheinische« streitig zu machen und den Umbau des Begriffs des Rheinischen betrieb.

IV.

Die Geburtsstunde dieser neuen Bemühung um das Rheinische in der Literatur und der Kunst allgemein war die Gründung der Zeitschrift *Die Rheinlande* durch den in Düsseldorf-Gerresheim aufgewachsenen Schriftsteller Wilhelm Schäfer. Diese Gründung erfolgte im Auftrag einer Gruppe von Düsseldorfer Künstlern und Kunsthändlern und sollte als Plattform dienen, die Kunst des Rheinlandes, insbesondere der Düsseldorfer Akademie und ihres Umfeldes, besser zu vermarkten und gegen die Konkurrenz vor allem aus Berlin zu vertreten. Die Zeitschrift erschien von 1900 bis 1922, seit 1904 als Organ des von Schäfer, der sich von seinen ursprünglichen Auftraggebern unabhängig machte, ins Leben gerufenen »Verbandes für die Kunstfreunde in den Ländern am Rhein«. Sie enthielt neben allgemeinen kulturwissenschaftlichen Artikeln Beiträge zur Bildenden Kunst, Architektur, Musik, zum Kunstgewerbe und hatte auch einen ansehnlichen Literaturteil, und zwar sowohl mit Abdrucken von primären Texten wie auch von Sekundärtexten und Rezensionen.[20]

Im Auftrag an Schäfer, das Profil der rheinischen Kunst gegenüber der Übermacht Berlin zu schärfen, haben wir ein erstes zusätzliches Motiv für die Konstruktion des Rheinischen: Der Kampf der rheinischen Provinz gegen die Hauptstadt Berlin. Natürlich hatte auch bereits die romantische Erfindung des Rheins etwas mit dem Gegensatz Stadt-Land zu tun gehabt, doch hatte das noch mehr einen metaphorischen Hintergrund, waren doch die Romantiker selbst eher städtisch orientiert. In der ersten Hälfte des 20. Jahrhunderts ist das anders: Der Stadt-Land-Gegensatz existierte als wirkliche Alternative real nicht mehr, allenfalls könnte man von einem Gegensatz Metropole-Provinz sprechen. Die Metropole hatte sich als Modell der Moderne durchgesetzt, und sie wird, in Deutschland in besonderem Maße verkörpert durch Berlin, zum Abbild der technischen, gestaltlosen, sich ständig wandelnden Welt insgesamt, einer Welt, deren Ausbreitung gerade ein Autortyp wie Wilhelm Schäfer mit allen Mitteln zu verhindern sucht. Der »Wurzellosigkeit« der modernen Welt stellt er die Verhaftung im Landschaftlichen – nicht unbedingt im Ländlichen –, im Boden, im Volk, im Blut entgegen. Dem Künstler kommt die Rolle des Führers und Priesters zu, aus seinem Munde spricht das Volk, ein Volk, das sei in Klammern angemerkt, das sich diese selbsternannten Führer erst zurechtmachen mussten.[21] So verstand Wilhelm Schäfer nicht nur sein eigenes Schreiben, sondern auch die Funktion seiner Zeitschrift, über die er rückblickend schreibt:

> [D]ie Länder am Rhein, ehemals das reiche Mutterland der deutschen Kultur und seit den Romantikern vielfach im Dornröschenschlaf ihrer großen Vergangenheit, sollten wieder gemeinsam im Sinn der alten Zeiten werden, als von Basel bis Köln ein einziger Lebensstrom ging.[22]

Wirklich penetrant wird die Priesterattitude Schäfers erst am Ende des Ersten Weltkrieges, als er mit den *Dreizehn Büchern der deutschen Seele* das völkische Erbauungsbuch der Nachkriegszeit vorlegt. Zu Zeiten der Gründung der *Rheinlande* liegt das völkische Gedankengut zwar bereits latent vor, verstellt aber noch nicht völlig den Zugang zur Realität. Später hat Schäfer den Anti-Berlin-Affekt seiner Frühzeit dann im Kampf gegen die Preußische Akademie, in deren Dichterklasse er saß und die er von Berliner »Asphaltliteraten« wie Alfred Döblin oder Heinrich Mann in unzulässiger Weise dominiert sah, weiter kultiviert, mit seinem demonstrativen Austritt aus der Akademie im Januar 1931 und der triumphalen Wiedereinsetzung als Ehrensenator 1933 als Höhepunkt.[23]

Auch dabei spielte ein Gesichtspunkt eine Rolle, der neben dem Anti-Berlin-Affekt bei der Neufassung des Begriffs des »Rheinischen« bereits im Spiel gewesen war: das Verhältnis des Regionalen zum Nationalen, zum Gesamten des deutschen Reiches. Hier hatte sich seit 1871 in der Tat Entscheidendes verändert. Zwar sah Schlegel, wie wir gehört haben, im Rhein das Schicksal Deutschlands als Gesamtheit abgespiegelt, doch sprach er damit ja von einer politischen Größe, die erst noch entstehen sollte. 1900 gibt es das Reich, und jetzt geht es darum, die Bedeutung der rheinischen Provinz innerhalb dieses Reiches zu bestimmen. In Band 1 der *Rheinlande* schreibt Schäfer selbstbewusst: »Es kann nicht unwichtig für das Ganze sein, wie die reichsten und bevölkertsten Landschaften deutscher Zunge künstlerisch und geistig sich geltend machen.«[24] Das Mutterland, das Stammland, das Herzland deutscher Kultur: diese Rolle wird dem Rheinland von Schäfer und seinen Mitstreitern und Nachfolgern jetzt und dann verstärkt vor allem nach dem Ersten Weltkrieg zur Zeit der Besetzung und der erneuten Auseinandersetzung mit Frankreich um die Grenzfrage zugeschrieben.[25] Die Situation ist grundverschieden von der vom Anfang des 19. Jahrhunderts. Damals ging es primär um die Abwehr französischer Ansprüche, sowohl 1806 wie dann wieder 1840 und auch noch 1870. Die Rede von »Teutschlands Strom, nicht Teutschlands Grenze« und vom »freien deutschen Rhein« hieß zunächst nur, dass das Rheinland auf keinen Fall an Frankreich fallen sollte. So etwas wie Nationalgefühl bildete sich erst aus, und wir wissen ja, welche Rolle gerade die Absetzung vom Erbfeind Frankreich auch anhand des Denkbildes »Rhein« in Deutschland, dem »Vaterland der Feinde« gespielt hat.[26] 1900 war das anders: Jetzt gab es ein Nationalbewusstsein, und wenn vom deutschen Rhein gesprochen wurde, wußte man, was gemeint war. Das Rheinische als rein regionale, wertfreie Ordnungskategorie war dadurch unmöglich geworden, es hatte sich durch die Verbindung und Berührung mit dem Deutschen ideologisch aufgeladen.

Schäfers Füllung des Rheinischen war von Anfang an am Volkstümlichen, Völkischen orientiert und über diese Kategorie auch an einen Begriff vom Deutschen rückgebunden. In verschiedenen programmatischen Aufsätzen trat er in den *Rheinlanden* immer wieder für das »Volkstümliche« als höchste Richtschnur der Kunst ein, allerdings »in jenem edelsten Sinn, dass sich in höchster Kunst unsere Volksart eigentümlich offenbare und durch ein stufenweises Verständnis wiederum auf unsere Volksart wirke.«[27]

In der Praxis als Zeitschriftenherausgeber hat er das Volkstümliche dann nicht nur im Rheinischen gefunden, sondern durchaus auch eine Reihe nicht rheinischer, sogar Berliner Autoren aus dem nationalkonservativen Spektrum zu Wort kommen lassen. Schäfer hat sein Blatt nicht ausschließlich, aber doch ganz wesentlich regional ausgerichtet, und in Bezug auf die Literatur stellen die Autoren aus den Rheinlanden ganz eindeutig den Hauptanteil, allen voran in den frühen Jahren Hermann Hesse, der damals noch am Bodensee lebte und mit dem Schäfer eine enge Freundschaft verband, aber auch die Herbert Eulenberg, Norbert Jacques, Alfons Paquet, Eduard Reinacher, Benno Rüttenauer, Jakob Schaffner, Wilhelm Schmidtbonn etc.

Für sein eigenes Schaffen griff Schäfer bewusst auf die kurzen Erzählformen und hier besonders auf die Anekdote zurück, die er in der Tradition des Rheinländers Johann Peter Hebel und dessen Kalendergeschichten weiterentwickelte. Er strebte dabei einen einfachen und bildhaften Stil an, der ihm zugleich für seine volkspädagogischen Absichten am besten geeignet schien. Sprachlich suchte er den direkten Anschluss an die klassizistische Tradition, weitab von allen naturalistischen oder expressionistischen Experimenten. Pathos und gestelzter Duktus dieser Sprache kommen uns heute lächerlich vor, galten aber noch in den 50er Jahren des 20. Jahrhunderts als vorbildhaft und wurden in den Schullesebüchern abgedruckt.

Was die spezifisch »rheinischen« Inhalte angeht, so stehen bei seinen historischen Anekdoten, seinen Sagen und Märchenadaptionen die rheinischen Stoffe im Vordergrund. Schäfer hat auch einen eigenen Band mit Neubearbeitungen von Rheinsagen herausgebracht und in einem Bildband den Lauf des Rheins von der Quelle bis zur Mündung verfolgt. Eine seiner wenigen heute noch lesenswerten Texte ist die Erzählung *Die unterbrochene Rheinfahrt* von 1913.

Schäfer selbst nannte sich einen »rheinischen Dichter«, wenngleich mit dem Zusatz, er sei der denkbar unrheinischste Rheinländer, womit er offenbar einen Hinweis darauf geben will, dass ihm Deutschsein wichtiger ist als Rheinischsein. Vor allem aber wurde er von der Kritik als Inkarnation des rheinischen Dichters gefeiert, zusammen mit Josef Ponten der einzige, wie es in einem Aufsatz von 1924 heißt, der »aus dem Geiste und Wesen des Rheinlandes heraus« den Ausdruck gefunden hat für den »Geist der Dinge«.[28] Erst durch Schäfers Neufassung des Begriffs des »Rheinischen Dichters« trat dieser Typus, der eben anderes und mehr ist als bloßer Dichter vom Rhein, wie ihn das 19. Jahrhundert kannte, in die Geschichte ein. In seiner Zeitschrift hat er solchen Schriftstellern eine Plattform gegeben, hat sie gefördert und kritisch begleitet. Die literarische Qualität der Beiträge und Beiträger schwankt, kann sich im Durchschnitt aber durchaus sehen lassen. Ausgeschlossen waren lediglich stark avantgardistische oder exaltierte Positionen, also etwa der expressionistische Prosaautor Curt Corrinth aus Solingen und Hanns Heinz Ewers, der Meister des Grauens und des Perversen aus Düsseldorf.

Man muss Schäfer das wirkliche Verdienst zusprechen, nach der völligen Trivialisierung der rheinischen Literaturszene zu Ende des 19. Jahrhunderts mit seiner strengen Neufassung des Begriffs vom »rheinischen Dichter« einen Maßstab gesetzt zu haben, an dem sich die neue Schriftstellergeneration nicht nur aus dem Rheinland orientieren konnte und orientierte.

Der Literaturbetrieb hat im übrigen die neue Füllung des Begriffs sehr rasch aufgegriffen. Anthologien und Sammelbände wollen ihrer Auswahl von nun an nicht mehr nur räumliche Kriterien zugrunde legen. Entscheidend ist jetzt, dass die ausgewählte Dichtung, wie von Schäfer gefordert, »Seele rheinischen Fühlens und Denkens, die unmittelbar schöpferische Äußerung des rheinischen Lebens und Webens« ist, wie der Herausgeber Sarnetzki im Vorwort einer Anthologie schreibt.[29] Einzelne Autoren werden von der Kritik herausgehoben, ihre Texte als idealtypische Äußerungen des Rheinischen gewertet. Einer davon ist Wilhelm Schmidtbonn, der 1903 und 1904 zwei Bände mit rheinischen Geschichten vorlegt und in der Folge einer der Prototypen des »rheinischen Dichters« wird. Herbert Saekel schreibt, in Schmidtbonns Werken sei »nicht mehr nur rheinische Art und Eigenart, sondern die Seele des Rheinlandes im tiefsten und innigsten Sinne des Wortes.« Die »markig schöne Bildersprache seiner dramatischen und novellistischen Gestaltungen« führe »unmittelbar in die Seele rheinischen Wesens und rheinischen Lebens. Hier ist das Rheinische im tiefsten und besten Sinne seiner Vollendung nahe.«[30]

Otto Brües, selbst »rheinischer Dichter«, sinniert anlässlich einer Uraufführung eines Schmidtbonn-Stückes über den rheinischen Menschen: »Diesseits im Jenseits, Jenseits im Diesseits, das ist vielleicht das Rheinische schlechthin. Aber ist es nicht auch das Deutsche?« Und weiter: »Wilhelm Schmidtbonn ist ein rheinischer Mensch. Damit wird über ihn, wenn man diese Feststellung als eine Form, und nicht als eine Formel nimmt, das Wesentliche gesagt.«[31] Noch 1952, anlässlich von Schmidtbonns Tod, heißt es in einer Bonner Zeitung, Schmidtbonn habe den Namen eines Dichters verdient, weil er »aus einer wesenhaften Verbundenheit mit dem Boden seiner Heimat Werke schuf, die der kulturellen Eigenart dieser deutschen Landschaft Ausdruck verliehen«.[32]

Schäfers erster Assistent bei den Rheinlanden war der Schriftsteller Alfons Paquet, auch er von der Kritik vielfach als »rheinischer Dichter« gefeiert. Er wurde dann später die lenkende und treibende Kraft hinter dem 1926 gegründeten »Bund rheinischer Dichter«, der bis 1933 bestand.[33] Viele Mitglieder dieses Bundes waren Beiträger zu Schäfers *Rheinlanden* gewesen, und man kann sicher sein, dass die Zeitschrift ein wichtiger Schritt war in Richtung auf diesen ersten Zusammenschluss der »rheinischen Autoren«.

Paquet entwickelte seinen Begriff des »rheinischen Dichters« wieder unter anderen Bedingungen als Schäfer, nämlich unter denen der Erfahrung des Ersten Weltkrieges, der deutschen Niederlage und der Rheinlandbesetzung. Was ihn und seine Mitstreiter im »Bund rheinischer Dichter« aber zunächst grundsätzlich mit Schäfer verbindet, ist, dass auch sie unter dem »rheinischen Dichter« mehr verstehen als den »Dichter vom Rhein«, und dass sie ihr Verständnis von »rheinisch« ebenfalls aus dem Verhältnis zu den größeren Ordnungen entwickeln. Dabei unterscheiden sich die Positionen im einzelnen; für Paquet z. B. ist charakteristisch, dass er, während Schäfer die Vielfalt des geschichtsmächtigen Rheinlandes als Spiegel des Deutschen sieht, der »rheinische Dichter« also gewissermaßen die Miniatur- oder Luxusausgabe des »deutschen Dichters« ist, das Rheinische versteht als Scharnier zwischen Deutschland und Europa: Der »rheinische Dichter« wird Paquet zum vorbildlichen Europäer.[34] Ähnliches kann man auch, wenn gleich anders akzentuiert, bei Josef Ponten lesen.[35] Kriegs- und Nachkriegserfahrung hat für diese Entwicklung eine Rolle gespielt.

IV.

Angesichts der Unterschiede in Bestimmung und Verwendung des Rheinischen im Zusammenhang mit den Autoren des 19. und denen des beginnenden 20. Jahrhunderts, möchte ich dafür plädieren, den Begriff »Rheinischer Dichter« ausschließlich auf jene durch Wilhelm Schäfers *Rheinlande* und den »Bund rheinischer Dichter« im wesentlichen umgrenzte Gruppe von Autoren anzuwenden, in allen anderen Fällen aber den Terminus »Autoren aus dem Rheinland« zu benutzen. Eine solche terminologische Trennung hätte vor allem zwei Vorteile:

1. Sie könnte die Diskussion um die regionale Literaturforschung von ideologiekritischen Debatten entlasten, da bei der Beschränkung auf eine begrenzte Zeit und Anzahl von Autoren die historische Konstruktion des Begriffs »rheinischer Dichter« sofort einsichtig ist.
2. Sie könnte die dringend gebotene Neuorientierung einer regionalen Literaturforschung einen Schritt voranbringen in Richtung auf die fällige Umkehrung des traditionellen Konzepts vom Kulturraum: Meine kursorische Durchsicht durch die Geschichte der Literatur am und über den Rhein bis hin zur Entstehung des Typus »rheinischer Dichter« am Anfang des 20. Jahrhundert hat gezeigt, wie eben nicht der Raum das Feld der literarischen Forschung vorgibt, sondern der Raum, hier der »rheinische Raum«, Ableitung der Literatur, der Kultur ganz allgemein ist.

Denn das »Rheinland« wie es Schlegel, Brentano, Heine, aber auch Arndt und Görres am Anfang des 19. Jahrhunderts entwarfen, war ja kein geografisch exakt umrissener, sondern ein mythischer Raum, ein Erinnerungsraum, Projektionsfeld nationaler und poetischer Vorstellungen und Wünsche. 1844 hat Heine im Vorwort zum *Wintermärchen* seinen kosmopolitischen Begriff von einem solchen »Rheinland« gegen die nationalistische Verengung verteidigt und behauptet, er werde den Rhein schon deshalb nicht den Franzosen überlassen, weil er ihm gehöre: »Ja, mir gehört er, durch unveräußerliches Geburtsrecht, ich bin des freien Rheins noch weit freierer Sohn« heißt es, und gipfelt in der Vision einer von Deutschland ausgehenden Weltbefreiung: »die ganze Welt wird deutsch werden« (er hätte auch sagen können »rheinisch werden«).[36] Hier findet sich die rheinische Vision Schlegels vom Jahrhundertanfang in einer durch mancherlei zwischenzeitliche Krisen bedingten Zuspitzung noch einmal wieder.

Aber auch das »Rheinland« wie es in den literarischen und essayistischen Texten der Gruppe der »rheinischen Dichter« um die *Rheinlande* und den »Bund rheinischer Dichter« entworfen wird, hat keinen primär geographischen, sondern einen mythischen Ort.

Wilhelm Schäfer, unterstützt bis in die 50er Jahre von einer völkisch orientierten Literaturkritik, versteht unter »Rheinland« das deutsche Herzland, den Ort der Bewahrung deutschen Volkstums, das sich in den Texten der »rheinischen Dichter« und eben nicht der »Berliner Dichter« aussprechen kann. Auch Josef Ponten oder Alfons Paquet verstehen den Rhein in jeder Hinsicht – geographisch, historisch, politisch – als Zentrum und Kernland nicht nur Deutschlands, sondern Europas und der ganzen Welt: »Wir fühlen diese Wasserstraße klopfen als das Herz Deutschlands, als das Herz ganz Europas«, schreibt Adolf von Hatzfeld, und auch er scheut, genau wie Paquet und Ponten, nicht davor zurück, zum Beweis dieser Ausnahmestellung und Sonderrolle des Rheins notfalls auch geologische und volkswirtschaftliche Fakten mit der geläufigen Strom-Metaphorologie zu mixen.[37] Das »Rheinische« wird zum Ausgangspunkt der Befriedung Europas, wobei durchaus das Heinesche Bild einer befreiten Welt im Hintergrund auftaucht. Allerdings hat dieses Bild in den 20er Jahren, nach der Erfahrung des Ersten Weltkrieges, endgültig seine Unschuld verloren, und man fasst sich angesichts des naiven Enthusiasmus, der z. B. in Alfons Paquets »Rheinland«-Beschwörungen liegt, gelegentlich schon an den Kopf: »Kein Land«, schreibt Paquet z. B. 1927,

> ist dazu [zur Überwindung der nationalen Gegensätze] mehr vorbestimmt als das Rheinland in seiner wechselvollen, glänzenden und düsteren Geschichte, mit seiner unseligen historischen Zerrissenheit und in der von der Natur gegebenen unzerstörbaren Ganzheit des rheinischen Bodens.[38]

Auch bei Paquet wird »Rheinland« – wieder anders begründet als etwa bei Schäfer – zum mythischen Ort, zur Erinnerungslandschaft, zum Kern- und Mittelpunkt einer größeren Ordnung.

Die Beschäftigung mit regionaler Kulturforschung, so mein Fazit dieser sicher unvollkommenen Annäherung an die »rheinischen Dichter«, muss sich mehr um solche Konstruktionen und ihre Bedeutung und Verwendung in der Geschichte kümmern. Nur so kann sie ein wichtiges Korrektiv und eine Ergänzung sein zur lokal und regional orientierten Einzelforschung, deren Bestand in Deutschland ohnehin nicht gefährdet ist.

Anmerkungen

1. Bielefeld 1995.
2. Literatur in den Rheinlanden und in Westfalen – Literatur in Nordrhein-Westfalen. Hrsg. v. Joseph A. Kruse u. a. 4 Bde. Frankfurt a. M. 1995-1998.
3. Oskar Walzel: Vorgeschichte der rheinischen Dichtung von Heute, in: Das Rheinbuch. Eine Festgabe rheinischer Dichter. Hrsg. v. Josef Ponten und Josef Winckler. Berlin und Leipzig 1925, S. VIII-XVIII.
4. Vgl. z. B. Dietmar Lieser: Sozialsystem oder Textlandschaft? Anmerkungen zur Methodik regionaler Literaturgeschichtsschreibung. In: Juni 2 (1998), S. 37-50.
5. Vgl. Dettmar Heinrich Sarnetzki: Vorwort, in: Das Lied vom Rhein. Gesammelt und gestaltet v. D. H. Sarnetzki. 2 Bde. Köln 1922, Bd. 1, S. I-XI. – Leo Sternberg: Der ewige Strom. Einführung in das rheinische Schrifttum. In: Der ewige Strom. Rheinische Erzählungen... Hrsg. v. Leo Sternberg. Dortmund 1921.
6. Literaturgeschichte der fränkischen Rheinlande. Ratingen 1944.
7. Ebd., Einleitung: Vom Rechte rheinischer Literaturgeschichte, S. 9-16.
8. Ernst Bertram: Der Rhein. Ein Gedenkbuch. 3., verm. Aufl. Leipzig 1927, S. 151.
9. Vgl. den Beitrag von Michael Elmentaler in diesem Band.
10. Vgl. etwa den Beitrag von Gertrude Cepl-Kaufmann: »Ein paar Tropfen Rheinwasser«. Das Rheinland als literarischer Erfahrungsraum, in: Literarisches Schreiben aus regionaler Erfahrung. Westfalen – Rheinland – Oberschlesien und darüber hinaus. Hrsg. v. Wilhelm Gössmann und Klaus-Hinrich Roth. Paderborn u. a. 1996, S. 55-96.
11. Vgl. den Beitrag von Dieter Geuenich in diesem Band.
12. Friedrich Schlegel: Reise nach Frankreich, in: Europa. Eine Zeitschrift. Hrsg. v. Friedrich Schlegel. Frankfurt 1803 (mit einem Nachwort hrsg. v. Ernst Behler. 2 Bde. Stuttgart 1963, S. 15).
13. Es ist insgesamt die Zeit der ästhetischen Einholung von Landschaft, weil der unmittelbare Zusammenhang mit der Natur abgerissen war; zu diesem Problem im Zusammenhang mit Heine vgl. meinen Beitrag: Natur als Kulisse? Landschaftsdarstellungen bei Heinrich Heine, in: Heinrich Heine 1797-1856. Trier 1981, S. 46-65 [= Schriften aus dem Karl-Marx-Haus].
14. Vgl. z. B. meinen Beitrag: Le Rhin de Heine. In: Pratiques d'écriture. Mélanges de littérature et d'histoire littéraire offerts à Jean Gaudon. Paris 1996, S. 187-199.
15. Systematisch wurde dieser Gesichtspunkt dann vor allem in dem 1935 zuerst erschienenen Buch von Lucien Febvre »Der Rhein und seine Geschichte« ausgebreitet. (Dt. Ausgabe übers. und hrsg. v. Peter Schöttler. Frankfurt a. M. 1994).
16. P.: Zur Gestaltung des Stromes, in: Antwort des Rheins. Augsburg 1928, S. 292.
17. Vgl. die Nachweise in: Alfred Estermann: Die deutschen Literatur-Zeitschriften 1815-1850. Bibliographien Programme Autoren. 10 Bde. Nendeln 1978-81.
18. Vgl. z. B. den Überblick über »Rheinische Literatur« im Morgenblatt für gebildete Leser, Nr. 91 v. 16.4.1845, S. 364 f.
19. Zit. n. Cepl-Kaufmann (Anm. 10), S. 60.

20. Vgl. dazu den Schäfer-Nachlass im »Rheinischen Literaturarchiv« des Heine-Instituts; auf der Basis dieses Materials entsteht jetzt die Arbeit von Sabine Brenner: Die Zeitschrift »Die Rheinlande« im Kontext ihrer Zeit. Vgl. auch den Beitrag von Frau Brenner in diesem Band.
21. Vgl. Ulrike Haß: Vom »Aufstand der Landschaft gegen Berlin«. In: Literaturgeschichte der Weimarer Republik 1918-1933. Hrsg. v. Bernd Weyergraf. München 1995, S. 340-370 [= Hansers Sozialgeschichte der Literatur, Bd. 8].
22. Vgl. W. Schäfer: Zur Geschichte des Verbandes der Kunstfreunde in den Ländern am Rhein, in: Die Rheinlande XVII (1917), S. 59-72, hier: S. 60.
23. Vgl. Britta Heiland: Wilhelm Schäfer und die Sektion für Dichtkunst an der Preußischen Akademie der Künste. Magisterarbeit masch. Düsseldorf 1999.
24. Die Rheinlande I (1900), S. 4.
25. Die Herz-Metapher spielte in der nationalistisch aufgeladenen Auseinandersetzung zwischen deutschen und französischen Intellektuellen um den Rhein eine besondere Rolle; vgl. zuletzt den Vortrag von Norbert Oellers: Der Konflikt um den Rhein auf dem Kolloquium »Kultur und Politik im Rheinland: die zwanziger Jahre« (Köln, 20.5.2000), der die Auseinandersetzung zwischen Ernst Robert Curtius und Maurice Barrès rekonstruiert.
26. Vgl. Michael Jeismann: Das Vaterland der Feinde. Studien zum nationalen Feindbegriff und Selbstverständnis in Deutschland und Frankreich 1792-1918. Stuttgart 1992.
27. W.S.: Der Fall Deutschland? In: Die Rheinlande V (1905), S. 473. – Vgl. meinen Beitrag: Ein Frankreich-Bild aus dem konservativen Lager. Wilhelm Schäfer, Die Rheinlande und Frankreich, in: Visions Allemandes de la France (1871-1914) – Frankreich aus deutscher Sicht (1871-1914). Hrsg. v. Helga Abret und Michel Grunwald. Bern u. a. 1995, S. 279-296 [= Gallo-Germanica 15].
28. Dettmar Heinrich Sarnetzki: Die rheinische Dichtung, in: Rheinische Heimatblätter 1 (1924), S. 182.
29. Sarnetzki (Anm. 5) Bd. 1, S. XI.
30. Herbert Saekel (Hrsg.): Chor um Schmidtbonn. Stuttgart u. a. 1926, S. 76 f.
31. Artikel im Kölner Stadtanzeiger vom 20.11.1927, in: Zeitungsausschnittarchiv im »Rheinischen Literaturarchiv« im Heine-Institut.
32. Artikel in einer Tageszeitung vom 4.7.1952, in: Ebd.
33. Vgl. die kurz vor dem Erscheinen stehende Monographie von Gertrude Cepl-Kaufmann zum »Bund rheinischer Dichter«.
34. Vgl. seine diesbezüglichen Äußerungen in: Alfons Paquet: Antwort des Rheins. Eine Ideologie. Augsburg 1928 [= Gesammelte Schriften. Aufsätze Bd. 1]. Vgl. auch den Beitrag von Frau Cepl-Kaufmann in diesem Band.
35. Vgl. Josef Ponten: Der Rhein. Zwei Aufsätze. Gabe zur Feier der Tausend Jahre der Rheinlande. Berlin und Leipzig 1925.
36. Heinrich Heine: Sämtliche Werke. Hrsg. von Klaus Briegleb. Bd. 4. München 1971, S. 574 f.
37. Adolf von Hatzfeld: Am Rhein, in: Der Niederrhein. Monatsblätter für Heimat und Kultur 3 (1930), H. 9-10, S. 130.
38. Alfons Paquet: Der Sinn des Bundes, in: Ebd., S. 131.

Identitätsfindung im »Bund rheinischer Dichter«

Von Gertrude Cepl-Kaufmann

Auf die zentrale Frage dieses Kolloquiums »Was ist rheinisch?«, möchte mein Beitrag eine durchaus eigene Antwort geben. Sie begegnet uns im Programm des »Bundes rheinischer Dichter«, der nach einem erfolgreichen, allseits begeistert angenommenen und kommentierten Treffen rheinischer Autoren in Koblenz im Jahre 1926 zunächst als nichtkorporierter Zusammenschluss existierte, sich 1930 als Verein etablierte und mit Beginn des Dritten Reiches seine Aktivitäten einstellen musste. Bereits die Genese und Geschichte des »Bundes rheinischer Dichter« offeriert ein breites Spektrum von Bedingungen, unter denen sich Ziele und Formen einer rheinischen Identität entwickeln und ausprägen konnten. Der Ort der Handlung ist topographisch nicht fixierbar, wohl aber die Zeit seines Bestehens 1926-1933, dies mit einer Vorlaufzeit, in der sich die Motivation zu einem solchen Zusammenschluss ausprägen konnte, ab dem Ende des Ersten Weltkrieges.

Ein kurzer faktographischer Aufriss zeigt neben den Dimensionen, die dem in der Materie nicht vertrauten Zuhörer, der Kürze der Zeit angemessen, deutlich gemacht werden sollen, zugleich die Aspekte, unter denen der Bund hier nicht weiter problematisiert werden kann.[1] Dem folgt eine Fokussierung auf die in unserem Kontext interessantesten Ansätze zu einer rheinischen Selbstvergewisserung.

Der »Bund rheinischer Dichter« ist:

1. ein in der Tradition der literarischen Gruppenbildung seit den Sprachgesellschaften des Barock stehende Selbstorganisation von Schriftstellern. Sein Aktionsraum ist das Rheinland als geopolitische Kategorie, d. h., gemeint ist das gesamte Rheingebiet, der Fluss und die an ihm liegenden Länder von der Quelle bis zur Mündung. Darüber hinaus signalisiert die Idee eines »Bundes« die auf ein alternatives Gemeinschaftsmodell setzende Teilhabe an den lebensreformerischen Bewegungen des späten 19. und frühen 20. Jahrhunderts, die Beharrung auf der berufsspezifischen Bezeichnung »Dichter« auf eine deutliche Tendenz zu einer metaphysisch-theologisch begründeten Autonomieästhetik.[2]

2. Der »Bund rheinischer Dichter ist: eine Standesorganisation zur Sicherung schriftstellerischer Interessen durch Abwehr von Konkurrenz und zur Überwindung einer individualisierten Arbeitsform und Artikulationsweise. Die aus dem Ästhetikdiskurs abgeleitete Positionierung innerhalb des literarischen Feldes der Zeit zeigt unsere Dichter tendenziell, vereinfacht und mit der an dieser Stelle notwendigen Pauschalisierung gesprochen, in ihrem Hang zur Verteidigung tradierter literarischer Muster und damit der Abgrenzung vor allem gegen das Berliner »Asphaltliteratentum«.[3]
3. Der »Bund rheinischer Dichter« ist: ein Repräsentativorgan mit der Tendenz zur Teilhabe an der kulturellen Macht. Repräsentiert wird dabei der Anspruch einer kulturellen Elite auf die Kompetenz zur ästhetischen Ausformung gesellschaftlicher Abläufe und zur geistesaristokratisch legitimierten Kontrolle und Mitbestimmung in Fragen der politischen Kultur.[4]

Der »Bund rheinischer Dichter« hat:

1. weit über 100 Mitglieder und Sympathisanten an sich binden können. Zur Kerngruppe gehörten: Adolf von Hatzfeld, Jakob Kneip, Alfons Paquet, Dettmar Heinrich Sarnetzki, Josef Winckler, Herbert Eulenberg, Kasimir Edschmid, Reinhard Goering, Josef Ponten, René Schickele, Walter Kordt, Heinrich Lersch, Alfred Mombert , Rudolf Binding, Leo Sternberg und Willi Schäferdiek.
2. in Jahrestagungen und Arbeitstreffen in Städten entlang des Rheins ein in der regionalen und überregionalen Presse außergewöhnlich beachtetes Vereinsleben geführt.[5] Kernpunkte dieser »Zusammenkünfte« waren neben der Demonstration eines bürgerlichen Feierrituals, einschließlich der in die ritualisierten Abläufe, etwa die »Morgenfeiern«, die wir von Herbert Eulenbergs legendären Auftritten im Düsseldorfer Schauspielhaus kennen[6], integrierten Präsentation der eigenen literarischen Produktion, interne Beratungen, die der eigenen Standortbestimmung dienten. Sie schlossen die Gruppe nach außen ab und förderten, wie die Protokolle zeigen, einen Gruppenkonsens.
3. in Festreden, die Manifestcharakter hatten, seinen Anspruch auf gesellschaftliche Bedeutung und die mit der Rolle des Dichters verbundene Legitimität zur Einflussnahme auf die Entwicklung der Zukunft Deutschlands verbreitet. Diese Festreden wurden in herausragender Weise von einem Thema beherrscht: Der Bedeutung des Rheins als Kraftzentrum, das der Entwicklung Deutschlands nach dem verlorenen Krieg Form und Inhalt geben konnte.

Wie ist nun dieses spezifisch »Rheinische« zustande gekommen? Bei der Frage, wie sich die Identitätsfindung im »Bund rheinischer Dichter« abspielte, können wir einen diachronen und einen synchronen Schnitt machen. Im historischen Ablauf ergeben sich dabei drei Phasen: die Sammlungsphase bis 1930, die Hochblüte, beginnend mit der offiziellen Vereinseintragung 1930, und die Verfallszeit ab 1932, einsetzend mit einem zunehmenden Einfluss rechter Akteure.

Beginnen wir mit der Stunde Null, einem Gedicht von Josef Winckler.[7] Seine »Klage« signalisiert die mentale Verfasstheit einer Schriftstellergeneration, die von Krieg und Niederlage völlig desillusioniert war. Wie in einem Autopsiebericht erscheint die Nichtigkeit heroischer Gesten und romantischer Entrückung, die die Rheinlyrik bisher geprägt hatte. Statt dessen sind Trauer über den Verlust und Selbstbesinnung angesagt.

Klage am Rhein
Wo seid ihr, meine Brüder? Dichter des Rheins?
Clairons und Trommeln gellen durch die schauerliche Stille,
als säß die Pest am Bahnhof, wo verrostet
auf öden Gleisen tote Züge starrn. Kein Schiff
bewimpelt die verlass'ne Flut, die Häfen schauern,
der Tag schleicht schwer gedrückt.

Wo weilt ihr,
Sänger des Rheins, ihr meine stolzen Brüder?
In deren Liedern sich der Strom lebendig rauschend
erhub und wunderleuchtend, tausendtönig
Säule des Gesangs rund um die Erde schwebte?
Kein hoher Rufer wie in alten Zeiten,
kein hehrer Rühmer, wortgewaltger Künder
Des Rechts, der Freiheit – niemand – niemand.

Das weite Ufer auf und ab -verwaist,
verstummt – zerbrochen alle Harfen.
Der goldne Strom der Lieder und der Liebe,
aus dem einst Väterfrommheit höchstes Weistum trank,
der Helden Ruhm, der Sage Traum,
Ganges Europens, Sehnsuchtsstrom der Erde -
gespenstiger Blut- und Wahnsinnsstrom des Fluches,
um den Nationen rangen seit Jahrtausenden:
Sie kamen immer wieder und erschlugen sich,
sie kommen immer wieder und erschlagen sich!

O tiefe Abendmüde nach so großem Mord,
o tiefe Menschheitsverzweiflung...
aus jeder Welle dunkle Nornen wispern;
ewig sinnlos über sinnlos Völkerschicksal
schmelzen kalte Gletscher in das graue Meer.

Hinter den Ruinen, der Burgenidealität des Mittelalters und der großen Zeit der Romantik, die uns Winckler eindrucksvoll zeigt, erscheinen die Wunschprojektionen, die die Mythisierungsprozesse in den Texten rheinischer Dichter in den 20er Jahren bestimmen werden: Hoffnung kann nur kommen im Rückgriff auf die ehemalige Bedeutung des Rheins, seine Bedeutung für das Reich als »Ganges Europens«, als heiliger Strom, als Identifikationsmuster und Denkfigur, mit der die Heldenzeit wieder herbeizitiert werden kann. Mit dieser Zerrissenheit zwischen Hoffnung und Verzweiflung stand Winckler nicht alleine da.

Zwischen Weltkriegsende und der Gründung des Bundes entwickelte sich im Rheinland nicht nur eine politische Krise, sondern auch eine zunehmende Bewusstseinskrise. Die Niederlage des Ersten Weltkrieges traf die Autoren des Bundes in besonderer Weise. Als Generation der 90er Jahre waren sie als durchweg junge Leute vom Desillusionierungsschub des epochalen Ereignisses in besonderer Weise be- und getroffen. Die Reaktionen darauf reichen von der literarischen Diagnose dieser Betroffenheit, wie wir sie etwa bei Josef Winckler finden, bis zur appellativen Zuwendung an die Jugend Frankreichs, mit der etwa Jakob Kneip[8], Kasimir Edschmid[9], oder Fritz von Unruh[10] zur Völkerversöhnung vor allem mit dem »Erbfeind« Frankreich aufrufen, und zur spätexpressionistischen Utopie eines Alfons Paquet, mit der dieser ein neues johanneisches Zeitalter verkündet. In seiner 1919 in der Kölner »Gesellschaft der Künste« gehaltenen Rede *Der Rhein als Schicksal* wird der Rhein, ähnlich wie einhundertzwanzig Jahre vorher von Friedrich Schlegel, als Mitte eines zukünftigen Weltreiches beschworen.[11] Vergleichbare Tendenzen finden wir in der Kölner Künstlerszene, allen voran den Malern der »Kalltalgesellschaft«[12] oder dem Nierendorf-Verlag und seiner Zeitschrift *Der Strom*, die im Untertitel selbstbewusst als *Rheinische Zeitschrift für Literatur und Kunst* firmierte. Nierendorf, beherrscht von der Vorstellung einer »Neuen Gemeinschaft«, »einer neuen Zeit, deren Inbrunst sich wieder Kanzeln schaffen wird und Altäre«, glaubte an eine »religiöse Erneuerung«, wollte einen »neuen Orden«. Sein *Strom*, der Rhein, wurde dafür zum Symbol.[13] Er sah wie die Düsseldorfer Künstler des »Jungen Rheinland«, mit mehr oder weniger starker Differenz in der spirituellen Aufladung, das Heil im

Westen. War diese erste Phase der Nachkriegsbekenntnisse noch von einem diffusen antipreußischen Affekt bestimmt, wird mit der politischen Entwicklung des Rheinlandes, separatistischen Bewegungen und französischer Besatzung, der Bedarf an konkreter Utopie verstärkt. Die Quadratur des Zirkels war das Bekenntnis zum Reich, um der französischen Dominanz mit ihren Annektionsgelüsten zu entkommen, ohne dass daraus ein Bekenntnis zu einem preußisch dominierten Reich wurde. Hier lag eine der Motivationen zum Rekurs auf die alte Reichsidee, die 1925 zu den Jahrtausendfeiern führte. Wie sehr Autoren des Rheinlandes sich in besonderer Weise gerufen sahen, literarisch auf die sich anbahnende Problemlage des Rheinlandes zu reagieren, mochte Josef Ponten und Josef Winckler klar geworden sein, als sie zu den Jahrtausendfeiern der Rheinlande ihr *Rheinbuch* herausgaben.[14] In ihm bekundeten Autoren aus den unterschiedlichsten politischen Lagern und in unterschiedlicher poetischer Potenz ihre Verbundenheit mit der Region. Im Nachhinein erweist sich ihre Aktivität als Beginn einer Sammlungsbewegung, denn die Anthologie ist nur die Spitze eines Eisbergs. Weitere Anthologien, Aufsätze, Gedichte, Lieder, Festspiele und Sonstiges ergoß sich in vielfältiger Form auf die Zeitgenossen.[15] Dass nicht nur Schriftsteller des Rheinlandes die Sache der Region eindringlich betrieben, hat die Ausstellung *Zeitgenossen. August Sander und die Kunstszene der 20er Jahre im Rheinland* in der Kunsthalle Köln im Sommer 2000 gezeigt. Sie hat den Bestand an Rheinlandia um die Bekenntnisse der Künstler der Zeit, vor allem die »Kölner Progressiven«, erweitert. Den Bekenntnischarakter der vielfältigen Äußerungen zum Thema Rheinland mag Franz Wilhelm Seiwert bekunden: Anlässlich der Eröffnung einer Ausstellung der »Rheingruppe« 1930 in Düsseldorf heißt es bei Seiwert:

> wir nennen uns die rheingruppe, damit kommt zum ausdruck, dass wir mit dem rhein als landschaft etwas zu tun haben, dass wir nicht aus zufall hier sitzen oder sitzen geblieben sind, sondern dass wir glauben, hier eine kulturpolitische arbeit zu leisten, die wir an keiner anderen stelle der erde besser leisten können, dass zum anderen wir glauben, dass der geist dieser landschaft sich in unserer arbeit einen Ausdruck sucht, und dass unsere arbeit für den geist der landschaft zeugnis ablegt.[16]

Dieses Bekenntnis hätte jeder der rheinischen Dichter zweifellos unterschrieben.

Die Gründung des Dichterbundes, beginnend mit dem unverbindlichen ersten Treffen 1926 in Koblenz bis zur vereinsmäßigen Bindung 1930 stand ganz unter diesem Bemühen, der rheinischen Sache Ausdruck zu verleihen. Mit dem allgemeinen Rechtsrutsch am Ende der Weimarer Republik gerät auch der Dichterbund ab Ende 1931 in dieses Fahrwasser. Das Rheinische wird auf eine mythisch verquaste Landschaftsempfindung reduziert. Aus der im Vereinsstatut deklarierten Absicht, »Dichter des Rheinlandes« zu sammeln, wird das Votum für eine »Dichtung um den Rhein«, wie Blunck dies als Antrag auf der letzten Tagung im Dezember 1932 formuliert.[17] Doch die Machwerke eines Blunck oder Vesper sollen nicht den Blick verstellen auf die durchaus interessanten Ansätze zur Entwicklung einer rheinischen Identität, die die Hohe Zeit des Dichterbundes ausmachen.

In einem meiner früheren Aufsätze zum Thema habe ich ansatzweise versucht, die Hermeneutik des vierfachen Schriftsinns auf den Topos Rhein, so wie er in den Schriften der Zeit erscheint, anzuwenden.[18] Ich denke, dass dieses hierarchische Erklärungsmodell auch hier mit Gewinn herangezogen werden kann, wenn es darum geht, anhand der Festreden, die auf den mehrtägigen Jahrestreffen des Dichterbundes gehalten wurden, das Rheinische in seiner Differenziertheit herauszukristallisieren.

1. Sensus litteralis:

Dieser buchstäbliche Sinn begegnet uns natürlicherweise durchgehend immer dann, wenn es um geographische, politische oder historische Zusammenhänge um den Rhein geht. Wir finden ihn durchweg in allen Festvorträgen, die auf den großen Jahrestagungen des Dichterbundes gehalten wurden. Adolf von Hatzfeld etwa nennt einen Beitrag zur Dichtertagung von 1930 *Am Rhein* und beschreibt in ihm sowohl die Idylle der Landschaft als auch die Geschäftigkeit des Treibens am Strom. Dass dieser Text über den Sensus litteralis hinaus noch tiefere Deutungsdimensionen entfaltet, wird sich zeigen.

2. Sensus allegoricus:

Es wäre reizvoll, Spielarten der Allegorie »Vater Rhein« anzuführen, die häufig genutzt werden, um die Qualität der Beziehung zu benennen, die zur Mythentradition des Rheins besteht. Die Politisierungstendenz des Mythos, wie er uns in der Memorialarchitektur, etwa am Niederwalddenkmal begegnet, spielt für unsere Autoren dagegen keine Rolle. Doch bescheiden wir uns hier mit einer metaphorischen Deutungsebene. Grenzen, so hat gerade die jüngere Forschung nachgewiesen, haben in höchstem Maße Zeichencharakter, erweisen sich, wie Markus Bauer und Thomas Rahn herauskristallisieren, als »apriorisches Paradox«, denn »ohne die erkannte oder die bestimmte Grenze sind die Dinge nicht verfügbar, oft auch nicht sichtbar. Mit den Dingen ist oft die Grenze nicht mehr sichtbar.«[19] So erscheint der Rhein als Zeichen, als eine der Landschaft inhärente Markierung, die für die sinnliche Wahrnehmung evident ist. Gemeinsam mit Verhaltensregeln und Ritualisierungen prägen sie als Zeichen das kollektive Gedächtnis und materialisieren die Schnittstelle zwischen den Nationen. Das so entstehende »Selbstbild«, auf das sich das »Bewußtsein von Einheit und Eigenart stützt«[20], steht immer in der Gefahr, nicht nur die notwendige Identitätsfindung zu betreiben, sondern »potentiell aggressiver« zu verfahren und die »Grenze als äußeren Schutzwall« zu begreifen[21], statt ihn »zum reflexiven Gegenstand einer immer offenen Identitätsbildung« werden zu lassen.«[22] Es hat eine lange Tradition, den Rhein als Grenze zu sehen, so von Georg Forster oder dem jakobinischen Görres, denen der Rhein in einem umgekehrten, geradezu entgrenzenden Sinne, nämlich mit der grenzüberschreitenden Idee der Aufklärung und Revolution, zur »natürlichen Grenze« wurde, das linksrheinische Gebiet damit die idealtypische Region, die sich den Ideen des Nachbarlandes öffnete und sich dem Siegeszug der Revolution anzuschließen bereit war. Anders Ernst Moritz Arndt, der sich im Kontext der Befreiungskriege mit seiner Schrift »Teutschlands Strom, nicht Teutschlands Gränze« in die politische Rheinliteratur einmischt, und, wie es romantischer Tradition entspricht und in der politischen Situation geboten schien, nicht nur das Argument der natürlichen Grenze im Hinweis auf die durch Napoleons Eroberungszüge widerlegte naturrechtliche Deutung zurückweist, sondern mit der Sprache das Trennende schlechthin benennt, die Basis für jede Abgrenzungsstrategie, Imagologie, Stereotypenbildung und Alteritätsprogramme. Nichts ist für den Paradigmenwechsel vom rationalen Diskurs und seinem aufklärerischen Brüderlichkeitsideal zum Rekurs auf das Eigene so erhellend wie Görres Bericht seiner *Reise nach Paris im Jahre 1799*, in der sich die Genese nationaler Stereotype, nicht unwesentlich beeinflusst von dem aggressiven Diskurs der Völkertafeln des 18. Jahrhunderts, unmittelbar verfolgen lässt.[23] Davon werden wir in den Schriften des Dichterbundes wenig finden, trotz der umgebenden antifranzösisch aufgeladenen Atmosphäre, die sich mit den Repressionen und Beleidigungen der Besatzung ergeben hatte. Als Beispiel nenne ich René Schickele, durch seine Verbindungen zur französischen Clarté und zu Henri Barbusses Völkerversöhnungsdenken in der »Liga zur Beförderung der Humanität« eo ipso revanchistischer Gelüste gänzlich unverdächtig.

Erst beim dritten Anlauf kam René Schickele dazu, beim Dichtertreffen 1928 in Frankfurt, seine Rede *Erlebnis der Grenze* zu halten.[24] Er konterkarierte den Topos »Grenze« mit dem Topos »Falz«, dem Bindeglied zwischen zwei zueinander gehörenden Elementen, denn nicht um das Trennende konnte es im Hinblick auf den Rhein gehen, sondern das Verbindende. In einem Brief an Jakob Kneip schlägt er vor, den Kontakt zu den französischen europaorientierten Intellektuellen zu verstärken, »damit das europäische Programm dessen, was wir unter *Rhein-Land* verstehen, sich leibhaftig darstelle. Der Rhein, nicht als Grenze, sondern als der Falz, der das Buch mit dem europäischen Kanon *zusammenhält.*«[25] Was interessiert an seiner Rede?

Sein Thema ist nicht auf politische Grenzphänomene, gar auf eine spezifische Grenzproblematik reduziert, sondern versteht sich als programmatische Auseinandersetzung mit der gegenwärtigen politischen Lage in Europa, ja aus der Perspektive der Ereignisse im Rheinland gewinnt die weltpolitische Dimension erst recht an Gewicht. Grenze fungiert in seinem Text zunächst als Sensus litteralis, gewinnt aber ein weiteres Bedeutungsspektrum. Wie »in ganz Europa die soziale Grenze im Fließen«[26] ist, steht auch die übrige Welt vor entscheidenden Verschiebungen. Die Strukturen selbst, so schliesst er aus seiner politischen Analyse, sind in Bewegung geraten. »Es sind nicht mehr Länder gegen Länder, sondern ganze Kontinente, geschlossene Rassen, die in den Freiheitskrieg eintreten.«[27] Dennoch fokussiert Schickele seine weiteren Ausführungen auf das engere Problem der »Grenze zwischen Deutschland und Frankreich«, weil diese Grenze sein »persönliches Schicksal« versinnbildlicht und er seinen »Blick an dem Schnittpunkt zweier Völker besonders geschult«[28] hat. Der Elsässer macht, erlebnisspezifisch motiviert, die »Aufrichtigkeit des Verhältnisses zwischen Deutschland und Frankreich ›zum exemplarischen Fall‹ für die Zukunft des Kontinents«.[29] Unter den Auspizien der weltpolitischen Entwicklung erweisen sich die deutsch-französischen Grenzkonflikte als Kinderkram.

Geradezu prognostische Züge zeigt Schickele bei der Diagnose seiner Zeit, die er geprägt sieht vom »hochkapitalistischen Pazifismus«, denn die »Macht der Geschäfte« wird »stärker sein als das Herz« und schon bald die Grenze anhaltender durchlöchern als dies jede Politik könnte.[30] So genau Schickeles Diagnose für unser Zeitalter der Globalisierung zutrifft, so falsch schätzt er die Kräfte seiner Epoche im Hinblick auf die Zukunft ein: »Wir im westlichen Europa erleben keine Revolution, wir erleben auch keinen Krieg mehr. Wir sehen, wie die stärksten Völker der Erde den Krieg ächten und sich zusammenschliessen, um ihren Geschäftsfrieden zu haben.«[31] Doch auch Schickele sieht schon, von welcher Seite die großräumigen Interessen der Wirtschaft torpediert werden: im Klein- und Grabenkrieg der Grenzkonflikte, ausgetragen »mit der Feder, der Denunziation, mit allen geistigen Giften«.[32] In dieser Situation fühlt sich Schickele gerufen, auf ein Ende des »Jahrmarktes der nationalen Eitelkeiten« zu drängen, zu einer ebenso schlichten wie überzeugenden Gegenwartsschau anzuheben und Pragmatismus zu empfehlen:

Zu Tausenden leben an unsrer Grenze Menschen, die vor dem Krieg als Franzosenfreunde galten, und heute gelten sie mit ebensolcher Bestimmtheit als Deutschfreunde. Des Rätsels Lösung wäre einfach genug: sie sind beides zugleich.[33]

Für ihn, den zweisprachigen Elsässer mit deutschem Vater und französischer Mutter, ist die Verbissenheit, mit der die Grenzkonflikte geschürt und ausgelebt werden, ein Krankheitszustand, für ihn gibt es »einen Grenzkoller, wie es einen Tropenkoller gibt.«[34] Der Rhein wird für ihn zur symbolischen Landschaft, die in der Überwindung der trennenden Grenze vorangehen muss. In seiner Romantrilogie *Das Erbe am Rhein* entwickelt er mit Claus von Breuschheim ein alter ego, das den Grundkonflikt in sich lösen kann, wesentlich motiviert durch das Besondere der Rheinlandschaft, die ihm in Zeiten mentaler Zerrissenheit paradiesische Heimat und Kraft signalisiert.[35] Für Schickele selbst konnte die Lösung nicht so einfach aussehen. Der zeittypische Grenzkonflikt löste in ihm einen schmerzenden Antagonismus aus. Sein Herz, so meinte er, sei zu groß für ein Vaterland und zu klein für zwei. Da weder ihm noch anderen so Zerrissenen die Gabe der Omnipräsenz verliehen war, sah sich Schikkele als Verfechter europäischer Gemeinsamkeit von deutscher Seite aus. Erst mit dem Nationalsozialismus, der seinen mehrmonatigen Arbeitsaufenthalt im südfranzösischen Zentrum deutscher Exilanten, Sanary sur mer, ebenfalls zum Exil werden liess, sah er sich gezwungen, das verratene deutsche Vaterland aufzugeben und nurmehr französisch zu schreiben.

3. Sensus moralis:

Was waren nun die Normen, unter denen das Rheinische erst Legitimität gewinnen konnte? Woraus musste sich in dieser Zeit eine Ethik des Rheinischen ergeben? Um das zu beantworten, empfiehlt sich ein kleiner Blick zurück in ein zu diesem Zeitpunkt bereits vergangenes Rheinlandprojekt, das ganz wesentlich von Düsseldorf aus seinen Ausgang nahm: Die Zeitschrift *Die Rheinlande* und der aus diesem Umfeld heraus gegründete »Verband der Kunstfreunde in den Ländern am Rhein«. Hier finden wir zunächst die geistigen Voraussetzungen, die bis in den späteren Dichterbund hineinwirken. Es war dies die Idee eines ganzheitlichen Lebensprogramms, wie es in den zeittypischen Lebensreformmodellen, etwa auf der Darmstädter Mathildenhöhe, ansatzweise verwirklicht wurde. Mit dem »Verband der Kunstfreunde« wurde ein Strukturmodell entwickelt, mit dem die Idee einer Sammlungsbewegung am Rhein umgesetzt werden sollte. Entsprechende Aktivitäten von Basel über Straßburg, Karlsruhe, Frankfurt bis nach Düsseldorf zeigen dies.[36] Alfons Paquet war nicht nur Redaktionsassistent an Wilhelm Schäfers Zeitschrift, sondern hat sich, wie Quellen im Nachlass beweisen, bis in die 20er Jahre mitverantwortlich gefühlt für diese Bewegung. Doch das rein künstlerische Interesse, die Idee einer Lebensreform unter einem primär ästhetischen Aspekt, das den Verband vor dem Krieg geprägt hatte, konnte in den 20er Jahren nicht mehr genügen. Und so gründete Paquet mit einigen Vertrauten die »Rheingenössische Vereinigung«, die schon im Untertitel ihre Herkunft nicht verleugnen konnte. In diesem »Verband der Rheingenossen in den Ländern am Rhein« sollten alle mit dem Rhein in einem Arbeitsbezug stehenden Vertreter von Städten, Schiffahrtsämtern, Wasserfachleuten etc. sich den gemeinsamen Aufgaben am Rhein widmen. Unter ihnen die Schriftsteller, die bereits zu den Mitarbeitern der *Rheinlande* gehört hatten. Die »Rheingenossen« sollten analog zum Dichterbund ihre Aktivitäten entwickeln, und so erstaunt es nicht, dass Adolf von Hatzfeld als ein solcher »Rheingenosse« in seiner Rede auf der Duisburger Dichtertagung von 1930 wenig von Literatur spricht, aber sehr gezielt auf die rheinische Aufgabe zu sprechen kommt, unter der die Autoren der Region, zu denen er natürlich auch Schweizer, Elsässer, Flamen und Niederländer zählte, sich zusammenfinden sollen.[37]

Hatzfeld rekurriert schon vom Titel seines Vortrags her nicht auf substantiell fassbare Ingredientien eines rheinischen Zustandes oder Gefühls, ja, weist dies zu Beginn seiner Rede im Rückgriff auf die Gruppenmotivationen des Göttinger Hains oder der Romantiker ausdrücklich zurück. Wie Schickele bedrückt ihn die aktuelle politische Situation Deutschlands. Sie verdichtet sich im Blick auf die rheinische Landschaft, die sich in Bildern von »romanischen Domen« bis zu den »gewaltigen Türmen der elektrischen Hochspannungen« vor seinem inneren Auge entfaltet.[38] Zunächst scheint auch für ihn das Empfindungsmäßige von besonderem Interesse. Er fühlt »diese Wasserstraße klopfen als das Herz Deutschlands, als das Herz ganz Europas«.[39] Doch das ist nur die Innenseite eines durchaus auf reale Zusammenhänge fixierten Programms, das es in dieser historischen Stunde als Aufgabe zu erkennen gilt. Im Begriff »Arbeit« – bei Paquet heißt es noch eindringlicher »Arbeitslandschaft« – bündelt sich das Bemühen um Erneuerung. Hatzfeld verkündet die »Idee einer Stromgemeinschaft« als »einer Gemeinschaft aller, die an den Ufern wohnen, aller Länder, die an ihn grenzen«.[40] Seine Rede ist nicht frei vom (blinden) seherischen Blick des Expressionisten[41] und versteht sich als reale Utopie, wenn verkündet wird:

Menschliche Gemeinschaft, gemeinsame Arbeit der Menschen, die den Blick gerichtet halten auf ferne, immer erleuchtete Horizonte, Arbeit von Menschen überhöht durch gemeinsames Schaffen, ihrer ist der Schweiß dieses Lebens und ihrer sind die Früchte und der Lohn dieser wirkenden Arbeit, das ist der Himmel unserer neuen Zeit.[42]

Wie weiland in der Sage von der geglückten Nachbarschaft, dank derer der Topf Brei von Basel nach Straßburg verschifft werden konnte, ohne seine Wärme einzubüßen, so werden auch in diesen Zeiten Menschen die gemeinsame Aufgabe anpacken und zu einem guten Ende bringen. So endet Hatzfelds Rede in einer Eloge auf eben jenen Zustand, den er selbst in seiner Rede konstruiert hat:

Jetzt steht auf dem Schiff eine Schar von Menschen, noch ist sie klein, aber es sind Menschen, die, bisher getrennt voneinander, dasselbe neue Lebensgefühl in sich spürten, sie haben sich zu gemeinsamer Arbeit zusammengeschlossen, von allen Ufern, aus allen Ländern, Strombaumeister und Dichter, Winzer und Bauern, Ingenieure und Architekten, Brückenbauer, die Bürgermeister der großen Hafenstädte, Erbauer von Siedlungen und das Schiff legt an an den Ufern, neue Fracht aufzunehmen, sie steigen aus, neue Freiheitsbäume zu pflanzen und von den Türmen der Städte und Dörfer weht unsere Fahne, das Zeichen menschlicher Gemeinschaft und gemeinsamer Arbeit.[43]

Wieder einmal zeichnet sich die Suche nach einer gesellschaftlichen Identität, die hier eng an den Rhein und das Rheinische gebunden ist, als Bewusstseinskonstrukt von durchaus hoher Kohärenz aus. Ziehen wir einmal typische Spätexpressionismen wie Pathos und Gemeinschaftgefühl ab, bleibt ein veritabler Aufruf zur völkerverbindenden Kooperation aller Rheinanliegerstaaten im Sinne einer europäischen Zukunft, wie er auch heute noch jeden europaorientierten Festakt schmücken könnte.

Hatzfelds Bruder im Geiste und Mitstreiter in Dichterbund und »Rheingenössischer Vereinigung« ging einen entscheidenden Schritt weiter in der »rheinischen« Bestimmung seiner Lebensaufgabe. Während Hatzfelds Argumentation zwar den Rhein im Blick hat und die Zukunft Deutschlands vom Rhein her denkt, aber vom Begründungszusammenhang her nicht ausschließlich an diese Landschaft gebunden ist, entwickelt Paquet einen geschichtsphilosophischen Ansatz, unter dem der Rhein Teil einer teleologischen Geschichtsdeutung wird.

4. Sensus anagogicus:

Paquets Rede *Rhein und Dichtung*, gehalten auf einer Morgenfeier der zweiten Dichtertagung 1927 in Koblenz, ist nichts weniger als eine gruppenspezifische Selbstpositionierung des Bundes, eine Funktionsbestimmung des Schriftstellers in der Zeit und *last but not least* eine Ontologie, deren Herzstück das Rheinische ist.[44] In seinem Gedicht *Kurze Biographie* schon hatte Paquet, im Rückgriff auf Heine, ein Bekenntnis abgelegt, das auch seine Tätigkeit im Dichterbund bestimmt:

> Europas Jordan ist der Rhein
> man kann ein Weltkind und gläubig sein.[45]

In seiner Rede erscheint der Rhein als heiliger Strom, das Rheinland als Heilslandschaft. Als Eschaton fungiert die alte Reichsidee. In dieser rückwärtsgewandten Utopie deutet sich das Muster für eine Erlösung Deutschlands aus seiner tiefen Erniedrigung an.

Zunächst konstruiert Paquet ein dreistufiges Geschichtsmodell, dessen beide ersten Phasen, die Römische Zeit als das Zeitalter der »Heroik« und das Mittelalter als Zeitalter der »Mystik« mit ihren lebensumfassenden Dimensionen, dem Rheinland zu seiner Größe verholfen haben. Die dritte Stufe aber, die Romantik, hat sich mit dem Rückzug auf das nur Ästhetische ebenso wie die Klassik als unfähig erwiesen, »die ganze Breite des Volkslebens aufzuwühlen«.[46] Die nur unvollständige Prägung aber muss heute nachgeholt werden. Dem geschichtsdeutenden Teil folgt der Appell an ein neues geschichtsträchtiges Handeln, das ausgeht davon, dass der Rhein zugleich eine »naturwissenschaftliche Tatsache« und eine »Schickung« ist, d. h. die Aufgabe, die Landschaft als »bereits zu Form geronnene Arbeit« zu erkennen und mit der eigenen, einer der Landschaft angemessenen Arbeit zu verbinden.[47] Historische Vorlagen sind dabei die Zeiten der großen Genossenschaften, der Hanse und der Dombauhütten einerseits, und die europäische Reichsidee Karls des Großen. Die Formkraft der Landschaft hat sich in ihren historischen Abläufen manifestiert und wird es weiter tun, »hier ist nichts Totes [...] alles Lebendige, Unerklärbare lebt auch im heutigen Anblick des Rheines fort.« Der Verlauf des Stroms, die Schiffe auf ihm, die Melodie der Wellen im Ohr dessen, der sich dieser lebendigen Kraft auszusetzen und in sie einzudringen vermag, zeigen das letztlich Weltverbindende, das der Rhein offeriert, denn: »Aus der Geologie der Landschaft erwächst uns die großartige Vorstellung der Verbindung des Rheins unter dem Meer hin, über das Meer hinweg mit allen Flüssen der Erde, mit seinen Schwesterflüssen.«[48] Es gilt, die »Ganzheit« und damit die »Wirklichkeit« des Rheines zu begreifen und damit die Aufgabe der »Rheinländer«. Sie sind gerufen, »die erhabene und aufwühlende Musik zu empfinden, die [d]er [Rhein] in breitem Strome durch das Land trägt.« Der so empfundene größere »Weltzusammenhang« ergibt sich aber erst dann, wenn Menschen diese Landschaft als »Arbeitslandschaft« verstehen, denn durch die »Formen der Arbeit am Strome, durch Schiffahrt, Deichbau, Landbau, Städtebau, Kraftgewinnung vollzieht sich das langsame, niemals ganz vollendete Werk der Beherrschung einer Naturkraft«.[49] Die nun folgende Bestimmung der literarischen Gattungen ergänzt die seit der Antike vollzogene Wesensbestimmung des Dichterischen um eine originelle Variante.

So vielfältig, der Gegenstand eines großen Epos, sind die Formen der Bewältigung eines Stromes. In den Leidenschaften, die der Glanz dieses Stromlandes entfesselt, ist die Quelle seiner ewigen Dramatik. In der Größe und Unschuld des Natürlichen dieser Landschaft ruht der Einsatz zartester Lieder.[50]

Allzu profan musste Paquet die Frage erscheinen, ob es rheinische Dichter gibt. Für ihn gab es nur das Handeln in dieser Arbeitslandschaft am Rhein, in der auch das schriftstellerische Tun nur ein Teil eines organischen Ganzen sein konnte. So schließt auch seine Rede:

Wir ahnen in der Landschaft des rheinischen Menschen eine noch ungelöste Aufgabe. Das ist der dichterische Sinn dieses Stromes. Je ruhiger und wissender das Auge der Vergangenheit gegenüber, je ahnungsvoller, weitsichtiger schaut es die Aufgaben, die umgestaltenden, der Zukunft.[51]

Diese Zukunft lag in der Überwindung eines bellizistischen Nationalismus und der Hinwendung zu einem Europa der schöpferischen Arbeit.

Nimmt man hinzu, dass Paquet in seiner Rede auf der Duisburger Dichtertagung ein höchst praktisch orientiertes Projekt einer »Rhein-Ruhr-Stadt« als grenzüberschreitender Megapolis entwirft und die Denkschrift der Rheingenössischen Vereinigung bis in die Hochwasserprophylaxe alle Problembereiche am Rhein realitätsnah aufarbeitet, bleibt dennoch ein gehöriges Maß an Ungenauigkeit in seinem utopischen Konzept, das mit dem Hinweis auf den Spätexpressionismus nicht hinreichend interpretiert werden kann. Paquet war nicht nur Schriftsteller und Journalist bei der angesehenen *Frankfurter Zeitung*, sondern auch promovierter Volkswirt, Spezialist für die weltweite wirtschaftliche Bedeutung des Ausstellungswesens. Als Schüler Lujo von Brentanos und Leopold von Wieses stand er einer morphologisch orientierten, den Gestaltwandel sozialer Prozesse erforschenden Soziologenschule nahe. Als Sekretär des

Deutschen Werkbundes hatte er eine Zeitlang an dessen Sitz, der Gartenstadt Hellerau gearbeitet und gelebt. Auch von dorther kamen seine lebensreformerischen, ganzheitlichen, werk- und arbeitsorientierten Vorstellungen. Als Baptist war es ihm selbstverständlich, dass das »inward light« als lebensspendende Kraft im schöpferischen Sinne Welt und Leben zu gestalten habe. Noch wesentlicher aber scheint mir die Verbindung Paquets zum Marburger Neukantianismus. Mit dem dort lehrenden Düsseldorfer Paul Natorp verband ihn das Engagement im »Bund der Sommerhalde«, in dem er 1919 gemeinsam mit Wilhelm Schäfer zu einer Erneuerung Deutschlands beitragen wollte. Die Verbindungslinien, die sich von dort zu Martin Buber und Walter Benjamin aufzeigen lassen, führen zum utopischen Gemeinschaftsprojekt »Deutsche Gemeinschaft«, in der sich, außer Schäfer, alle zusammenfanden. Die Restitution der Bauhüttenidee als Urbild des Genossenschaftswesens hatte hier neue Nahrung gefunden. Doch letztlich hilft zur weiterreichenden Erklärung nur der Hinweis auf den zweiten Marburger Neukantianer, dessen Abfall von der Erkenntniskritik zur »Philosophie der Symbolischen Formen« sich unmittelbar im zeitlichen Umfeld vollzogen hatte. Ernst Cassirers Suche nach Erscheinungsformen des Daseins, die von ihrer geistigen Zeugungskraft her lebensprägend wirken, scheinen auch Paquet anzutreiben. Mit der im folgenden zitierten Cassirerschen Definition der symbolischen Form könnte man Paquet hindurchhören. »Unter einer ›symbolischen Form‹ soll jede Energie des Geistes verstanden werden, durch welche ein geistiger Bedeutungsgehalt an ein konkretes sinnliches Zeichen geknüpft und diesem Zeichen innerlich zugeeignet wird.«[53] Der Rhein erscheint gestaltpsychologisch gesehen als Zeichen eines sinnerfüllten Lebens, der Dichter des Rheins als derjenige, der der in ihm verborgenenen geistigen Kraft zu einer ihrer Formen verhilft und damit die nie endende Gestalt dieser Landschaft weiterschreibt.

Fürwahr ein großes Programm! Wer die unermessliche Fülle von Briefen kennt und das Engagement nachvollzieht, mit dem Paquet im Dichterbund für seine Idee geworben hat, dürfte nachhaltig beeindruckt sein vom Lebenswerk dieser großen Persönlichkeit.

Kommen wir zum Schluss: In welchem Sinne ist mit diesem Blick auf den »Bund rheinischer Dichter« die Frage beantwortet worden, was »Rheinisch« ist?

Es hat sich gezeigt, was das Rheinische im Kontext des Dichterbundes nicht war: Ein Geheimtreff unter den Auspizien rheinischer Mentalität oder ein im Sinne Nadlers stammesbiologisch definierter Club von Eingeweihten. Wie denn überhaupt für die Definition des Rheinischen nicht das

Begrenzende, das vor allem in der Identitäts- und Alteritätsforschung entdeckte Muster von Grenzziehung zwischen den Ländern, von Bedeutung war. Selbst der Reflex auf das Berliner Asphaltliteratentum spielte eine vergleichsweise geringe Rolle, so dass klar wird, dass sich der nationale und regionale Diskurs nicht notwendig kontrovers vollziehen müssen. Ebensowenig wird man mit den Ansätzen der Imagologie und den Forschungen zur Stereotypenbildung fündig werden. Es ging den Autoren des Dichterbundes viel stärker um eine Selbstpositionierung in einem historisch-gesellschaftlichen Kontext, um einen Ansatz zur Überwindung der eigenen und der nationalen Krise. Hier allerdings pflegen sie in besonderer Weise die von ihnen nach der Romantik ein zweites Mal wiederentdeckten Stereotype älterer Traditionsstufen. Ihr rhenozentristisches Weltbild ist ein Bewusstseinskonstrukt von hoher Homogenität. Alle historischen Unebenheiten wie die fehlende Einheitlichkeit einer Stammesstruktur – auch das »Fränkische« ist ja ein Konstrukt – und die Einheitlichkeit eines historisch gewachsenen Raumes werden von der teleologischen Fixierung her überbrückt.

Auch die Rhein-Landschaft wird für dieses Ziel instrumentalisiert. Im Konstrukt einer Immanenz des Landschaftlichen und im Rekurs auf die Alte Reichsidee als Ersatz für jede Transzendenz entwickelt sich ein Rheinmythos, der für die in ihrer Zeit entwurzelten Schriftsteller Identifikation, Lebenshilfe und -orientierung bedeutete. Rheinisch sind unsere Dichter also insofern, als sie nur in einer Neubestimmung des politischen und weltanschaulichen Kurses der Nachkriegszeit vom Rheinland aus eine Zukunft sahen. Die Instrumentalisierung tradierter und die Konstruktion neuer Mythen nahmen sie dabei gerne auf sich, weil sie ihnen selbst jene Größe verliehen, die sie auf der Suche nach einem genuinen Bewusstsein und Selbstbewusstsein innerhalb der literarischen Szene und der Gesellschaft ihrer Zeit nötig zu haben schienen. Doch das steht auf einem anderen Blatt.

Anmerkungen

1. Eine Forschung zur Geschichte des »Bundes rheinischer Dichter« gab es trotz der evidenten öffentlichkeitswirksamen Aktivitäten der Schriftstellerorganisation lange Zeit überhaupt nicht. Selbst das verdienstvolle »Handbuch literarisch-kultureller Vereine, Gruppen und Bünde 1825-1933«. Hrsg. v. Wulf Wülfing, Karin Bruhns und Rolf Parr. Stuttgart 1998 [= Repertorien zur Deutschen Literaturgeschichte, Bd. 18] nennt den Dichterbund nicht. Um so größerer Dank gebührt dem »Ministerium für Schule und Weiterbildung, Wissenschaft und Forschung« des Landes Nordrhein-Westfalen für die Förderung der Forschungen zu diesem Thema. Ein erstes Ergebnis konnte bereits vorgelegt werden: Gertrude Cepl-Kaufmann: »Europas Jordan ist der Rhein«. Der »Bund rheinischer Dichter« zwischen Europaidee und Volkstumsdenken, in: Geschichte im Westen. Halbjahresschrift für Landes- und Zeitgeschichte 10 (1995), H. 2, S. 149-167. Eine umfangreiche Geschichte und Dokumentation des Bundes erscheint in Kürze bei Schöningh in Paderborn.
2. Vgl. dazu: Dietmar Lieser: Zur Ideologie des Naiven und des Erhabenen. Josef Pontens Moderne-Kritik im »Offenen Brief an Thomas Mann« (1924) und ihre faschistischen Implikationen, in: Moderne und Nationalsozialismus im Rheinland. Vorträge des Interdisziplinären Arbeitskreises zur Erforschung der Moderne im Rheinland. Hrsg. v. Dieter Breuer und Gertrude Cepl-Kaufmann. Paderborn 1997, S. 105-125.
3. Vgl. dazu die Rede von Dettmar Heinrich Sarnetzki auf der Tagung des »Bundes rheinischer Dichter« in Trier 1932. Unter dem Thema »Dichtung und Politik« bemühte Sarnetzki das gesamte semantische Arsenal geistesgeschichtlicher Tradition, das er in dichotomisch strukturierten Assoziationsketten ausschlachtete und in der Gegenüberstellung der Begriffe »Dichtung und Politik« sehr pointiert als »zwei einander widerstreitende Elemente menschlichen Wirkens« ausmachte: Dettmar Heinrich Sarnetzki: Dichtung und Politik. Rede, gehalten auf der Tagung des Bundes rheinischer Dichter in Trier, in: Rheinische Heimatblätter 9 (1932), H. 7, S. 171-174. Vgl. vor allem auch die Auseinandersetzung der Gruppe um Wilhelm Schäfer und Josef Ponten in der »Sektion für Dichtkunst« der »Preußischen Akademie der Künste«, in der dieser Antagonismus ausgetragen wurde, mit den bekannten Folgen, dass Schäfer mit lautem Getöse 1930 aus der Akademie ausschied, um nach der Machtergreifung um so klarer das Zepter an sich zu reißen. Vgl. dazu Inge Jens: Dichter zwischen rechts und links. Die Geschichte der Sektion für Dichtkunst an der Preußischen Akademie der Künste, dargestellt nach den Dokumenten. Leipzig 1994; Werner Mittenzwei: Der Untergang einer Akademie oder Die Mentalität des ewigen Deutschen. Der Einfluss der nationalkonservativen Dichter an der Preußischen Akademie der Künste 1918 bis 1947. Berlin 1992.
4. Der Dichterbund hat in seinen internen Sitzungen mehrere Beschlüsse in aktuellen politischen Fragen gefasst, etwa in der Welfenschatzaffaire oder der Auseinandersetzung um ein Reichsehrenmal, das nach dem Ersten Weltkrieg

errichtet werden sollte. Auf einer Sitzung zur Planung der Jahrestagung von 1930 in Duisburg fasste der vorbereitende Ausschuss in Wiesbaden am 19.7.1930 den Beschluss, die »Bundesleitung« möge an alle Städte, in denen Mitglieder des Dichterbundes wohnen, ein »offizielles Schreiben« schicken mit der Aufforderung, »dass dieses Mitglied in allen kulturellen Angelegenheiten befragt, gehört und eingeladen wird und rangiert wie die Spitzen kultureller Behörden«; Nachlass (NL) Alfons Paquet, Stadt- und Universitätsbibliothek Frankfurt, B – Akten des Dichterbundes.

5. Eine Bibliographie, die in der 2001 erscheinenden Dokumentation enthalten sein wird, erfaßt die bemerkenswerte Kommentierung, die sich nicht auf die lokale oder regionale Presse beschränkte.
6. Vgl. dazu Frank Thissen: »Edle Arznei für den Alltag«. Herbert Eulenbergs Düsseldorfer Morgenfeiern und die Romantikrezeption um 1900. Köln 1992 [= Böhlau Forum Litterarum, Bd. 16]. Eulenberg war Mitglied des Dichterbundes und wirkte dort mit seiner verbindlichen, auch größere Zusammenhänge der Kulturentwicklung berücksichtigenden Art.
7. Josef Winckler: Klage am Rhein, in: Rheinischer Beobachter. Wochenschrift für den deutschen Rhein und das Selbstbestimmungsrecht des deutschen Volkes 12 (1921). – Zu Josef Winckler vgl. Wolfgang Delseit/Franz Rudolf Menne: Josef Winckler (1881-1966) – Leben und Werk. Begleitbuch zur Ausstellung. Köln 1991.
8. Jakob Kneip: An Frankreich. Köln 1922.
9. Kasimir Edschmid: Aufruf an die revolutionäre französische geistige Jugend, in: Das Tribunal 1 (1919), H. 8/9, S. 1 f.
10. Fritz von Unruh: Die Flügel der Nike. Frankfurt a. M. 1925.
11. Alfons Paquet: Der Rhein als Schicksal. Köln 1919.
12. Die Kalltalpresse 1919-1921. Text und Ausstellungskatalog. Hrsg. v. Reinhard Schilf. Hürtgenwald 1994.
13. Brief an Paquet v. 5.6.1919, NL Paquet, nicht katalogisierter Bestand, Kapsel »Sommerhalde«.
14. Josef Ponten/Josef Winckler (Hrsg.): Das Rheinbuch. Eine Festgabe rheinischer Dichter. Stuttgart 1925.
15. Auch hierzu enthält die Geschichte des Dichterbundes eine reichhaltige Bibliographie. Z. Zt beschäftigt sich ein Forschungsprojekt des »Arbeitskreises für die Erforschung der Moderne im Rheinland« unter kulturhistorischem Aspekt mit den Jahrtausendfeiern und Befreiungsfeiern im Rheinland. Auch hierfür steht eine Forschungsförderung durch das Ministerium zur Verfügung.
16. Franz Wilhelm Seiwert: Rede zur Eröffnung der Ausstellung der »Rheingruppe« in Düsseldorf am 30. August 1930, in: f. w. seiwert. gemälde, grafik, schriften. Hrsg. v. Gerd Arntz und August Schinkel. Prag 1934, S. 23.
17. Protokoll der Mitgliederversammlung im Rheinhotel Dreesen in Bad Godesberg vom 12.12.1932; NL Adolf von Hatzfeld, Stadt- und Universitätsbibliothek Dortmund, Bestand nicht katalogisiert.
18. Gertrude Cepl-Kaufmann: »Ein Paar Tropfen Rheinwasser«. Das Rheinland als literarischer Erfahrungsraum, in: Literarisches Schreiben aus regionaler

Erfahrung. Westfalen – Rheinland – Oberschlesien und darüber hinaus. Hrsg. v. Wilhelm Gössmann und Klaus-Hinrich Roth. Paderborn 1996, S. 55-96.

19. Markus Bauer/Thomas Rahn: Vorwort, in: dies. (Hrsg): Die Grenze. Begriff und Inszenierung. Berlin 1997, S. 7-9, hier S. 7.
20. Jan Assmann: Kulturelles Gedächtnis und kulturelle Identität, in: ders./Tonio Hölscher (Hrsg.): Kultur und Gedächtnis. Frankfurt a. M., S. 9-19, hier S. 15.
21. Aleida Assmann/Heidrun Friese: Einleitung, in: Identitäten. Frankfurt a. M. 1998, S. 11-23, hier S. 23.
22. Ebd.
23. Joseph Görres: Resultate meiner Sendung nach Paris im Brumaire des achten Jahres, in: ders.: Gesammelte Schriften. Hrsg. i. A. der Görres-Gesellschaft v. Wilhelm Schellberg. Bd. I: Politische Schriften der Frühzeit (1795-1800). Hrsg. v. Max Braubach. Köln 1928, S. 549-608, hier bes. 591 ff.
24. René Schickele: Erlebnis der Grenze, in: Werke in drei Bänden. Hrsg. v. Hermann Kesten unter Mitarbeit v. Anna Schickele. Bd. 3. Köln 1959, S. 999-1005.
25. Ders.: Brief v. 7. 7. 1926, NL Jakob Kneip, Landeshauptarchiv Koblenz, Abtl. Rommersdorf, Nr. 355.
26. Schickele (Anm. 24), S. 999.
27. Ebd., S. 1002.
28. Ebd.
29. Ebd., S. 1003.
30. Ebd., S. 1004.
31. Ebd.
32. Ebd.
33. Ebd., S. 1005.
34. Ebd.
35. René Schickele: Das Erbe am Rhein. München 1925-1931.
36. Vgl. den Beitrag von Sabine Brenner in diesem Band.
37. Adolf von Hatzfeld: Am Rhein. In: Der Niederrhein. Monatsblätter für Heimat und Kultur 3 (1930), H. 9/10, S. 130.
38. Ebd.
39. Ebd.
40. Ebd.
41. Es reizt, bei diesem Gedanken auf die Tatsache hinzuweisen, dass Hatzfeld nach einem Selbstmordversuch erblindet war, so dass das Motiv des blinden Sehers sich hier geradezu aufdringlich anbietet. Doch sei dies nur als kleine Anmerkung notiert.
42. Hatzfeld (Anm. 37), S. 130.
43. Ebd.
44. Alfons Paquet: Rhein und Dichtung. Ansprache bei einer Morgenfeier im Theater der Stadt Koblenz; veröffentlicht unter dem Titel »Zur Gestaltung des Stromes«, in: ders.: Antwort des Rheines. Eine Ideologie. Augsburg 1928, S. 288-300.

45. Ders.: Kurze Biographie, in: ders.: Gesammelte Werke. Hrsg. und mit einer Einleitung versehen v. Hanns Martin Elster. Bd. 1: Gedichte. Stuttgart, 1970, S. 37 [= Nyland-Buch].
46. Ders., Rhein (Anm. 44), S. 292.
47. Ebd., S. 296.
48. Ebd., S. 298.
49. Ebd., S. 299.
50. Ebd., S. 300.
51. Ebd.
52. Vgl. dazu Gertrude Cepl-Kaufmann: Gustav Landauer im Friedrichshagener Jahrzehnt und die Rezeption seines Gemeinschaftsideals nach dem 1. Weltkrieg, in: Gustav Landauer im Gespräch. Symposium zum 125. Geburtstag, hrsg. v. Hanna Delf und Gert Mattenklott. Tübingen 1997, S. 235-278, hier bes. S. 251 ff. [= Conditio judaica, Bd. 18].
53. Ernst Cassirer: Philosophie der symbolischen Formen. 3 Bde. Darmstadt 1964, Bd. 1, S. 16.

Zum Profil der Kulturzeitschrift *Die Rheinlande* (1900-1922)

Von Sabine Brenner

I.

Gibt es eine spezifisch ›rheinische‹ Kultur, und wenn ja, was macht sie aus? Dieser grundsätzlichen Frage nach dem Selbstverständnis der Region gehen alle Beiträge des vorliegenden Sammelbandes nach. »Rheinisches« jedoch, so wird deutlich, existiert nur in konkreten Funktionszusammenhängen und ist oftmals ein ideologisches Konstrukt, zu dessen Mythenbildung an dieser Stelle nicht beigetragen werden soll. Ganz im Gegenteil. Wie bereits Bernd Kortländer in seinem Beitrag ausgeführt hat, besitzt die Zuschreibung ›rheinisch‹ nur einen begrenzten Geltungsanspruch und ist kontingent.

In der Literatur füllte sich die magische Vokabel ›rheinisch‹ insbesondere an der Wende vom 19. zum 20. Jahrhundert mit neuen Inhalten: die tradierten Mythen, Zeichen und Ideen, der ›Vater Rhein‹, die Auseinandersetzung mit dem ›Erbfeind‹ Frankreich, all das erhielt eine neue Färbung. Deshalb bietet sich eben jener Geschichtszeitraum am Anfang des 20. Jahrhunderts mit seinen spezifischen sozialen und kulturellen Implikationen als Untersuchungsfeld an.

Um 1900 wurde in Düsseldorf eine Zeitschrift gegründet, die den programmatischen Titel *Die Rheinlande* trägt und sich bewusst mit der Region identifiziert. Die diachronen kulturellen Entwicklungen in der Zeit zwischen 1900 und 1922, dem Erscheinungszeitraum der *Rheinlande*, werden – und das macht die Besonderheit der Zeitschrift aus – schlaglichtartig in eben jener Zeitschrift aufgenommen und widergespiegelt. Durch ihre breite Öffnung für Literatur, Theater, bildende Kunst, Architektur, Kunstgewerbe und Musik schuf die Zeitschrift gleichzeitig neue Identifikationsangebote für das kollektive Bewusstsein. Aufgrund dieser öffentlichkeitswirksamen und meinungs(ab)bildenden Faktoren soll das ›rheinische‹ Profil der Kulturzeitschrift herausgearbeitet werden. Allerdings wird dabei kein Schleier der kollektivistischen Mystifikation über die ›rheinische‹ Identität gelegt, um diese auf einen »metaphysischen Kern, genannt ›Volksseele‹«[1] zurückzuführen. ›Rheinische‹ Kultur ist nicht a priori vorhanden. Vielmehr entwickelt sich kulturelle Identität immer aus den Interaktionen mit anderen[2] und der Manifestation einer eigenen Position geht ein Abgrenzungsprozess von anderen voraus. Deshalb ist es notwendig, in einem ersten Schritt zu untersuchen, welche äußeren Faktoren bei der Gründung der Zeitschrift *Die Rheinlande* eine Rolle gespielt haben und in welcher Weise der durch sie in Gang gesetzte kulturelle Distinktionsprozess das ›rheinische‹ Profil der Zeitschrift bedingte. Die Abgrenzung von anderen und anderem ist allerdings nur der Beginn zur Herausbildung eigener kultureller Muster. Bereits Aleida Assmann hat in ihren kulturwissenschaftlichen Studien darauf aufmerksam gemacht, dass alle kollektiven Identitäten Diskursformationen sind, die durch Symbolsysteme erstellt und aufrecht erhalten werden.[3] Kulturelle Identität kann sich demnach nur in einem Medium – in diesem Fall der Zeitschrift *Die Rheinlande* – spiegeln, wenn sich die Träger der ›rheinischen‹ Kultur über Symbolsysteme als zugehörig definieren und sich so mit der Kultur identifizieren.[4] Aus diesen Gründen soll in einem zweiten Schritt analysiert werden, mit welchen Vorstellungen und Symbolgehalten das ›Rheinische‹ in der Zeitschrift gefüllt wird. Da der Schriftsteller Wilhelm Schäfer die kulturellen Muster der Zeitschrift 22 Jahre lang als Schriftführer und Herausgeber maßgeblich geprägt hat, werden in erster Linie seine programmatischen Beiträge bei der Analyse herangezogen.

II.

Um die Jahrhundertwende, als sich die Vorherrschaft Berlins gegenüber anderen Städten im deutschen Reich immer stärker bemerkbar machte, suchten Künstler aus der preußischen Rheinprovinz Wege, um ein Forum gegen die ›kopflosen Zeitungen‹ aus Berlin zu schaffen. So kam es in Düsseldorf zu einer Bewegung, deren Ergebnis im Oktober 1900 die Zeitschrift *Die Rheinlande* war.

Der Schlachten- und Historienmaler Theodor Rocholl betonte bereits 1899 die für ein solches Vorhaben notwendige Melange zwischen Industriellen, Bürgertum und Künstlern:

> Daß mit [dem] industriellen der künstlerische Aufschwung gleichen Schritt halte, muß nicht nur das eifrigste Bestreben der Künstlerschaft sein (denn dies wäre eine Einseitigkeit), sondern es wird ebenso im Interesse aller Gebildeten und Bildungsbedürftigen liegen, wenn ein Mittelpunkt geschaffen wird zur Befriedigung der gesteigerten künstlerischen Bedürfnisse des Westens von Deutschland.[5]

Der Zuschnitt der Zeitschrift auf den Westen Deutschlands und damit insbesondere auf die Rheinprovinz, war bereits in dieser frühen Phase zu erkennen und im Umkehrschluss ein Votum gegen Berlin als großstädtische Kulturmetropole. Es wird deutlich, dass sich hier ›rheinische‹

Kultur durch die Abkehr und Abwehr von Berliner Kultur konstituiert und sich die Zeitschrift *Die Rheinlande* deutlich in die Front der »Los-von-Berlin!« Bewegung stellt.[6] Um die ›rheinische‹ Kultur zu stärken, sollte die zu gründende Kulturzeitschrift nach Rocholl an erfolgreiche ›eigene‹ Traditionen wie die *Düsseldorfer Monatshefte* anknüpfen:

> So soll unsere Monatsschrift der Düsseldorfer Kunst dienen, dann aber auch der Rheinischen Kunst und der Rheinischen Dichtkunst, der Rheinischen Architectur, dem Rheinischen Kunstgewerbe und somit dem ganzen Rheinischen Volke.[7]

Schon in dieser Konzeptionsphase wurden Kunst, Dichtung, Architektur und Kunstgewerbe als förderungswürdig angesehen und sollten in der Zeitschrift aufgegriffen werden. Festzustellen ist also, dass der Zeitschrift eine umfassende Anschauung von Kunst, besser gesagt Kultur, zugrunde lag, und dass das eher handwerklich orientierte Kunstgewerbe ebenfalls bewusst aufgenommen wurde.

Wenngleich die Gründungsphase der Zeitschrift von einem umfassenden Kulturbegriff Zeugnis ablegt, so wirft sie ebenso ein bezeichnendes Licht auf eine verengte Perspektive ausländische Kunst und Künstler betreffend. Explizit sollte die neue Kunstzeitschrift ein »ausreichendes Mittel zur Gegenwehr«[8] sein, da, so Rocholl, in »auswärtigen Blättern unsere Kunst in einer Weise verschmäht wurde, wie sie es wirklich nicht verdient«.[9] Die Gründung der Zeitschrift *Die Rheinlande* ist somit nicht nur auf die Abgrenzung von Berlin zurückzuführen. Ein weiterer äußerer Faktor, der die Ausbildung einer ›rheinischen‹ Kultur hervorrief, war die Skepsis gegenüber ausländischen Einflüssen und hier war, auch wenn dies nicht explizit genannt, in erster Linie Frankreich mit seiner Metropole Paris gemeint. Vielleicht war es eben ihre Abwehrhaltung gegen »auswärtige Kultur«, die gleichzeitig den Wunsch der Zeitschriftengründer stärkte, ein typisch ›deutsches‹ Blatt zu generieren. In Theodor Rocholls Aussagen spiegelt sich nämlich ein überaus starker nationaler Impetus:[10]

> »Deutsch« nennen wir unser Blatt und treten hiermit in die Reihe der Kämpfer für deutsche Art und deutsches Wesen, auch in der Kunst, sehen wir doch, wie überall in der Welt sich Interesse für nationale Eigenart regt.[11]

Die in der Zeitschrift vertretene ›rheinische‹ Kunst wurde – wie Rocholls Ausführungen zeigen – als Teilmenge, wenn nicht sogar als Krönung oder besonders typische Ausprägung der ›deutschen‹ Kultur betrachtet. Festzuhalten ist, dass die Ausbildung der kulturellen Muster der Zeitschrift *Die Rheinlande* sich nicht nur in Abgrenzungsprozessen, sondern auch in Eingrenzungsprozessen vollzog.

Für die konkrete Gestaltung des Blattes waren folgende Inhalte geplant: Besprechungen von kulturellem Tagesgeschehen, soweit es rheinische Gebiete berührte, Wiedergaben von Bildern und Studien, künstlerische Abhandlungen sowie Belletristisches.[12] Diese Konzeption wurde in der Zeitschrift später umgesetzt, hinzu kamen aber noch Notenbeilagen sowie Besprechungen von Ausstellungen und Büchern. Was in der Gründungsphase der Zeitschrift geplant, jedoch nicht verwirklicht wurde, ist die Namensgebung: Wie Rocholl betonte, sollte *Die Rheinlande* noch im Oktober 1899 aus folgenden Gründen *Der Malkasten. Düsseldorfer Monatshefte für Deutsche Kunst* genannt werden:

> Wie unser »Malkasten« das Bindeglied ist für die gebildeten Stände Düsseldorfs, wie er seine Thore den Gebildeten der Nachbarstädte öffnet [...] – so soll unsere ›Kunstzeitschrift‹ ein Bindeglied werden für alle Ritter von Geist, seien es Künstler oder Beamte, Schriftsteller oder Industrielle.[13]

Durch die Bezeichnung »Ritter von Geist« erfahren alle potentiellen Künstler, Förderer und Leser der Zeitschrift eine Nobilitierung, die zum einen den erlesenen Charakter des Projektes, zum anderen die Selbstverortung aller Beteiligten als Vorkämpfer für die Kunst verdeutlichen soll. Auch wenn dies nicht explizit von Theodor Rocholl ausgeführt wird, grenzt er das elitäre, wohlgebildete »wir« gleichzeitig gegen die Masse, also das Volk ab, das eben seiner Meinung nach nicht von ›Geist‹ beseelt ist. Die Idee, die Düsseldorfer Kunstzeitschrift nach dem »Malkasten« zu benennen, lag aus verschiedenen Gründen auf der Hand. Erstens war der »Künstlerverein Malkasten« (KVM), 1848 gegründet, einer der ältesten und traditionsreichsten Vereine bildender Künstler.[14] Zweitens bestimmten seine Mitglieder das Düsseldorfer Kunst- und Kulturleben auf maßgebliche Weise, sei es durch die Ausrichtung spektakulär-pompöser Frühlingsfeste, sei es in ihrer Funktion als finanzkräftige Kunstmäzene oder als Professoren der Düsseldorfer Kunstakademie. Obwohl die von Rocholl geäußerte Idee, die Zeitschrift nach dem »Malkasten« zu benennen, verworfen wurde, lässt der künstlerische Beirat der Zeitschrift *Die Rheinlande* (1. Ausgabe, Oktober 1900), bestehend aus Prof. Clemens Buscher (Maler), Heinrich Hermanns (Maler), Dr. Fritz Koegel (Industrieller, Schriftsteller), Prof. Christian Kröner (Maler),Wilhelm Lohe (Rechtsanwalt), Hans Lücke (Buchhändler), Walter Petersen (Maler), Wilhelm Pfeiffer (Bankier), Theodor Rocholl (Maler), Prof. Willy Spatz (Maler), Hermann v. Wätjen (Regierungsrat a. D.) dennoch auf eine enge Verbindung mit dem »Malkasten« schließen. Alle Mitglieder des künstlerischen Beirats der ersten Ausgabe der *Rheinlande* wurden nämlich mit einer einzigen Ausnahme (Fritz Koegel) in den Mitgliederverzeichnissen des »Malkastens« zeitgleich mit der Zeitschriftengründung in den Jahren 1899 und 1900 geführt.[15] Diese Zusammenhänge verdeutlichen verschiedene Funktionen und Zielvorstellungen aus der Gründungsphase der Zeitschrift: Zum einen diente sie in den Anfangsjahren als Werbeblatt für den stagnierenden Düsseldorfer Kunstmarkt, zum anderen sollte sie die Wertigkeit ›rheinischer‹ Kunst in Deutschland steigern, um so das kulturelle Selbstbewusstsein der Region zu (be)fördern.

III.

Mit welchen Symbolgehalten und Vorstellungen das ›Rheinische‹ in der Zeitschrift gefüllt wird, lässt sich anhand des programmatischen Vorworts zur ersten Ausgabe erkennen, das unverkennbar Wilhelm Schäfers Handschrift trägt. Darin wird versucht zu begründen, warum die deutsche Zeitschriftenlandschaft gerade um eine ›rheinische‹ Zeitschrift erweitert wird oder sogar erweitert werden musste. Indirekt ist das Vorwort zur ersten Ausgabe allerdings nicht nur eine Verortung des eigenen Standpunktes, sondern ebenfalls eine Verteidigung gegen das (Vor)Urteil, durch den regionalen Schwerpunkt verliere die gezeigte und besprochene Kunst an literarischer und bildnerischer Qualität.

Im Vorwort wird deutlich, dass sich *Die Rheinlande* sowohl von dem Epigonentum der »Wein, Weib und Gesang«-Lyrik, als auch von dem damals gemeinhin als ›rheinisches‹ Kulturgut akzeptierten Karneval abgrenzen möchte. Ernsthaftigkeit und ›Geist‹ der ›rheinischen‹ Künstler sollten indes gefördert werden:

> Wir ungereimten Rheinländer wollen es wieder richtig machen, indem wir den rheinischen Geist auch noch heute bei der ernsten Arbeit zeigen. Es kann nicht ganz unwichtig für das Ganze sein, wie die reichsten und bevölkertesten Landschaften deutscher Zunge künstlerisch und geistig sich geltend machen.[16]

Die Formulierung »Landschaften deutscher Zunge« deutet ebenso wie die Titelgebung der Zeitschrift als *Die Rheinlande* auf ein erweitertes Verständnis des ›rheinischen‹ Gebietes hin. Zugrunde lag hier die mittelalterliche Vorstellung einer Kulturgemeinschaft von Chur bis Lüttich. Der Rhein wurde in der Zeitschrift als kulturprägender Faktor empfunden und avanciert so zum länderübergreifenden und ländervereinenden Symbolträger. Sämtliche Gebiete von der Quelle bis zur Mündung des Stroms wurden in das Konzept der ›rheinischen‹ Region eingebunden, also auch niederländische, schweizerische und elsässische Gegenden. Alle drei Kulturen waren in die grenzüberschreitende Rheinland-Definition eingeschlossen und hielten daher für das Rheinland zahlreiche identifikationsstiftende Momente bereit.[17] Nicht verwunderlich ist es, dass etwa ein gesamtes Themenheft über die Schweiz erschien. Aber auch über den Rhein selbst wurde 1903 ein Themenheft veröffentlicht. Dort heißt es im Vorwort:

Dieses Heft ist tendenziös gemeint. Wir möchten eine Anregung geben gegenüber den süßlichen Bildern, Photographien, Ansichtskarten, Liedern und Rheinbüchern des Reisegeschäfts, der künstlerischen Darstellung dieser »hochgesegneten Gebreite« nachzugehen. Es sind natürlich nur wenige Proben, die wir in diesem Heft vereinigen konnten, aber wir erhoffen den Eindruck einer kräftigen Poesie [...].[18]

Johann Wolfgang von Goethe ist in diesem Heft der am häufigsten abgedruckte Autor. So sind nicht nur seine Zeilen

Zu des Rheines gestreckten Hügeln,
[...]
Möget mit Gedankenflügeln
Ihr den treuen Freund begleiten[19]

als Motto dem Heft vorangestellt, sondern auch an zahlreichen anderen Stellen werden Zitate und Gedichte von ihm eingefügt. Wilhelm Schäfer schreibt in dem Themenheft über den Rhein: »Unter den Dichtern des Rheins ist Goethes Name zuerst zu nennen«.[20] Immer wieder wurde Goethe in der Zeitschrift *Die Rheinlande* als Vorbild und typisch »rheinische Ikone« gefeiert. Bereits im zweiten Heft des ersten Jahrgangs wurde Goethe vom Beiträger Wilhelm Holzamer als »größter Deutscher«[21] bezeichnet und »im Freundschaftsbund mit Schiller«[22] als gemeinsame literarische Leit- und Identifikationsfigur verstanden. Nicht der rebellierende, stürmende und drängende Goethe wird als Vorbild rezipiert, sondern der bürgerlich-klassische. Holzamer reklamierte Goethe explizit für »das deutsche Bürgertum«[23] und über dessen Elternhaus schrieb er emphatisch:

kurzum ein echtes deutsches Bürgerhaus. Mit einem Schuß Hausbackenheit wohl, aber doch darin rheinische Gemütlichkeit, rheinischer Frohmut und biedere Gastfreundschaft. Wie viele Jahre, die vergangen sind, seit hier Leben war, als Tribut abgefordert haben, dies ist geblieben, dieser Grundcharakter, dieser Grundton: deutsch! rheinisch![24]

Offensichtlich ist, dass durch die eklektische Reklamation Goethes als typischer ›Rheinländer‹ nachgewiesen werden sollte, dass die ›rheinische‹ Landschaft die bedeutendste deutsche Literatur hervorgebracht habe. Goethe diente dabei als Legitimation für die ›rheinischen‹ Dichter des 20. Jahrhunderts, die nach der Interpretation der Zeitschrift *Die Rheinlande* in Goethes Nachfolge schrieben. Auch sonst fand in der Zeitschrift kein expliziter Bruch mit den literarischen Traditionen des 19. Jahrhunderts statt.

Im Themenheft über den Rhein waren die zeitgenössischen Autoren unter anderem durch Wilhelm Schäfer selbst mit der Rheinsage *Der wilde Kedrich* und dem Anfang der in Fortsetzungen gedruckten Erzählung *Der tapfre Maruck. Eine Erzählung aus den Befreiungskriegen*, Wilhelm Schmidt – der als persönliches Bekenntnis zu seiner Heimat seinen schlichten Geburtsnamen später in Wilhelm Schmidtbonn umwandelte – mit *Eisgang* aus dem Buch *Uferleute, Geschichten vom unteren Rhein* und Alfons Paquet mit dem Gedicht *Am Rhein* vertreten. Obwohl die Unterschiede zwischen den Autorenpersönlichkeiten größer kaum sein könnten, zeichnen sich alle ihre hier abgedruckten Texte durch zwei Charakteristika aus: zum einen legen sie Zeugnis ab für ihren starken Landschaftsbezug und zum anderen sind die Texte allesamt meilenweit entfernt von naturalistischen oder expressionistischen Experimenten. In Schäfers Sage wird die Rheinlandschaft zur Burgenkulisse einer märchenhaft anmutenden Jungfrauenrettung; Schmidtbonn personifiziert den Rhein und das Rheineis und verleiht ihm eine geheimnisvoll-gefährliche Dimension, und Paquet schildert eine pittoresk-idyllische ›rheinische‹ Landschaft. Insgesamt ist festzuhalten, dass im Themenheft über den Rhein versucht wird, das Rheinland als naturbelassene Landschaft der Märchen und Burgen darzustellen, wohingegen das Thema »Industrie« fast gänzlich ausgespart wird.

IV.

Ungefähr ein Jahr nach dem Erscheinen dieses Themenheftes wurde 1904 der »Verband der Kunstfreunde in den Ländern am Rhein« gegründet, der die Zeitschrift als Verbandorgan übernahm. Durch den Verband löste sich das ›rheinische‹ Konzept der Zeitschrift von dem doch engeren Wirkungskreis der Düsseldorfer Gründerväter. Motor dieses Wechsels der Perspektive und zugleich des Horizonts, der das Unternehmen vor dem Absinken ins Provinzielle bewahrte, war der unermüdliche Wilhelm Schäfer. Er war als Herausgeber der Zeitschrift ihre wichtigste Konstante und auch im »Verband der Kunstfreunde in den Ländern am Rhein« hatte er die Schriftführung inne. Das Protektorat des Verbandes der Kunstfreunde in den Ländern am Rhein übernahm mit dem Großherzog Ernst Ludwig von Hessen und bei Rhein ein einflussreicher Kunstmäzen, der schon um die Jahrhundertwende mit der Mathildenhöhe ein raum- und gesellschaftsumgreifendes Modell mit Reformideen gefördert hatte. Neben dem Großherzog gehörten der Regierungspräsident a. D. zur Nedden, Kölns Bürgermeister Laué und Konsul Lucan 1904 dem Gründungsvorstand des »Verbandes der Kunstfreunde in den Ländern am Rhein« an. Als Gemeinschaft von Kunstfreunden und Künstlern war es das Ziel des Verbandes, »Schaffenden und Genießenden in gleichem Maße zu dienen«.[25] Entlang des Rheins richtete er Kunstkommissionen in Stuttgart, Darmstadt, Karlsruhe, Düsseldorf, Frankfurt, Straßburg und Basel ein, um seine Interessen vertreten zu können. Gefördert wurden vom »Verband der Kunstfreunde in den Ländern am Rhein« in erster Linie junge Künstler durch Ehrengehälter, Ankäufe und Aufträge. Außerdem sammelte er »durch seine [fast] jährliche Verbandsausstellung [...] das Beste rheinischer Kunst, und diese Ausstellungen waren immer ein bedeutendes Ereignis«.[26] Um aber speziell die Literaturförderung nicht zu vernachlässigen, wurde im Juli 1909 auf Anregung von Wilhelm Schäfer der »Frauenbund zur Ehrung rheinländischer Dichter« gegründet, der es sich zum Ziel gesetzt hatte, »[...] in jedem Jahr ein Buch eines rheinländischen Dichters zur ersten Ausgabe [zu] bringen, die ausschließlich für die Mitglieder des Frauenbundes bestimmt ist«[27] und mit einem Ehrenhonorar für den Autor verbunden war. Ein Leseausschuss, in dem unter anderem Hermann Hesse und Wilhelm Schäfer saßen, erarbeitete dabei Vorschläge für die zu fördernden Werke. 1909 wurde beispielsweise Wilhelm Schmidtbonns Tragödie *Der Zorn des Achilles* durch den Frauenbund erstmals aufgelegt, 1911 Herbert Eulenbergs Drama *Alles um Geld*, 1913 Alfons Paquets *Erzählungen an Bord*, 1914 Robert Walsers *Kleine Dichtungen* und 1917 Hermann Sinsheimers Roman *Die drei Kinder*. Der »Frauenbund zur Ehrung rheinländischer Dichter« existierte bis 1917, in den Kriegsjahren firmierte er dann als »Frauenbund zur Ehrung deutscher Dichter«. Während des Ersten Weltkriegs war die Zeitschrift *Die Rheinlande* von nationalistischen Zügen geprägt, und nach dem Ersten Weltkrieg war sie nur noch ein schwacher Abglanz ihrer selbst und wurde 1920 von ihrem monatlichen Erscheinungsturnus auf eine Vierteljahresschrift umgestellt. 1922 stellte die Zeitschrift ihr Erscheinen und der Verband seine Aktivitäten ein.

Sowohl die Zeitschrift *Die Rheinlande*, als auch der »Verband der Kunstfreunde in den Ländern am Rhein« haben zwei Jahrzehnte lang das Kulturleben am Rhein maßgeblich gefördert und so ›rheinisches‹

Selbstbewusstsein befördert. Zeitschrift und Verband sind beispielgebend für die blühende ›rheinische‹ Kulturlandschaft nach der Jahrhundertwende, die sich in Vereinen, Gruppen und Verbänden zusammenschloss, um die ›eigene‹ Region zu stärken. Dabei stellte sich die Zeitschrift, wie es ihr Mitarbeiter Otto Doderer im Rückblick schilderte, »in die Front der ›Los-von-Berlin!‹ -Bewegung, die damals [...] nicht vereinzelt ihre Stimme erhob«[28], ohne jedoch ins Provinzielle abzusinken. Insbesondere Wilhelm Schäfer war für die Zeitschrift und den Verband ein unverzichtbarer Bestandteil und nahm in seiner Funktion als ›Kulturmanager‹ einen bedeutenden Stellenwert im kulturellen Diskurs der Zeit ein.

Anmerkungen

1 Aleida Assmann: Zum Problem der Identität aus kulturwissenschaftlicher Sicht. In: Die Wiederkehr des Regionalen. Über neue Formen der kulturellen Identität. Hrsg. von Rolf Lindner. Frankfurt a. M./New York 1994, S. 13-36, hier S. 13.

2 Hermann Bausinger: Kulturelle Identität. Tübingen 1982, vgl. hier S. 12.

3 Assmann (Anm. 1), S. 16.

4 Diesen Vorgang der Entwicklung und Speicherung kultureller Identität hat Aleida Assmann grundlegend in ihrem Buch Erinnerungsräume: Formen und Wandlungen des kulturellen Gedächtnisses (München 1999) dargelegt.

5 Theodor Rocholl, Düsseldorf (Oktober 1899). Nachlass Wilhelm Schäfer, Rheinisches Literaturarchiv, Heinrich-Heine-Institut Düsseldorf (im folgenden: NL Schäfer).

6 Eingewandt werden könnte an dieser Stelle, dass der vorhandene Anti-Berlin Habitus später von der Zeitschriftenpraxis überholt wird, da durchaus Berliner Künstler in der Zeitschrift Die Rheinlande abgedruckt werden. Dieser Umstand ändert jedoch zum einen nichts daran, dass der Distinktionsprozess vom städtischen Berlin die Bildung einer ›rheinisch‹-landschaftsgebundenen Kultur beförderte.

7 Rocholl (Anm. 5).

8 Ebd.

9 Ebd.

10 Während des Ersten Weltkriegs bestimmen diese von Beginn an vorhandenen nationalen Züge immer stärker den Inhalt der Zeitschrift.

11 Rocholl (Anm. 5).

12 Vgl. ebd.

13 Ebd.

14 Vgl. Hans-Werner Langbrandtner/Sabine Schroyen: Quellen zur Geschichte des Künstlervereins Malkasten. Ein Zentrum bürgerlicher Kunst und Kultur in Düsseldorf. Landschaftsverband Rheinland. Archivberatungstelle Archivheft

24. Köln 1992, S. 1.
15 Vgl. Ordentliches Mitgliederverzeichnis des <Malkastens>. Januar 1899. Düsseldorf und Ordentliches Mitgliederverzeichnis, Januar 1900. Düsseldorf.
16 Vorwort zur ersten Ausgabe der Zeitschrift *Die Rheinlande* 1 (1900), H. 1.
17 Genaueren Aufschluss über die Auseinandersetzungen mit der Schweiz, den Niederlanden und Frankreich in der Zeitschrift *Die Rheinlande* geben drei Aufsätze: Marcel Baumgartner: Schweizer Kunst und deutsche Natur. Wilhelm Schäfer, der Verband der Kunstfreunde in den Ländern am Rhein und die neue Kunst in der Schweiz zu Beginn des 20. Jahrhunderts, in: Auf dem Weg zu einer schweizerischen Identität 1848-1914. Schweiz 1987, S. 291-308; Dieter Heimböckel/Uwe Werlein: Das Niederlande-Bild in Wilhelm Schäfers ›Die Rheinlande‹, in: Sprache und Literatur am Niederrhein. Hrsg. v. Dieter Heimböckel. Essen 1998, S. 105-124 [= Schriftenreihe der Niederrhein-Akademie, Bd. 3]; Bernd Kortländer: Ein Frankreichbild aus dem konservativen Lager. Wilhelm Schäfers ›Die Rheinlande‹ und Frankreich, in: Frankreich aus deutscher Sicht (1871-1914). Hrsg. v. Helga Abret. Berlin u. a. 1995, S. 279-295 [= Contacts Série, 2, Gallo-Germanica, Vol. 15].
18 Vorwort in: Die Rheinlande 3 (1903), S. 241.
19 Ebd.
20 Wilhelm Schäfer: Bilder und Bücher vom Rhein, in: Ebd., S. 278 f., hier S. 278.
21 Wilhelm Holzamer: In Goethes Geburtshaus, in: Die Rheinlande 1 (1900), S. 32-38, hier S. 32.
22 Ebd., S. 33.
23 Ebd., S. 34.
24 Ebd., S. 37.
25 Satzung des Verbandes der Kunstfreunde in den Ländern am Rhein, NL Schäfer.
26 Ebd.
27 Informationsheft des Frauenbundes zur Ehrung rheinländischer Dichter (1914), NL Schäfer.
28 Wilhelm Schäfer: Das deutsche Gesicht in der rheinländischen Kunst. Ausgewählt und eingeleitet v. Otto Doderer. Ratingen 1942, S. 8.

»Jenseits von Uedem ...« oder: Deutschlands wilder Westen
Der Niederrhein im Kriminalroman

Von Helge Drafz

Eine wahre Geschichte aus dem wilden Westen

Die harte Arbeit in den Bergen hatte sich gelohnt, auch wenn das in den Trinity Mountains am Oberlauf des Flusses grassierende Goldfieber bereits abklang. Jetzt, da er den Sacramento River verließ, war er um ein Ledersäckchen voller Goldnuggets reicher. Das, was er da aus dem Flusskies herausgewaschen hatte, würde reichen, um für ihn und seine Frau in Cincinnati eine bürgerliche Existenz aufzubauen. Doch dort kam er nie an. Wie sich später herausstellte, war Wilhelm Brinkhoff das Opfer einer Räuberbande geworden, die sich darauf spezialisiert hatte, Goldsuchern ihren mühsam erworbenen Besitz abzujagen. So endete im Jahr 1863 tief im amerikanischen Westen das Leben des Mannes, der Jahre zuvor dafür gesorgt hatte, dass aus dem linken Niederrhein vorübergehend eine Art wilder Westen Deutschlands geworden war.

Wer in der ohnehin nicht besonders reichen Literaturgeschichte des Niederrheins nach Vorgängern oder Vorbildern unserer heutigen Kriminalliteratur fahndet, wird nichts finden. Die erzählende Literatur, die Verbrechen und ihre Aufklärung zum Inhalt hat, ist ein modernes Genre. Die deutschsprachige Kriminalliteratur ist es erst recht, umso mehr, wo sie sich Schauplätze abseits der Metropolen sucht. Doch die Recherche nach älteren Druckerzeugnissen kriminalistischen Inhalts bleibt nicht völlig erfolglos. Man stößt zwar nicht auf Romane und Erzählungen, dafür aber auf eine wahre Geschichte, die allerdings besser nicht hätte erfunden werden können. Es ist die Geschichte von Wilhelm Brinkhoff und seiner Räuberbande. Die Männer, die sich Mitte des 19. Jahrhunderts um den im Dorf Alpen geborenen Brinkhoff scharten, machten nach Art des Schinderhannes die Gutshöfe am Niederrhein und die bürgerlichen Wohnviertel der umliegenden Kleinstädte unsicher und wurden binnen kurzer Zeit zu Schreckgespenstern der preußischen Polizei. Ihre Schlupfwinkel hatte die Bande in der Bönninghardt, der damals noch waldreichen und dünn besiedelten Hügelkette zwischen Rheinberg, Xanten und Sonsbeck. Von der armen Bevölkerung dort wurden die Räuber als »Rächer des Unrechts, des Hochmuts und des Geizes« gefeiert.[1]

Sein größter Coup gelang Brinkhoff allerdings erst, nachdem er verhaftet und 1860 in Kleve zu sechzehn Jahren Zuchthaus verurteilt worden war. Obwohl er den Niederrhein nie verlassen hatte, vermochte er doch so überzeugend von einem neuen Leben in Amerika zu schwärmen, dass – davon beeindruckt – sein Gefängniswärter in der Klever Schwanenburg ihm erst zur Flucht verhalf und ihm dann auf ein Auswandererschiff nach Amerika folgte. Noch Jahrzehnte, nachdem 1863 die Nachricht von Brinkhoffs Tod im wilden Westen den Niederrhein erreicht hatte, blieb der Räuber von der Bönninghardt im Bewusstsein der Bevölkerung lebendig, erzählte man sich Geschichten von seinen Taten und besang sein Leben in Moritaten. 1929 setzte der Duisburger Journalist und Autor Hermann Jung Brinkhoff ein Denkmal, als er dessen Lebensgeschichte in einem Buch beschrieb.[2] Dieser Tatsachenbericht, der seither immer wieder aufgelegt wurde, ist – fasst man den Begriff sehr weit – der erste Regionalkrimi vom Niederrhein. Eine Tradition wurde durch ihn allerdings nicht begründet. Und doch haben die heutigen regionalen Kriminalromane mit der Geschichte vom Räuber Brinkhoff einiges gemein: den kriminalistischen Inhalt, den niederrheinischen Schauplatz, die detaillierte Schilderung realer Milieus und die Bedeutung für die Ausbildung bzw. Vergewisserung einer bestimmten regionalen Identität.

Um diese Aspekte soll es im Folgenden gehen und weniger um ästhetische Fragen. Kriminalromane erreichen – ähnlich wie die früher mündlich überlieferten Räubergeschichten – ein breites Publikum. Deshalb sollte ihre Wirkung – oder besser: Nebenwirkung – auf Prozesse regionaler Bewusstsseinsbildung nicht unterschätzt werden. Diese Rolle der Kriminalromane ist umso bemerkenswerter, als es sich um ein sehr junges literarisches Subgenre handelt. Denn alle Bücher, die man in diesem Zusammenhang nennen kann, stammen aus den vergangenen zehn Jahren, viele aus den letzten zwei Jahren. Es handelt sich um Bücher, die zum Teil von den Verlagen ganz gezielt als »Regional-Krimis« vermarktet werden, weil man sich erhofft, auf diese Weise ein breiteres Publikum anzusprechen.[3]

Niederrhein-Krimis: Lesen und Reisen

Wer – wie der Autor dieses Beitrags – das Glück hat, am Niederrhein zu leben, und zwar auf einem Bauernhof zwischen Wald und Feld, kommt im beruflichen Alltag in der Großstadt ständig in Erklärungsnot, wenn er die Frage nach seinem Wohnort präzise beantworten soll. Er macht dabei allerdings die Erfahrung, dass Titel von Kriminalromanen selbst bei jenen, die solche Bücher gemeinhin nicht lesen, als Redewendung bekannt sind. Sagt man, man wohne hinter Uedem, also nahe Goch, kommt vom Gesprächspartner oft, wie aus der Pistole geschossen, der Einwurf: »Ach, jenseits von Uedem also!«. *Jenseits von Uedem* ist eines der insgesamt acht Bücher, die das Autorenteam Artur Leenders, Michael Bay und Hiltrud Leenders aus Kleve bisher veröffentlicht hat.[4] Als bislang produktivste Autoren von »Niederrhein-Krimis« haben sich die drei in der Krimi-Szene inzwischen den Spitznamen – oder Ehren-Titel – »Trio Criminale« eingehandelt. Wie stark ihre Bücher wahrgenommen werden, kann man daran sehen, dass sie – wie auch andere Niederrhein-Krimis – in den meisten Buchhandlungen zwischen Krefeld und Kleve direkt neben der Kasse liegen, dass die Autoren fast jede Woche irgendwohin zu Lesungen eingeladen werden oder als Gäste im Schulunterricht von ihrer Arbeit erzählen. Am Niederrhein ist die Popularität dieser neuen regionalen Krimi-Literatur inzwischen so groß, dass es manchen begeisterten Leser gelegentlich zu seltsamen, aber durchaus einfallsreichen Aktionen treibt: Wer an der Ausfahrt Kleve die A 57 verlässt und dann nach wenigen Kilometern auf die B 504 in Richtung Kranenburg/Nimwegen wechselt, erreicht bald den Reichswald zwischen Kleve und der niederländischen Grenze. Der ehemalige preußische Staatsforst ist das größte geschlossene Waldgebiet am Niederrhein. Der erste Waldweg links ist ein alter Schmugglerpfad, der zur niederländischen Grenze führt. Dort steht am rechten Wegrand seit einiger Zeit ein kleines Holzkreuz mit einem eingebrannten Namen: ein Kreuz, wie es traditionellerweise am Niederrhein an Straßenrändern dort aufgestellt wird, wo ein Mensch bei einem Verkehrsunfall zu Tode gekommen ist. Doch ein Mensch mit dem Namen Günther Breitenegger, der auf diesem Kreuz im Reichswald verewigt ist, hat am Niederrhein nie gelebt. Es handelt sich vielmehr um eine Romanfigur von Leenders/Bay/Leenders, genauer: um einen Kommissar vom Klever K 1, der an jenem abgelegenen Ort im Reichswald von einem fahrenden Auto erfaßt wird und stirbt. Damit beginnt die Handlung im Krimi mit dem Titel *Feine Milde*.[5] Ein anonymer Fan hat dem fiktiven Polizisten, hat dem Buch und seinen Autoren also dort ein kleines solides Denkmal gesetzt.

Wer diese Stelle selbst einmal aufsuchen will, braucht gar nicht lange selbst zu suchen. Man kann diesen Ort als Teilnehmer einer sachkundig geführten Rundreise ansteuern. Die Touristik-Agentur Niederrhein, eine Einrichtung, die nach dem endgültigen Aus für den Schnellen Brüter von Kalkar mit Mitteln aus einem Ausgleichsfond des Landes Nordrhein-Westfalen den Tourismus in dieser Region fördern soll, veranstaltet neuerdings Touren für all jene, die den unteren Niederrhein bisher nur aus den Beschreibungen in Kriminalromanen kennen. Da gibt es Kanufahrten auf dem Rhein genau entlang der Strecke, den eine treibende Wasserleiche in einer Romanhandlung genommen hat, es gibt Radtouren zu einem Dorffriedhof, auf dem in einem anderen Krimi ein Mord geschieht, und es gibt Wanderungen zu abgelegenen Anwesen, wo sich laut Romanhandlung religiöse Fanatiker zu mysteriöse Treffen einfinden und dergleichen mehr. Das Interesse an solchen Touren – so die Veranstalter – übertreffe alle Erwartungen. Die Teilnehmer der Reisen wünschten die Zusendung der entsprechenden Kriminalromane zusammen mit den Buchungsunterlagen: zur Einarbeitung in das Thema.

Wer solche organisierten Touren nicht mag, für den gibt es das Buch zu den Büchern der Klever Krimi-Autoren: *Mörderischer Niederrhein* ist eine Art Reiseführer für ganz besessene Krimi-Fans.[6] Auf den darin beschriebenen und mit Landkarten und Fotografien illustrierten Touren findet man die Schauplätze von Morden und Überfällen, die Orte von Hausdurchsuchungen und Festnahmen, ja selbst die Wohnhäuser der Polizeibeamten in und um Kleve: allesamt Orte, die in der Realität existieren, die ihre besondere Bedeutung allerdings erst durch die fiktiven Handlungen in Kriminalromanen erhalten haben. Natürlich beschränken sich die Hinweise in diesem Reiseführer nicht allein darauf, sondern der lesende Ausflügler findet Anmerkungen zu historisch bedeutsamen Orten in der Landschaft, bekommt Einblicke in die Geschichte des unteren Niederrheins, findet die gesellschaftlichen Milieus beschrieben, die dann auch in den Kriminalromanen für die jeweilige Handlung von Bedeutung sind. Allein die Tatsache, dass es einen solchen Reiseführer für eine eher abgelegene und touristisch wenig erschlossene Region gibt, verweist auf den offenkundigen Publikumserfolg von Regional-Krimis, auf den Erfolg dieses neuen Subgenres der Kriminalliteratur. Wesentlich für diesen Erfolg ist nicht in erster Linie die literarische Qualität solcher Bücher. Denn die ist höchst unterschiedlich: Sie reicht von unbeholfenen Romanerstlingen, die besser nicht veröffentlicht worden wären, über klischeebeladene Kolportage bis hin zu schlüssig erzählten, spannenden Romanen, die den Konstruktionsprinzipien des Kriminalromans entsprechend angelegt sind und außerdem hinreißende Milieuschilderungen enthalten.[7] Wie aber lässt sich der Erfolg der Regionalkrimis begründen?

Erstens: Die Handlung dieser neuen Kriminalromane ist nicht – wie zu früheren Zeiten – in den immer gleichen Metropolen angesiedelt, sondern in der sogenannten Provinz. Und sie spielt nicht in den Milieus sozialer Randgruppen, in der Unterwelt einer Großstadt oder im Dunstkreis international operierender Geheimdienste. Diese Kriminalgeschichten handeln von Verbrechen, die dort geschehen, wo sich auch das Leben der Durchschnittsbevölkerung abspielt: in unspektakulären Klein- und

Mittelstädten oder auf dem Dorf. Die Täter sind in der Regel keine Psychopathen, keine Monster oder Killer im Auftrag geheimnisvoller Organisationen. Die Ermittler sind keine einsamen Kämpfer im Großstadtdschungel, keine Asphaltcowboys, sondern Familienväter, die nach der kriminalistischen Arbeit im Gemüsegarten Erdbeeren pflanzen oder die Jugendmannschaft des ortsansässigen Fussballclubs trainieren.

Zweitens: Die Orte des Geschehens sind identifizierbar. So, wie man durch die Krimis von Chester Himes New Yorks Stadtteil Harlem kennenlernte oder mit Simenons Kommissar Maigret durch Paris streifte, so, wie man heute mit Donna Leon durch Venedig flaniert, so kann man nun bei der Lektüre von Regional-Krimis etwas vom Ruhrgebiet, von der Eifel oder eben auch vom Niederrhein erfahren. Die Perspektive des Erzählers ist in der Regel die des Ermittlers – ganz gleich, ob es sich bei ihm um einen Polizisten, einen Detektiv oder Journalisten handelt. Es ist eine Perspektive, die einerseits von Distanz zu den Schauplätzen, den Menschen und Mentalitäten geprägt ist. Der Ermittler ist in diesen Büchern entweder kein Alteingesessener, sondern etwa durch Versetzung oder Berufswechsel an den Ort seiner Tätigkeit gelangt. Oder er stammt von dort und kehrt nach langer Abwesenheit zurück. Er kann jedenfalls die Zustände am Ort des Geschehens mit nötigen Abstand betrachten. Andererseits identifiziert er sich mit der Region der Romanhandlung, weil er dort heimisch geworden ist oder weil er alte Verbundenheit spürt. Dadurch hat er intime Kenntnisse über die Region, hat Verständnis für Menschen und ihre Eigenarten. Diese charakterliche Konstellation sorgt jedenfalls dafür, dass Betrachtungen über Orte und Bewohner der jeweiligen Region von einer grundsätzlichen Sympathie getragen sind, die gelegentlich kritisch reflektiert oder auch ironisch gebrochen wird.

Beispielhaft lassen sich die grundlegenden Konstruktionsprinzipien im Roman *Dealer-Wallfahrt* (Untertitel: *Ein niederrheinischer Szene-Roman*) des Vierseners Paul Eßer nachweisen.[8] Das Buch spielt im Milieu einer Clique von Vertretern der 68er-Generation in der Kleinstadt Viersen. Die Erzählperspektive ist die eines über das Leben reflektierenden Intellektuellen: Dr. Fred Bellmann, früher politisch links stehend und heute liberal und kulturinteressiert, kehrte nach dem Studium in seinen Heimatort Süchteln zurück und etablierte sich dort als Notar, sein Freund Wolf (ebenfalls einer der Hauptprotagonisten im Roman) war jahrelang Werbetexter in Düsseldorf (»der Hauptstadt der Nichtigkeiten«, wie es in dem Buch heißt[9]), gab seinen Beruf entnervt auf und lebt als trinkender Privatier ebenfalls wieder in Süchteln. Beide fahren eines Tages mit der alten Clique nach Kevelaer, und das schildert der Autor so:

»Alles erzkatholisch hier«, lästerte Wolf gerade, »trittfestes Gesäß, abgeflachte Kniescheiben und perfekt im Verdrängen.« Niemand wollte ihm widersprechen. »Wie weit isses noch?« Hannas Frage konnte nur an Bellman, den Ortskundigen gerichtet sein. »In einer halben Stunde sind wir da«, sagte der, die genaue Kilometerangabe vermeidend, obwohl er sie kannte. Er addierte zur Nachprüfung seiner Kalkulation noch einmal ein paar Ortsschilder bis Kevelaer: Oedt und Grefrath hatten sie hinter sich, vor ihnen lagen Wachtendonk, Straelen, Geldern, dann ging es den Kölner Pilgerweg lang, Platthaus, Veert und Beerendonk. Er blickte wieder aus dem Fenster. Hoch stand der kostengünstige Bodenschädling Mais auf den Feldern, auf den Wiesen das extralange Zuchtschwein, das auf vier schwachen Beinen durchhing. Schlanke, glatte Pferde grasten auf vorschriftsmäßig mit Gummibändern abgetrennten Wiesen, von den Bauern für gut zahlende Wochenendreiter aus Düsseldorf und Duisburg in Form gehalten. Auf den Äckern lag, noch nicht gelb und gebrechlich, das Kartoffelkraut am Boden. Auch die Rübenernte hatten sie noch vor sich, doch der Herbst hatte erste Zeichen gesetzt. [...] Rätselhaft wie alles an Wolf, der vorgab, dies platte Land zu lieben, denn es sei nun mal das seine, waren seine kritischen Bemerkungen zu den Menschen hier, manchmal im modischen Tonfall der Inlands-Ethnologie formuliert, ein anderes Mal recht einfühlsam, wenn auch meist bösartig, wie beim Streit unter Verwandten.[10]

Typisch für dieses Literaturgenre sind die detaillierten Ortsangaben. Beispielhaft auch ist der nüchterne, kritische Blick auf die Landschaft verbunden mit Reflexionen, aus denen oft genug so etwas wie eine enttäuschte Heimatliebe spricht. Aus manchen Passagen hört man förmlich den unausgesprochenen Vorwurf des Autors heraus: Was habt Ihr, Niederrheiner, aus meinem Niederrhein gemacht? In einigen Regionalkrimis ist dieser quasi-dokumentarische Teil im Verhältnis zu den Passagen, in denen die Handlung vorangetrieben wird, so umfangreich, dass man als Leser den Eindruck gewinnt, mancher Schlenker im Handlungsablauf dient bloß als Anlass für noch eine weitere essayistische Betrachtung. Auf diese Weise wird nicht nur der ländliche Raum, werden auch Städte beschrieben. Pünktlich zum alle 50 Jahre in Neuss gefeierten Quirinus-Jahr, in dem Neuss seinen Stadtpatron, den Heiligen Quirinus, ehrt, erschien im Frühjahr 2000 der Romanerstling des Neussers Heinz Schmitz: ein Kriminalroman, dessen Handlung um den Neusser Quirinus-Kult kreist.[11] Ein Mann kehrt nach Jahren in seine Heimatstadt zurück und versucht dort, den mysteriösen Selbstmord seines Bruders aufzuklären. Es stellt sich sehr bald heraus: Es war Mord. Und der Hintergrund des Verbrechens: Der Ermordete hatte für seine Dissertation neue Erkenntnisse über das Leben des Heiligen Quirinus gewonnen – Erkenntnisse, die den Neusser Traditionspflegern gegen den Strich gehen. Auch hier geht es neben der eigentlichen Romanhandlung darum, ein Portrait der Stadt und ihrer Umgebung zu zeichnen. Bei seinen Recherchen wird der Protagonist von Verfolgern gejagt. Das liest sich so:

> Der Abstand nahm nie so weit zu, daß sich eine Flucht gelohnt hätte. In Reuschenberg fuhr ich in die Siedlung mit den kleinen Einfamilienhäusern. Jede Straße hatte einen Blumennamen, Narzissenstraße, Lilienstraße, Nelken- oder Dahlienstraße. Wohnparadies für Mittelständler, die dafür arbeiten, ihre hundertzehn Quadratmeter Wohnfläche mit einem grünen Rasen und einer stachligen Hecke zu umgeben. Hatte man noch eine Garage, war das Paradies vollkommen. Doch Paradiese müssen geschützt werden; so liegen die Häuser in einem Gewirr und Labyrinth von Einbahnstraßen, Sackgassen mit und ohne Wendemöglichkeit, Stichstraßen und Vorfahrtsstraßen. Hier fährt man nicht freiwillig durch, nur Pflichtbesuche bei Verwandten und Grillfeste zwingen zu Expeditionen. Um hier herauszufinden, hilft nur ein Ariadnefaden. Ich durchzog einige schmale Straßen, wich entgegenkommenden Autofahrern in Parklücken aus, ließ eine Mutter mit Kinderwagen über die Straße zockeln und versuchte nicht, meine Verfolger abzuhängen. Langsam, Stichstraße um Stichstraße, ganz gemächlich, vergrößerte ich den Vorsprung Meter um Meter. Erst als er erfolgversprechend aussah, gab ich Gas.[12]

Kennzeichnend für viele sogenannte Regional-Krimis ist auch: Fast jeder Ortswechsel von A nach B wird so beschrieben, dass man ihn nachvollziehen kann. Jeder Gang, jede Fahrt der Hauptprotagonisten in den Romanen wird detailliert protokolliert. Diese genauen geographischen Angaben haben einen doppelten Zweck. Sie machen die Handlung nachvollziehbar, geben dem fiktiven Romangeschehen einen hohen Grad von Authentizität und machen es glaubhaft. Das ist ein Grund für den Erfolg dieser Romane. Gleichzeitig bekommen die einzelnen, so ausführlich beschriebenen Orte durch den Handlungsfaden eine Beziehung zueinander. Auf diese Weise entsteht das Bild einer Landschaft. Und diese Landschafts-Skizzen sind der zweite Grund, warum Regional-Krimis offenbar gern gelesen werden.

Was ist ein Regionalkrimi?

Die ersten Bücher, die man als Regionalkrimis bezeichnete, tauchten etwa Mitte der 80er Jahre auf. Es waren die Jahre, als plötzlich über die Begriffe »Heimat«, »Provinz« und »Region« sehr intensiv debattiert wurde. Plötzlich entdeckten auch fortschrittliche Geister, dass so etwas wie ein regionaler Dialekt nicht unbedingt Ausdruck reaktionärer Heimattümelei sein muss, sondern durchaus auch kulturelles Erbe mit sozialen Funktionen ist. Plötzlich entstanden allerorten Geschichtswerkstätten, in denen interessierte Laien und Historiker die lokale und regionale

Geschichte ihrer Lebenswelt erforschten. Es entspann sich eine Debatte, die mit kulturellen, politischen und ökologischen Fragestellungen um das Begriffspaar Metropole und Provinz kreiste. Regionale Minderheiten und regionalistische Bewegungen in Europa rückten plötzlich ins Blickfeld der Wissenschaft. Im Mittelpunkt der geistes- und sozialwissenschaftlichen Diskussionen stand der Begriff »Identität«.[13] Und sozusagen als Gegenmodell zu neokonservativen Bestrebungen, das Konzept der Nation als kollektive Bezugsgröße wieder zu etablieren, entstand ein linksalternativer, antietatistischer Zeitgeist, den man heute kaum noch für möglich hält, wenn man sich die politischen Zustände in Land und Bund betrachtet, wo pragmatische Macher an der Spitze stehen, die sich von Einsprüchen aus der Provinz nicht im geringsten beeindrucken lassen. In diesem kulturellen Klima der 80er Jahre tauchten jedenfalls die ersten sogenannten Regional-Krimis auf.

Es waren zunächst zwei Verleger, die in dieser literarischen Nische ihre Chance sahen: Rutger Booß mit seinem Dortmunder GRAFIT Verlag und Hejo Emons, der in Köln den Emons-Verlag gegründet hatte. Beide traten mit jungen, bisher unbekannten Autoren auf den Plan und zunächst mit Krimis, deren Handlung eben dort angesiedelt war, wo diese Bücher auch produziert wurden.[14] GRAFIT präsentierte »Revier«-Krimis mit Mord- und Totschlagsgeschichten aus dem Ruhrgebiet, wo damals gerade der wirtschaftliche und soziale Strukturwandel in Fahrt kam, Emons hatte spontan Erfolg mit den »Köln-Krimis«, also mit Kriminalgeschichten aus einer Stadt, in der man im Gegensatz zum Ruhrgebiet eher nicht daran dachte, traditionelle Strukturen zu verändern.

Bezeichnenderweise erschien der erste »Köln-Krimi« des Autors Christoph Gottwald 1984 unter dem Titel *Kölscher Klüngel*.[15] Der große Publikumserfolg und die durchweg positive Berichterstattung in den Lokal- und Regionalblättern haben offenbar dazu geführt, dass sich die Verleger in der Folgezeit auf die Suche nach weiteren Autoren machten und sich andererseits eine Vielzahl von Journalisten, aber auch Vertretern anderer Berufsgruppen ermuntert sahen, sich einmal in diesem literarischen Genre zu versuchen. Inzwischen ist Emons ein angesehener regionaler Kleinverlag und GRAFIT sogar auf dem Weg, im deutschsprachigen Raum der führende Verlag für Kriminalliteratur zu werden. Seither gibt es hierzulande neben den Revier- und Köln-Krimis auch Düsseldorf-Krimis, Bergisches-Land-Krimis, Münster-Krimis, Grenzland-Krimis, Eifel-Krimis und natürlich auch Niederrhein-Krimis. Interessant ist jedenfalls, dass die Autoren dieser Bücher fast durchweg die Bezeichnung »Regionalkrimis« für ihre Werke ablehnen, obwohl sie andererseits bestätigen, wie wichtig das lokale bzw. regionale Kolorit für ihre Geschichten sei. Beispielhaft für diese Haltung ist eine Aussage des Autors Conny Lens, dessen Romanserie *Steeler Straße* in Essen angesiedelt ist:

Irgendwo müssen die Geschichten ja spielen. Meine Steeler Straße gibt es nun mal in Essen. Ich werde alle meine Romane wahrscheinlich in Essen spielen lassen, weil ich Essen kenne. Was ist denn überhaupt ein Regionalkrimi? Warum kann ein Roman nicht in Datteln spielen? In Datteln gibt es auch Verbrechen. Der kann auch in Kierspe im Sauerland spielen, ohne gleich ein Regionalkrimi zu sein. Der Begriff stammt eigentlich aus der Geschäftswelt, aus der Marketingabteilung der Verlage.[16]

Ähnlich äußern sich zum Beispiel auch die professionellsten und produktivsten Autoren von Niederrhein-Krimis: das Klever »Trio Criminale« Leenders/Bay/Leenders. Und ihre bislang acht Bücher werden, wie der Verlag versichert, keineswegs nur am Niederrhein gelesen. Ein Beleg dafür ist immerhin, dass sie jetzt nach und nach auch in niederländischer Übersetzung erscheinen, zwei von ihnen sind in den Niederlanden bereits auf dem Markt.[17] Trotzdem ist der Begriff »Regionalkrimi« als Produktbezeichnung und natürlich auch das, was sich hinter ihm verbirgt, also die Wahl unspektakulärer regionaler Schauplätze für die Romanhandlungen, ausschlaggebend für Erfolg, Bekanntheitsgrad und Etablierung dieses Subgenres auf dem Buchmarkt. Denn durch die vom Verlags-Marketing herausgestellte regionale Verortung der Stories konnten für diese Bücher neue Käufer- und Leserschichten gewonnen werden, die zahlenmäßig die Gruppe der eingeschworenen Krimi-Fans weit übertreffen. Der Freund von Kriminalromanen liest sie wegen ihrer spannenden, schlüssigen Geschichten, mancher beurteilt sie sogar nach ihrer literarischen Qualität. Wo die Handlung spielt, ist ihm zunächst egal. Die neuen Regional-Krimis aber werden überwiegend in den Regionen gekauft und gelesen, in denen ihre Handlung angesiedelt ist. Über die Gründe dafür kann man zunächst nur spekulieren, es gibt bislang keine Untersuchung über das Käuferverhalten und die Rezeption dieser literarischen Unter-Gattung. Überhaupt ist der Regional-Krimi trotz seines offenkundigen Erfolges bisher von der Literaturwissenschaft fast völlig vernachlässigt worden. Es gibt einen kleinen Vortrag *Was ist ein Regionalkrimi?* des Esseners Reinhard Jahn, der unter dem Pseudonym H. P. Karr selbst als Verfasser von Kriminalromanen bekannt ist und im Internet ein Autorenlexikon betreibt.[18] Und es gibt einen vom Kommunalverband Ruhrgebiet veröffentlichten und von den Essener Germanisten Erhard Schütz und Jochen Vogt herausgegebenen Sammelband mit dem Titel *Schimanski & Co. – Krimiszene Ruhrgebiet.*[19] Schließlich gibt es, so hört man, eine Reihe unveröffentlichter Seminar- und Magisterarbeiten vor allem zum Thema »Revier-Krimis«.

Worauf also beruht der erkennbare Erfolg von Regional-Krimis auch bei Lesern, die eben keine eingefleischten Krimi-Fans sind und also auch diese Bücher nicht unbedingt nur deshalb kaufen, weil sie sich so für polizeiliche Ermittlungen interessieren? Ein Zitat könnte bei der Beantwortung dieser Frage weiterhelfen. Es stammt diesmal aus dem Roman *Tod eines Sofamelkers* des in Aachen lebenden Autors und Germanisten Hermann-Josef Schüren.[20] Das Buch spielt im südlichen Teil des Kreises Kleve, rund um den Ort Kerken, also im von der Krise der Landwirtschaft gebeutelten ländlichen Raum. Die Rolle des Ermittlers hat hier der Privatdetektiv Conrad van de Loo aus Geldern. Und mitten im Buch, während dieser Detektiv zu Recherchen in einem Fall unterwegs ist, findet man diese Passage:

Van de Loo schlängelte sich durch das Netz der Einbahnstraßen, überquerte erst die Bahnlinie, dann die Niers und erreichte die Umgehungsstraße. Das offene Land lag vor ihm, weit und windbewegt wie das Meer. Auch wenn Auswärtige behaupteten, der Niederrhein wäre das Kolumbien Deutschlands, Pampa, Prärie, Kultursteppe, für ihn war es immer noch Moyland, schönes Land. Jedenfalls vom Auto aus. – Überall hatte der Rhein seine Spuren hinterlassen. Im Laufe der Jahrtausende hatte der Fluß immer wieder sein Bett verlassen und sich ein neues gesucht. Über das ganze Land hatte er sich gewälzt. Die unzähligen Kuhlen, Gräben, Wasserlöcher und toten Flußarme zeugten davon. Der Rhein grüßte sozusagen aus jeder Pfütze. Ihm war es auch zu verdanken, daß hier an mehr als siebzig Tagen im Jahr Nebel herrschte. Dann stieg das Wasser in wabrigen Schwaden aus den Niederungen auf, die dunstig über den fetten Wiesen hingen, sich an die verkrüppelten Korbweiden klammerten, schwerfällig über die nassen Felder trieben und ein grenzenloses Gefühl von Verlorenheit erzeugten. Man mußte über Tag das Licht anmachen, und die Scheinwerfer bohrten nur schummrige Kanäle in das grausuppige Einerlei. – Der Nebel machte alles ungewiß, auch die Menschen, die hier lebten. Sie wurden mißtrauisch und ängstlich. Sie kapselten sich ab und verschanzten sich in ihren Häusern. Wenn man durch die Ortschaften kam, sah man keinen einzigen Fußgänger auf der Straße. Die Gardinen waren zugezogen, und das Licht fiel streifig durch die heruntergelassenen Rolläden. – An solchen Tagen meinte van de Loo zu verstehen, warum er hier nie wirklich heimisch geworden war, obwohl er hierher gehörte und ein Teil dieser Landschaft war. Trotzdem hatte er sich nie richtig zu Hause gefühlt. Vielleicht lag es auch an den Menschen, die sich nie zu irgendetwas oder irgendwem bekannt hatten. Die Herren in Rom, Madrid und Wien, in Brüssel, Bonn und Berlin waren immer so weit weg, daß man sie einfach vergessen hatte. Weit genug jedenfalls, um so zu tun, als wäre man frei. Deshalb hatten Niederrheiner nie einen Aufstand angezettelt. War doch ohnehin alles Jacke wie Hose. Hauptsache, man hatte seine Ruhe, ein Dach über dem Kopf und ein anständiges Stück Braten auf dem Teller.[21]

Worum geht es in dieser Textpassage? Es geht doch, auch wenn das Wort selbst nicht fällt, um Heimat. Es geht um ein Gefühl der Zugehörigkeit. Es geht um die Fragen: Wo komme ich her? Wer bin ich? Wo gehöre ich hin? Kurz: Es geht um Identität – wobei wir wieder bei den Debatten, beim kulturellen Klima der 80er Jahre wären, das offenbar zum Aufkommen der Regionalkrimis beitrug. Das, was seinerzeit auf hohem theoretischen Niveau diskutiert wurde, ist jetzt auch durch das Medium des Regionalkrimis in der populären Literatur, in der Alltagskultur angekommen. Deshalb scheint plausibel, was in der Sekundärliteratur bereits vermutet wird: Der Regionalkrimi ist eine Art zeitgenössischer Heimatroman.[22]

Nun denkt man bei Heimatliteratur zunächst unweigerlich an Mundartgeschichten oder an triviale Kolportage, im Falle des Niederrheins auch an den Lieblingsautor unseres letzten deutschen Kaisers: Joseph von Lauff aus Kalkar. In den Büchern solcher Autoren ist allerdings die Identifikation des Autors mit der von ihm beschriebenen Heimatregion meist hundertprozentig, die Heimatliebe ungebrochen, die bestehenden Verhältnisse sind, so wie sie sind, unangefochten und gut. Das Handlungsmuster ist ebenfalls meist dasselbe: Es existiert eine Idylle. Dann sorgt ein Ereignis oder ein fremder Eindringling für Unordnung. Und ein unerschrockener Held kämpft – meist im Einverständnis mit dem lieben Gott – mit Erfolg für die Wiederherstellung der alten Ordnung. Kein Wunder, dass diese Literaturgattung von Konservativen lange Zeit geliebt und von Linksintellektuellen geradezu gehasst wurde.

Betrachtet man nun die Konstruktion alter Kriminalromane, etwa der Klassiker von Arthur Conan Doyle oder Agatha Christie, gibt es interessante Parallelen: In ihnen geht es stets darum, dass eine bestehende Ordnung durch ein Verbrechen erschüttert wird. Der Ermittler ist es, der durch Aufklärung der Tat und das Ergreifen des Täters diese Ordnung wiederherstellt. Wenn nun der Regional-Krimi der zeitgemäße Heimatroman von heute ist, ist er dann – was die Mischung der Konstruktionsprinzipien und Handlungsmuster von Heimat- und Kriminalroman ja nahelegen würde – Form und Inhalt zufolge ein konservatives literarisches Genre? Er ist es nicht. Natürlich handelt es sich um unterhaltende Literatur, die Geschichten sind konventionell erzählt. Aber alles, was sozusagen als Hintergrund für die Handlung dient, wird – mit Ausnahme der Naturschilderungen vielleicht – keineswegs als Idylle gezeichnet. Ganz im Gegenteil: Weil der Inhalt des Romans ja die Aufklärung eines Verbrechens und seiner Hintergründe ist, geht es darum, Klischees zu durchbrechen, in Milieus hineinzuschauen und Schlussfolgerungen zu ziehen. Die Handlung zielt auch auf Erkenntnisgewinn:

Dieser Prozeß der Ermittlung ist im Grunde sehr gut geeignet, um das gesamte Umfeld, etwa ein regionales und soziales Umfeld mit all seinen Problemen in den Blick zu rücken. So daß dann in einer gewissen Umkehrung der ursprünglichen Ziele und Intentionen die Klärung des bestimmten Kriminalfalles nur ein Vehikel wäre, um eine sehr viel komplexere historische, soziale, psychologische, zwischenmenschliche Situation darzustellen und aufzuklären.[23]

Und genau das macht die Attraktivität dieser Regionalkrimis für den Leser aus – selbst dann, wenn er die Stories selbst, also die darin behandelten Kriminalfälle uninteressant findet. Es ist der kritische Blick auf die eigene Lebenswelt, die Darstellung der eigenen Heimat als eine in Veränderungsprozessen befindliche Region. Diese Darstellung ist glaubwürdig, weil die Autoren Kenntnis von den Zuständen um sie herum haben, weil ihre Kritik an diesen Zuständen also aus der Region selbst kommt, und weil ihre Kritik immer getragen ist von einer grundsätzlichen Sympathie für die jeweilige Region, für ihre Landschaft, für ihre Menschen. Und was auch nicht vergessen werden darf: Viele Orte, Landschaften, Milieus wurden, bevor es die Regional-Krimis gab, in einer solchen kritischen, subjektiven Weise nie beschrieben. In Großstädten mag das anders sein, aber in der sogenannten Provinz gibt es vielfach kein anderes Medium als die Lokalzeitung. Und Lokalzeitungen, das weiß jeder Leser, Lokalzeitungen verhalten sich stets affirmativ. Wer hat denn jemals in seinem Lokalblatt gelesen, das neue Wohngebiet am Stadtrand sei eine ästhetische Missgeburt, die Altstadtsanierung völlig misslungen, der ortsansässige Künstler eine epigonale Null? Den Lokalzeitungen zufolge ist die heimische Welt in Ordnung und der eigene Ort der schönste überhaupt. Auch deshalb bescheren die Regional-Krimis, in denen erstmalig andere Töne angeschlagen werden, den Lesern manches »Aha«-Erlebnis. Und vielleicht sind auch deshalb unter den Autoren von Regional-Krimis so viele Journalisten, weil sie in ihren Büchern endlich einmal schreiben können, was sie in ihrem Blatt niemals unterbringen konnten.

In der Debatte der 80er Jahre um einen neuen, einen kritischen »Heimat«-Begriff wurde eine Definition geprägt, die auf viele Bereiche übertragbar erscheint. Es ist die Definition des »kritischen Regionalismus«. Sie stammt eigentlich aus der Architekturtheorie und sie beschreibt ein Konzept, dessen Strategie es ist, »die Wirkung universaler Zivilisationen mit Elementen zu vermitteln, die indirekt auf die Eigentümlichkeiten eines besonderen Ortes zurückzuführen sind.«[24] Regionalkrimis sind – ganz gleich, ob beabsichtigt oder unbeabsichtigt – ein Medium dieses »kritischen Regionalismus«, jedenfalls die besseren von ihnen.

Deutschlands wilder Westen: Heimat Niederrhein

Bis in die 90er Jahre war der Niederrhein für Freunde der Kriminal-Literatur ein unbeschriebenes Blatt, sieht man einmal davon ab, dass Gisbert Haefs, Autor der beliebten Matzbach-Krimis, aus Wachtendonk stammt (aber seine Bücher spielen größtenteils in Bonn und Umgebung).[25] Der Niederrhein tauchte in Büchern dieses Genres nirgends auf, dafür aber immerhin als »Location« im Film. Es ist eigentlich nur für Cineasten von Interesse, dass Schloss Moyland vor dem Zweiten Weltkrieg einmal als Kulisse für eine deutsche Verfilmung einer Sherlock-Holmes-Story diente. Erwähnenswert, weil ungeheuer populär sind allerdings die *Tatort*-Verfilmungen mit Götz George alias Kriminalhauptkommissar Horst Schimanski, die dafür sorgten, dass von 1981 bis 1991 regelmäßig Bilder von Duisburg und Umgebung bundesweit zu sehen waren. Die seit 1971 in der ARD laufende Serie *Tatort* nahm einige Elemente des späteren Regional-Krimis bereits vorweg. Das *Tatort*-Konzept sah von Anfang an vor, dass die in der föderalistisch organisierten ARD zusammengeschlossenen einzelnen Rundfunkanstalten ihre jeweils eigenen *Tatort*-Folgen im Ambiente der jeweils eigenen Region produzierten. Von diesem Konzept, das mal mehr, mal weniger befolgt wurde, erhoffte man sich, dass die Serie abwechslungsreicher und dadurch für den Fernsehzuschauer interessanter würde. Das Konzept ist aufgegangen. Vielleicht gibt es die Krimi-Reihe *Tatort* nur deshalb überhaupt noch, weil der Zuschauer den polizeilichen Ermittlern mal nach München-Schwabing und mal in den Duisburger Hafen, mal auf die Schwäbische Alb und mal nach Saarbrücken folgen durfte.[26]

Der erste Niederrhein-Krimi erschien 1992 im GRAFIT Verlag. *Königsschießen*, so der Titel, war direkt ein Erfolg und wurde immerhin für den »Glauser«, also für den Preis für den besten deutschsprachigen Kriminalroman, nominiert.[27] Neu an diesem Krimi des Autorentrios Leenders/ Bay/Leenders war damals, dass die Handlung weitgehend in einem kleinen Dorf angesiedelt war, genauer: in Keeken, einer Ansammlung von wenigen Häusern und Bauernhöfen unmittelbar an der niederländischen Grenze. Die Geschichte beginnt damit, dass nach einem feucht-fröhlichen Schützenfest ausgerechnet der neue Schützenkönig auf dem Heimweg erschossen wird. Dieses und die weiteren bisher erschienenen Bücher des »Trio Criminale« sind – an den handwerklichen Kriterien des Genres gemessen – die besten Niederrhein-Krimis. Sie heben sich wohltuend von allen übrigen ab, weil sie etwa ganzseitiger Exkurse über Land und Leute gar nicht bedürfen, um den Hintergrund einer Aktion oder die Atmosphäre einer Szenerie zu verdeutlichen. Die Geschichten sind so präzise recherchiert, dass die Handlungsstränge aus den örtlichen Gegebenheiten heraus entwickelt werden. So erfährt man beim Lesen ständig etwas über die Schauplätze, ohne sich belehrt vorzukommen. Die Autoren wahren auch stets die Balance zwischen der Betonung des regional Besonderen und der illusionslosen Darstellung gesellschaftlicher Normalität, die diese Besonderheiten mehr und mehr verschwinden lässt. Die Geschichten sind so angelegt, dass deutlich wird: Verbrechen und Verbrecher kommen aus der Mitte der Gesellschaft, nicht von ihren Rändern – und durch die polizeilichen Ermittlungen wird dem Leser für eine Zeitlang ein Blick hinter die sonst sorgfältig gehüteten Kulissen kleinstädtischer oder ländlicher Wohlanständigkeit ermöglicht.

Im Roman *Königsschießen* geht es also am Schauplatz des niederrheinischen Dorfes Keeken auch um den unaufhaltsamen Zerfall der Lebensgemeinschaft Dorf und um die ökonomischen, sozialen, zwischenmenschlichen Folgen der Krise der Landwirtschaft. In *Belsazars Ende* ist der Umgang mit der nationalsozialistischen Vergangenheit auf lokaler Ebene thematisiert, auch erfährt man etwas über den Kulturbegriff des Bildungsbürgertums in der Provinz.[28] Als weitere Themen tauchen in den Büchern auf: grenzüberschreitender illegaler Handel mit Säuglingen, Gewalt an Schulen, der Einfluss der katholischen Kirche, Missstände in Altenpflegeheimen und immer wieder die Rolle des Vereinswesens. Einer der gelungensten Krimis ist jener mit dem Titel *Eulenspiegel*.[29] Hauptstrang der Handlung darin: die Fahndung nach einem Serienmörder, der sich darauf spezialisiert hat, Prominente zu töten, die kurz vor einer öffentlichen Auszeichnung für irgendwelche Verdienste stehen. Die letzte seiner Bluttaten ahnen die Kripobeamten bereits im Voraus, können sie aber nicht mehr verhindern. Der vermutliche Tatort ist das Museum Schloss Moyland, ausgerechnet am Tag seiner feierlichen Eröffnung. Die Beschreibung des Schauplatzes ist kein langatmiger Exkurs, sondern eingeflochten in die fortlaufende Handlung – in diesem Fall die Vorbereitungen für die Sicherheitsmaßnahmen bei der Museumseröffnung:

> Das alte, geschichtsträchtige Wasserschloß Moyland in Bedburg-Hau, das seit dem Krieg immer mehr verfallen war, hatte endlich eine neue Bestimmung bekommen: Es sollte in Zukunft eine Kunstsammlung beherbergen, vor allem eine bedeutende Beuys-Sammlung und das weltweit einzige Beuys-Archiv. Deshalb war das Schloß in den letzten Jahren mit großem Aufwand instandgesetzt worden, zu einem Großteil vom Land finanziert. Die Eröffnung war als Spektakel mit zahllosen Prominenten aus Kultur und Politik angekündigt. Sogar die Königin der Niederlande war geladen.[30]

Es folgt ein Dialog des Leiters der Mordkommission mit seiner Mitarbeiterin:

»Kommt Beatrix denn jetzt?« fragte Toppe. – »Nein, nein, soweit ich gehört habe, ist die Promiliste inzwischen deftig geschrumpft. Das Interesse scheint geringer zu sein als erwartet.« [...] »Was ist eigentlich mit dem gemeinen Volk?« – »Für die Normalbürger sind auf den Wiesen vor dem Park zwei gigantische Videowände aufgebaut. Der Festakt und die Reden werden live übertragen. Erst ab morgen ist das Museum für normale Besucher geöffnet.« – »Wie geschickt«, brummte Toppe: »Zurück zur Klassengesellschaft! Das dürfte böses Blut geben. Wer denkt sich so einen Schwachsinn aus?«[31]

Soweit der quasi dokumentarische Teil. Die folgende fiktive Handlung: Der Täter kann trotz des Polizeiaufgebots bei der feierlichen Museumseröffnung zuschlagen. Das Opfer ist ein grüner Landtagsabgeordneter namens Bergfeld, der während des Festakts vor dem Schloss in einer abgelegenen Ecke des Museums mit einem scharfen Messer entmannt wird und verblutet. Ganz realistisch wieder die Tatortbeschreibung:

Der Tatort war ein Eckraum, der auf der anderen Seite der Burg lag. Bergfeld hatte sich durch drei Ausstellungsräume geschleppt, wie man an den Blutstropfen, die auf dem makellosen Marmorboden unnatürlich rot leuchteten, deutlich erkennen konnte. [...] Bergfelds Hosen und Boxershorts hingen an einem Bild an Wand 4, ein recht bekanntes Werk von Joseph Beuys: »Das Schweigen von Marcel Duchamp wird überbewertet« stand da in großen Lettern, braun wie geronnenes Blut. Darunter auf dem Boden frisches, junges Blut in einer großen Lache.[32]

Nach der Lektüre dieser Zeilen wird man vermutlich kaum noch durch diese Museumsräume gehen können, ohne die im Krimi beschriebene Szenerie vor Augen zu haben. Ausnahmsweise soll hier aber auch noch verraten werden, wer sich schließlich als Täter entpuppt. Es ist ein hochrangiger Atomwissenschaftler, der jahrzehntelang die Technologie für den Schnellen Brüter in Kalkar entwickelt hat, sein Lebenswerk durch den politischen Entschluss, den Reaktor nicht in Betrieb gehen zu lassen, vernichtet sieht und durchdreht.

Diese Verknüpfung von nachprüfbarer Realität und Romanhandlung, von *faction* und *fiction* ist es, die solche Regional-Krimis so erfolgreich macht. Der Erfolg ist messbar: kaum ein Buch dieses Subgenres der Kriminalliteratur, das nicht mehrere Auflagen erreicht – selbst jene, die handwerklich und sprachlich völlig unzureichend erscheinen und von Autoren im Selbstverlag herausgebracht werden, werden mit mehreren tausend Exemplaren unter das Volk gebracht. Der Verbreitungsgrad ist also weit höher als der der meisten Neuerscheinungen sogenannter ernster Literatur. Unabhängig von ihrer Qualität sind die Regional-Krimis und ihr Erfolg also als Zeiterscheinung zur Kenntnis zu nehmen.

Es gibt offenbar dieses bereits erwähnte Interesse der Menschen an Geschichten, die sich in dem Raum abspielen, den sie als ihre Heimat ansehen. Auf dem Titelumschlag des Kriminalromans *Begraben in Garzweiler II* des Erkelenzer Autors Kurt Lehmkuhl, in dem übrigens verknüpft mit einem Kriminalfall und einer Liebesgeschichte die ganze Problematik des Braunkohletagebaus abgehandelt wird, auf dem Umschlag dieses Buches ist ein Protestplakat abgebildet: »STOP Garzweiler«, heißt es da, und »Ja zur Heimat!«[33] In dem Buch, in allen sogenannten Regional-Krimis geht es auch um Heimat – und zwar, fern aller Heimattümelei, auf eine erfrischend unideologische Weise. Zielsetzung der Autoren dieser Heimat-Kriminalromane ist also – im Gegensatz zu den traditionellen Heimatromanen der erste Hälfte des 20. Jahrhunderts – keineswegs, »einer unsteten, vor sich selbst fliehenden Gegenwart eine Kostümierung in geliehenen Identitäten« (Jürgen Habermas) zu ermöglichen.[34] Ihren Erfolg könnte man vielmehr als ein Zeichen dafür werten, dass viele Menschen sich offenbar landsmannschaftlich definieren oder sich wenigstens ihrem Heimat- bzw. Wohnort verbunden fühlen. Viele sind offenbar nicht bereit, sich den Anforderungen des kapitalistischen Wirtschaftssystems zu unterwerfen, sind nicht die flexible und mobile, willfährige Verfügungsmasse Mensch, die sie nach Ansicht selbst sozialdemokratischer Politiker sein sollten.

Man mag kritisch anmerken, dass die Regional-Krimis als eine Form zeitgenössischer Heimatliteratur bei der Beschreibung regionaler Identitäten dann gelegentlich doch Klischees über eine Region kolportieren und damit dazu beitragen, ein bestimmtes Bild dieser Region und ihrer Menschen zu befestigen. Der selbstironische Tonfall, der solche Textpassagen in der Regel kennzeichnet, wirkt allerdings wie ein probates Gegengift gegen jede pathetische regional-patriotische Anwandlung. Zum Abschluss also noch einmal: der Niederrhein und seine Bewohner – ein Zitat aus dem Krimi *Der Rabe* der Weseler Autoren Thomas Hesse und Thomas Niermann:

> Der oft trübe Himmel des Niederrheins war ihm seit Kindertagen vertraut. Was Region-Fremde als bedrückend empfanden, heimelte ihn an. Der tiefhängende Himmel schien sich sanft wie eine Decke direkt an die Dinge dieser Welt zu kuscheln. Er liebte den Dunst, der über allem schwebte. Das war doch etwas anderes als die nackte Klarheit des Südens, diese zudringliche Fröhlichkeitsanimation. Am Niederrhein wurde angenehm schwerblütige Lebensauffassung jedenfalls

nicht gleich mit Depression verwechselt. [...] Subjekt und Objekt rieben sich hier nicht knirschend in hartem Kontakt. Da schien immer noch etwas dämpfend dazwischenzusein. Die Dunstglocke hatte etwas heimelig Beschützendes.[35]

So ist es doch.

Anmerkungen

1. Hermann Jung: Die Vogelfreien der Bönninghardt. Tolldreiste Geschichten von dem Räuber Wilhelm Brinkhoff am Niederrhein. Neuausgabe der 5. Aufl. 1958. Duisburg 1999, S. 9.
2. Vgl. ebd.
3. Vgl. dazu Jochen Schmidt: Mord in Datteln. Viel Masse, aber nur wenig Klasse: Die Regionalisierung des deutschen Kriminalromans, in: Frankfurter Allgemeine Zeitung v. 28.10.2000, S. IV.
4. Die Bücher sind sämtlich im GRAFIT Verlag Dortmund erschienen: Königsschießen (1992), Belsazars Ende (1993), Jenseits von Uedem (1994), Feine Milde (1995), Clara (1997), Eulenspiegel (1998), Ackermann tanzt (1999), Die Schatten schlafen nur (2000).
5. Artur Leenders, Hiltrud Leenders, Michael Bay: Feine Milde. Kriminalroman. Dortmund 1995.
6. Artur Leenders/Hiltrud Leenders/Michael Bay/Monika Agata-Linke: Mörderischer Niederrhein. Duisburg 2000.
7. Vgl. dazu auch Schmidt (Anm. 3)
8. Paul Eßer: Dealer-Wallfahrt. Ein niederrheinischer Szene-Roman. Linz a. Rh. 2000.
9. Ebd., S. 23.
10. Ebd., S. 88.
11. Heinz Schmitz: Die Quirinus-Brüder. Niederrhein-Krimi. Köln 2000.
12. Ebd., S.164.
13. Einen Überblick über die Anfang der 80er Jahre beginnende Diskussion um den Heimatbegriff bietet die umfangreiche zweibändige Aufsatzsammlung Heimat. Bd. 1 (Analysen, Themen, Perspektiven) und Bd. 2 (Lehrpläne, Literatur, Filme), Bonn 1990 [= Schriftenreihe der Bundeszentrale für Politische Bildung, Bd. 294, I und II] sowie speziell zum Thema Literatur Wilhelm Solms (Hrsg.): Dichtung und Heimat. Sieben Autoren unterlaufen ein Thema. Marburg 1990. Eine der ersten wegweisenden Veröffentlichungen war Ina-Maria Greverus: Auf der Suche nach Heimat. München 1979. – Eine interdisziplinäre Auseinandersetzung mit dem Begriff liefert Eduard Führ (Hrsg.): Worin noch niemand war: Heimat. Wiesbaden/Berlin 1985. – Die genannten Titel seien hier als Hinweise für den Einstieg in das Thema angeführt. Die gesamte einschlägige Literatur ist sehr viel umfangreicher. Als Beispiele dafür, dass die Heimat-Debatte in den 90er Jahren fortgesetzt wurde, seien genannt: Jürgen Hasse: Heimat und Landschaft. Über Gartenzwerge, Center Parcs und andere Ästhetisierungen. Wien 1993, sowie Joachim Riedl: Heimat. Auf der Suche nach der verlorenen Identität. Wien 1995.
14. Reinhard Jahn: Was ist ein Regionalkrimi? Eine Autopsie. Unver. Manuskript eines Vortrags bei der Tagung: Mord im Siebengebirge. Die Regionalisierung des Kriminalromans. Thomas-Morus-Akademie Bergisch-Gladbach, 8. Januar 2000.
15. Christoph Gottwald: Kölscher Klüngel. Köln 1984.

16. Morde sind die langweiligsten Fälle. Ein Gespräch mit Conny Lens, in: Erhard Schütz/Jochen Vogt (Hrsg.): Schimanski & Co. Krimiszene Ruhrgebiet. Texte und Materialien für den Deutschunterricht der Sekundarstufe I und II. Essen 1996, S. 75-79, Zitat: S. 79.
17. Leenders/Bay/Leenders: Koningschieten und Belsazars Einde, beide im Verlag Signature, Nieuwegein.
18. Jahn (Anm. 14). Vgl. dazu auch im Internet: Lexikon der deutschen Krimi-Autoren (http://ourworld.compuserve.com/homepages/karr_wehner/index00.htm).
19. Schütz/Vogt (Anm. 16).
20. Hermann-Josef Schüren: Tod eines Sofamelkers. Niederrhein-Krimi. Köln 1999.
21. Ebd., S. 86 f.
22. Jahn (Anm. 14), S. 4 ff..
23. Jochen Vogt zitiert nach Jahn (Anm. 14), S. 13.
24. Kenneth Frampton: Kritischer Regionalismus – Thesen zu einer Architektur des Widerstands, in: Andreas Huyssen/Klaus R. Scherpe (Hrsg.): Postmoderne. Zeichen eines kulturellen Wandels. Reinbek 1985, S. 159.
25. Vgl. zu Haefs und seinen Kriminalromanen: Lexikon der deutschen Krimi-Autoren (Anm. 18).
26. Zum 30jährigen Bestehen der Reihe »Tatort« ist ein lesenswerter Sammelband erschienen: Eike Wenzel (Hrsg.): Ermittlungen in Sachen Tatort. Recherchen und Verhöre, Protokolle und Beweisfotos. Berlin 2000. – Aufschlussreich zum Tatort-Konzept: Egon Netenjakob: Die »Tatort«-Serie der ARD und andere Krimis, in: Fernsehen und Film 9 (1971), H. 1, sowie ders.: Der Regionalkrimi und das Publikum. 20 Jahre »Tatort«, in: ARD Pressedienst 48 (1990), S. I/3-I/10.
27. Vgl. Leenders u. a. (Anm. 5).
28. Vgl. ebd.
29. Vgl. ebd.
30. Ebd., S. 179.
31. Ebd., S. 179 u. 197.
32. Ebd., S. 204.
33. Kurt Lehmkuhl: Begraben in Garzweiler II. Aachen 1999. Wie nah Lehmkuhl mit seinem Krimi am Thema Braunkohleabbau bleibt, zeigt ein Blick in den Sammelband: Verheizte Heimat. Der Braunkohlentagebau und seine Folgen. Aachen 1985.
34. Jürgen Habermas: Moderne und postmoderne Architektur, in: ders.: Die neue Unübersichtlichkeit (Kleine politische Schriften V). Frankfurt a. M. 1985, S. 11-29, hier S. 13.
35. Thomas Hesse und Thomas Niermann: Der Rabe. Niederrhein-Krimi. Köln 1998, S. 44 f.

Was ist »rheinische« Musik?
Zur Wissenschaftsgeschichte eines problematischen Begriffs

Von Norbert Jers

Musik an sich ist – jedenfalls nach einem neuzeitlichen abendländischen Musikbegriff – inhaltslos. Sie kann strukturell und kommunikativ wie eine Sprache funktionieren, aber ohne die Konkretion des Begriffs. (Die Symphonien von Brahms bedeuten im strengen Sinne nichts; ihr Inhalt sind, nach dem berühmten Wort von Eduard Hanslick, »tönend bewegte Formen«.) Die Bedeutungsebene der Musik bilden Affekte, Emotionen, Assoziationen; in einem eingeschränkten Maße ist Musik zur Naturnachahmung fähig, aufgrund von Konventionen und Vereinbarungen wirkt sie auch als Symbol. Gleichwohl bringt sie stets ein Verhältnis zur Welt zum Ausdruck, ist sie Widerspiegelung von Welt – Außenwelt und Innenwelt. (Dies gilt gleichermaßen für Bachs Fugen wie Beethovens Sonaten und Mendelssohns *Lieder ohne Worte*, für Mahlers Fin-de-siècle-Symphonien und Schönbergs Atonalität der Moderne.) Da nun Musik als ungegenständliche Kunst keine beschreibende oder abbildende Funktion wie Literatur und Malerei und auch nicht die Eindeutigkeit der räumlichen Zuordnung wie Architektur besitzt, ist eine landschaftliche Bindung ihrer Hervorbringungen nicht ohne weiteres festzumachen.

Was kann demnach überhaupt rheinische Musik sein? Eine Musik, die rheinländischen Geist in sich trägt, die Gefühlslage der Bewohner artikuliert, Merkmale rheinischer Landschaft spiegelt? Oder fragen wir konkreter: Die Musik, die hier entstanden ist und hier gehört wird, von Komponisten, die hier beheimatet sind? Oder doch solche Musik, die wie auch immer das »Rheinische« thematisiert, sei es indirekt, durch mitgelieferte Bezüge und Deutungen, oder direkt, indem sie sich mit Sprache verbindet? Hätten wir uns dann neben einigen Liedern und Chorwerken (einschließlich der *Wallfahrt nach Kevelaar* von Engelbert Humperdinck nach Heinrich Heine) zu beschränken auf ein paar singuläre Instrumentalwerke wie die *3. Symphonie* von Robert Schumann, der wohl sein Düsseldorfer Konzertmeister und Biograph Wasielewski zu dem berühmt gewordenen Beinamen *Rheinische Symphonie* verhalf, oder Max Bruchs Symphonie *Am Rhein*, die selbst hierzulande ganz unbekannt ist, oder die Bearbeitung der *Rheinischen Kirmestänze* durch den Kölner Avantgardisten Bernd Alois Zimmermann, der an seiner Welt so litt, dass er sie mit 50 Jahren verließ? Und wenn wir auf das populäre Genre blicken: Wird rheinische Musik repräsentiert von Traditionellem wie den Rheinliedern (mit und ohne Wein), von alten und neuen Karnevalsgesängen, vom kölnischen Lokalkolorit der Bläck Fööß und der Höhner oder vom zeitgenössischen Dialekt-Rock der Gruppe BAP?

Der Versuch einer spontanen Bestimmung des Gegenstands Rheinische Musik muss scheitern, und zwar aus mehreren Gründen: Die Fixierung auf literarisch bestimmte musikalische Gattungen würde eine unzulässige Verengung bedeuten; die im Grunde abstrakte – das heißt nicht: ausdruckslose – Musik verweigert sich einer pauschalen Vergegenständlichung durch landschaftliche Bezüge; überdies ist allgemein die Identifizierung von Kulturlandschaften durch die großen gesellschaftlichen Veränderungen des 20. Jahrhunderts erschwert worden. Andererseits ist ein Einfluss geografischer und ethnischer Faktoren auf das musikalische Schaffen nicht zu leugnen, wie er auch im gewiss problematischen, aber nicht einfach zu missachtenden Begriff des Nationalstils zum Ausdruck kommt.

Versuchen wir einmal, uns dem in Frage stehenden Gegenstand anzunähern, indem wir aus musikhistorischer Perspektive den wissenschaftlichen Gebrauch des Begriffs Rheinische Musik nachzeichnen (dies unter ausführlicher Heranziehung wenig bekannter Textdokumente). Dabei richten wir unsere Aufmerksamkeit vor allem auf die Anfänge einer Musikalischen Regionalforschung im Rheinland, als die an den Universitäten etablierte Musikwissenschaft sich seit Beginn des 20. Jahrhunderts verstärkt der Frage nach regionalen Stilen in der Kunstmusik zuwandte. Im Hintergrund der Betrachtung soll hier vornehmlich die Geschichte der musikalischen Werke stehen, weniger die Geschichte des Musiklebens im Sinne der reproduktiven Vorgänge, spiegeln sich doch darin nicht unmittelbar die schöpferischen, kompositorischen Kräfte einer Region. – Es darf allerdings nicht übersehen werden, dass die regionalen Eigenheiten der öffentlichen Konzertpraxis, wie die große Entwicklung der Niederrheinischen Musikfeste von 1817 bis 1922 zeigt, gerade im Rheinland stark ausgeprägt waren und modellhaft für andere Regionen wirkten.[1]

Ansätze einer kontinuierlichen musikhistorischen Erforschung des Rheinlands – teils in Detailstudien, teils im Bemühen um größere Zusammenhänge – sind seit Anfang des 20. Jahrhunderts auszumachen. Nach dem Ersten Weltkrieg finden sich zunehmend Publikationen, die die Musikgeschichte des gesamten rheinischen Raumes in den Blick zu nehmen versuchen und dabei auch Grundfragen einer Regionalforschung reflektieren, und zwar vor allem von zwei Musikforschern der Bonner Universität, Ludwig Schiedermair und seinem Schüler Willi Kahl. Ein sozusagen natürlicher Impuls, rheinische Musikgeschichte zu betreiben, erwuchs ihnen aus dem Genius loci Ludwig van Beethoven; schon Veröffentlichungen der 1920er Jahre legen davon Zeugnis ab. In einem erstmals 1921 publizierten Artikel über Beethoven, den Rheinländer, beruft Kahl sich, wie später noch öfter, auf Walter Niemann, der die Bedeutung der landschaftlichen Herkunft für Johannes Brahms dargelegt hat, äußert sich aber zurückhaltender über die Relevanz von Beethovens Heimat für sein Schaffen. Zugleich wirft er mit dem Ausgangspunkt für seine Betrachtungen ein Licht auf die aktuelle politische Situation in Deutschland, und gerade im Westen, kurz nach dem Ersten Weltkrieg:

Beim Rheinländer Beethoven liegt die Sache nicht ganz so. Aber das in den Kriegsjahren von romanischem Chauvinismus reichlich genährte und bis heute noch nicht erloschene Begehren unserer westlichen Nachbarn, Beethoven zu einem Wallonen zu stempeln, weil seine Ahnen väterlicherseits in den belgischen Niederlanden lebten, und seine Musik als einen Ausdruck gallischen Geistes für sich in Anspruch zu nehmen, kann uns Rheinländern schon Veranlassung genug sein, uns wieder einmal der starken Wurzeln seiner Kraft bewußt zu werden, die in Beethovens heimatlicher, niederrheinischer Stammesart liegen.
Wie äußert sich nun Beethovens rheinische Stammesart in seiner Musik? Damit tritt das Problem des »Rheinischen« in der Musik an uns heran; in der Tat ein Problem gegenüber der ungleich größeren Bestimmtheit, mit der wir etwa das Slawische, das Italienische oder innerhalb der deutschen Stämme schwäbischen Humor oder norddeutsche Herbheit in der Sprache der Töne erkennen können.[2]

In Kahls Grundüberzeugung spiegelt sich eine gewisse Zurückhaltung in Bezug auf die musikhistorische Bedeutung des Rheinlands wider; zugleich versucht er aber den offensichtlichen Mangel aus der Eigenart des Rheinländers zu erklären. Im Hintergrund seiner Überlegungen steht die seinerzeit hochgeschätzte *Literaturgeschichte der deutschen Stämme und Landschaften*[3] von Josef Nadler, und die zeittypische Terminologie verweist darauf, dass die unselige deutsche Rassenforschung schon um die Mitte der 1920er Jahre eine Blütezeit erlebte:[4]

Zurückschließend auf frühere Zeiten wird man für eine deutsche Musikgeschichte nach Stämmen von rheinischer Landschaft und rheinischem Rassegefühl nicht allzuviel Schöpferisches erwarten dürfen oder doch im Vergleich zu anderen Gegenden für das Rheinland einen ganz besonderen Maßstab anlegen müssen. Wenn schon im Leben Beweglichkeit, Begeisterungs- und Anpassungsfähigkeit den Rheinländer auszeichnen, so war es zu allen Zeiten natürlich, wenn das musikalische Idiom rheinischer Komponisten zu stark äußeren Einflüssen zugänglich war, als daß es immer eine ausgesprochene rassebedingte Eigenart hätte erkennen lassen können.[5]

Über die Beschäftigung mit Beethoven trat auch Ludwig Schiedermair bereits in den frühen 1920er Jahren – mit seinem großen, inzwischen gewiss überholten Werk *Der junge Beethoven*[6] – in eine intensive Auseinandersetzung mit rheinischer Musikgeschichte ein. Ein einziger Satz aus dem längeren Vorwort wirkt schon wie ein Programm seiner Beethoven-Deutung: »wir gelangen zu der Wahrnehmung, daß die rheinischen Jugendjahre ihn durch tausend Fäden unlösbar mit der Landschaft verknüpften, der er entsproß.«[7] Und am Schluss des Buches scheut Schiedermair nicht die kühne historische Konstruktion und den großen politischen Vergleich, um etwas vom vergangenen Bonner Glanz und von Beethovens allgegenwärtigem Ruhm für das Rheinland zu retten:

War auch die Geisteskultur der Bonner Residenz der Vernichtung anheimgefallen, ihre erlesensten Ausstrahlungen wirkten fort in Beethovens Werk, ihre Ideen und Ideale feierten in ihm die glanzvollste Auferstehung. Wie die Rheinlande politisch den Weg zur engsten Gemeinschaft mit den deutschen Stämmen fanden, so war es dem Genius gegeben, rheinische Geisteswelt mit der allgemeinen deutschen zu einen. Die Angeln seines Wesens liegen in der rheinischen Heimat, die Grundlage seines ganzen Seins ist die rheinische Jugend.[8]

Willi Kahls Idee von einer rheinischen Musik erstreckte sich nicht nur auf Werke und Ereignisse der Musikgeschichte, sondern auch auf das aktuelle Komponieren. So setzte er 1922 in *Die Westmark* einen Artikel *Von jungrheinischer Musik*, in dem er drei noch wenig bekannte Komponisten – Joseph Eidens, Hermann Henrich und Heinrich Lemacher – vorstellte, ohne sie aber als Gruppe zu verstehen: »Nicht im Sinne einer in sich mehr oder weniger geschlossenen Komponistenschule von irgendwelcher geistigen Haltung.«[9] Er schränkte auch sogleich den Regionalbezug dieser Komponistenporträts, trotz der in eine solche Richtung weisenden Überschrift, deutlich ein: »Es soll weiterhin, was hier über sie gesagt wird, nicht, jedenfalls nicht in erster Linie, unter einer stammesartlichen Betrachtung des musikalischen Schaffens geboten werden.«[10]

Auch in dieser auf die Musik der Gegenwart gerichteten Studie setzte sich Kahl wieder mit der grundsätzlichen Problematik rheinischer Musikgeschichte auseinander:

Man wird, wenn man unter dem Gesichtspunkt von Landschaft und Rasse auch einmal die rheinische Musik ins Auge fassen wollte, eins nicht vergessen dürfen, was gerade Niemann [...] deutlich ausgesprochen hat: Es liegt im tiefsten Wesen der Musik begründet, daß eine musikalische Heimatkunst niemals den jeweiligen Volkscharakter, die Stammeseigenart und das Landschaftliche bis zu dem Grade vor aller Welt bloßzulegen vermag, wie dies Heimatkünstler in Literatur und bildender Kunst können [...]. Es ist vor allem Bekker gegenüber zu betonen, daß der musikalischen Heimatkunst jeder Zug zum Absichtlichen, Gewollten fehlt, daß sie stets nur unbewußt die Reflexe ihrer rassemäßigen und landschaftlichen Bedingtheit an sich tragen wird.[11]

Kahls Zurückhaltung, ja gelegentliches Schwanken in der Einschätzung, wie relevant die landschaftliche Verortung nun für Musik sei, korrespondiert mit seinem Bemühen um nüchterne Analyse und dem Verzicht auf politisch tendenziöse Darstellung. Gleichwohl ist seine mehrfache Berufung auf den konservativen Walter Niemann[12] mit seinen nationalistischen und antisemitischen Zügen und die gleichzeitige Distanzierung von Paul Bekker[13], dem progressiven, soziologisch orientierten Musikschriftsteller, nicht zu übersehen; und dies in der Zeit eines wachsenden Nationalismus, der für die sich gerade entwickelnde Musikalische Regionalforschung eine Gefährdung bilden musste. Aber Kahls Interessen waren offenbar nicht politischer und auch weniger aktuell musikkritischer Art, sondern musikhistorisch geprägt. So greift er auch in dem Aufsatz von 1922 die Grundfrage der Regionalforschung auf: »Gibt es denn eine rheinische Musik mit rassemäßig und landschaftlich bedingten Merkmalen [...]«[14] Indem Kahl noch einmal Niemanns Brahms-Deutung aufgreift, aber dessen Wirkungstheorie relativiert, gelangt er indirekt zu einer knappen Charakteristik des musikalischen Rheinlands, das er in zwei heute vergessenen Komponisten aus der Brahms-Nachfolge – Ewald Sträßer[15] und August von Othegraven[16] – widergespiegelt sieht:

Weniger als Niemann es tut, glaube ich an einen nach Landschaft und Rasse besonders günstigen Boden für die Ausbreitung Brahmsschen Geistes am Rhein. Das Land, das der Musik in Beethoven den stärksten Lebensbejaher geschenkt hat, weiß nur wenig von niederdeutscher Reflexion, Grübelei, Schwermut, Verschlossenheit, Verträumtheit. Für die temperamentvolle Offenheit des Rheinländers ist Straeßers Musik besonders typisch. [...] Wichtig ist vor allem die Verwurzelung des rheinischen Schaffens im Religiösen, genau gesagt in der Welt des Katholizismus, und im Volkstümlichen. Für beides sind Othegravens Werke reich an Beispielen.[17]

In anderem Zusammenhang stellt sich Kahl noch einmal die Grundfrage nach der Existenz einer rheinischen Musik; neben seiner Skepsis formuliert er auch eine deutliche Kritik an der regionalen Eigenart, indem er die vermeintliche Kehrseite von rheinischer Sinnenfreude und Anpassungsfähigkeit anprangert, nämlich Oberflächlichkeit und die Empfänglichkeit für schlechten (östlichen) Einfluss:

Aber nicht nur nach der schöpferischen Seite hin will die stammesartliche Bedingtheit des Musiklebens am Rhein, wie es sich zu allen Zeiten äußert, verstanden sein. Mitteilsamkeit, Geselligkeitsbetrieb [sic!] und die Kunst, Feste zu feiern – wesentliche Züge des rheinischen Volkscharakters – weiterhin Aufnahme- und Anpassungsfähigkeit sind da im Bunde mit mehr physiologischen, sicher auch klimatisch bedingten Voraussetzungen beim Rheinländer, seiner gesanglichen Begabung, ferner, damit zusammenhängend, seiner Bevorzugung des Melodischen, Sinnfälligen. Daß diese oftmals auf Kosten tiefergehenden Empfindens in die Erscheinung tritt, läßt sich wohl nicht leugnen. Die spätere Entartung der Rheinromantik zu konventionell-farbloser Gestaltung spielt auch auf musikalisches Gebiet herüber, wie wohl gleichfalls der allmähliche Verfall des aus romantischem Geist neu erstandenen Kölner Karnevals ein nicht zu übersehendes Verwesungssymptom in sich birgt: eine ungemein starke Aufnahmefähigkeit des Rheinlandes auch für zersetzende Einflüsse (artfremder Berliner Schlager, Operette), die längst nicht mehr im Volkstum wurzeln. Hier, namentlich in den unerfreulichen Auswirkungen bestimmter Seiten des rheinischen Volkscharakters im Rahmen der Musikkultur des Rheinlandes, gegen andere deutsche Stämme richtig abwägen zu wollen, ist natürlich schwer genug und vielleicht auch nicht einmal von allzu großer Bedeutung.[18]

Mit größerer Selbstgewissheit und weniger reflektierter Bescheidenheit als Kahl trat 1925 der Kölner Studienrat Dr. Allekotte in einem kleinen Sammelband auf, der in der Reihe »Kulturkunde in Schule und Haus« für pädagogische Zwecke herausgegeben wurde. Den Hintergrund bestimmte noch die traumatische Erfahrung des verlorenen Krieges, und das Anliegen, die Musik des Rheinlandes ins Bewusstsein und zur Geltung zu bringen, verstand sich als ein Beitrag des nationalen Aufbruchs für ein wiedererstarktes Deutschland. Gleichwohl kehrte Allekotte den überaus selbstbewussten Rheinländer heraus und erwartete sehnsuchtsvoll die musikalische Erlöserfigur aus seiner Heimat:

Rheinische Musik hat die Wesenszüge der deutschen Musik. [...] auch im Rheinland kämpft und wirbt man für die Musik, die deutsche Eigenart hat und im Sinne der Heimatkunst ihre Herkunft nicht verbirgt: die Musik der Westmark. [...] wohl in keinem Teile Deutschlands wird die Musik so von innen heraus gepflegt und geliebt wie gerade im Rheinland, denn Rheinlands Gaue sind musikträchtiges und -freudiges Land. Aber rheinische Heimatkunst hat noch nicht den musikalischen Schöpfergeist hervorgebracht, der als typische[r] Vertreter rheinischer und damit deutscher Art die Welt in seinen Bann schlug. – Beethoven ist aber doch hier geboren? In dieser Frage liegt kein Gegenbeweis, denn dieses Meisters Tonsprache zieht ihren Klang nicht aus rheinischer Art. Daß aber gerade die heutige Zeit, die in ihrem äußeren politischen Druck zur Selbstbesinnung peinvoll genötigt wird, alle musikalischen Kräfte sammelt und konzentriert, das lässt die Hoffnung nicht schwinden, daß hier im Rheinland einmal ein Genius erwacht, der ein musikalisches Symbol deutscher Kraft und Größe und Tiefe darstellt. »Indem er sich mit rheinischem Geist tränkt, wird der Deutsche sich vollenden,« sagt Otto Brües in einer Betrachtung über das Wesen des Rheinländers.[19]

Entbehren diese Worte auch nicht ein wenig unfreiwilliger Komik, so markieren sie doch das politisch-gesellschaftliche Umfeld, in dem die Musikalische Regionalforschung im Rheinland ihren Anfang nahm. Das bald wiedergewonnene Selbstgefühl der Rheinländer, zumal nach Beendigung der militärischen Besetzung, spiegelt sich in einem Artikel des *Kölner Stadt-Anzeiger* vom 4. Juli 1931 wider, wo im Zusammenhang mit den Niederrheinischen Musikfesten, die man dauerhaft wiederbeleben wollte, mit Stolz verkündet wird: »Die Städte, sind sie auch oft sehr klein, verfügen meist über einen eigenen Tonkörper, ein eigenes Theater, ein eigenes, umfangreiches Musikleben. Das Rheinland ist die musikreichste Provinz des Reiches geworden.«[20]

Ludwig Schiedermair, der Bonner Ordinarius und einflussreiche Motor Musikalischer Regionalforschung im Rheinland, wandte sich mit einem Artikel in der *Kölnischen Zeitung* vom 15. Juli 1936 auch an eine größere Öffentlichkeit. Dort mahnte er die dringendsten Aufgaben der Regionalforschung an:

> Vor allem ist endlich die Inventarisation sämtlicher im Rheinland vorhandener Musikdenkmäler in Archiven, Bibliotheken, Kirchen, Klöstern, Museen usw., profaner wie religiöser Art, in Angriff zu nehmen, auch die der Volksmusik, die von bereits bestehenden Organisationen nur teilweise erfasst wird.[21]

Schiedermair übersah nicht die Widerstände gegenüber solchen Unternehmungen, hielt aber unbeirrt an seinen Forderungen fest, womit er sich auch von der eher zurückhaltenden Position Willi Kahls unterschied:

> Selbst in Kreisen, die an Kulturfragen regern Anteil nehmen und schon durch ihren Bildungsstand nehmen müßten, stößt man bei der Erörterung von Problemen rheinischer Musikforschung nicht selten auf Anschauungen, die eine rheinische Musik der Vergangenheit überhaupt in Zweifel ziehen und lediglich das schöpferische Werk der Maler und Baukünstler, vielleicht auch noch das einzelner Dichter als künstlerische Leistung und Repräsentation des Rheinlands anerkennen wollen. Dabei verrät zuweilen ein gewisser Unterton ein nicht geringes Maß völligen Unverständnisses [...], als ob die Musik im Gegensatz zur bildenden Kunst und Dichtung weder national noch stammesartlich gebunden sei. [...]
>
> So ließe sich allmählich ein großes Werk aufbauen, vielleicht ähnlicher Art, wie es für die rheinischen Denkmäler der bildenden Kunst geschaffen wurde. [...] Aus diesen Unternehmungen würden Anregungen zu Aufführungen im heutigen Musikleben erwachsen, die weitern Kreisen des Rheinlandes erst einen Begriff von

der reichen musikalischen Vergangenheit ihres Raumes verschaffen und die bisher gelegentlich da und dort gewagten Versuche dieser Art erst auf eine breitere Grundlage stellen könnten. Aus allen diesen Bestrebungen, Versuchen und Unternehmungen kann weiterhin aber nur dann das große Werk einer rheinischen Musik aufgebaut werden, wenn es von der rheinischen Gemeinschaft erfaßt und auch von den in Betracht kommenden amtlichen Stellen gefördert und unterstützt wird. Eine große Aufgabe liegt vor uns, die nicht allein der rheinischen Musik, sondern auch der deutschen Musik überhaupt und damit dem deutschen Volk dient. Mögen diese Worte nicht ungehört verhallen![22]

Gewiss nutzte Schiedermair auch die Gunst der Stunde, als nationalistisches Denken endgültig seit der Machtergreifung Hitlers zum Hauptmotiv auch des geistigen Lebens geworden war:

Seit dem Umbruch mehren sich die vordem als unwichtig betrachteten Bemühungen, die musikalische Kultur einzelner größerer und kleinerer deutscher Gebiete wissenschaftlich zu erfassen [...] und in den größeren allgemeinen deutschen Zusammenhang zu bringen. Eine deutsche musikalische Landeskunde ist damit in Angriff genommen [...].[23]

So schrieb er 1938 in der *Allgemeinen Musikzeitung* – auf dem Höhepunkt der nationalsozialistischen Herrschaft, der doch auch schon den Zweiten Weltkrieg ahnen ließ. Wenn auch der prominente Universitätsgelehrte Schiedermair sich nicht selten von den Nationalsozialisten in Dienst nehmen ließ[24], so hat er doch die Musikalische Landeskunde im Rheinland letztlich nicht ideologisch ausgerichtet, sondern sie – trotz aller zeitbezogener Diktion – auf seriöse wissenschaftliche Zielsetzungen konzentriert, die auch in der zweiten Hälfte des 20. Jahrhunderts noch Gültigkeit beanspruchen konnten.

Schiedermairs Ausgangsmotiv zur Erforschung rheinischer Musikgeschichte war die Gestalt Beethovens als des größten Komponisten, den das Rheinland hervorgebracht hat und der es bekanntlich schon mit 22 Jahren in Richtung Wien verließ. Seine Ursprünge und sein Umfeld erregten Schiedermairs respektvolle Neugier: »Wie viele wissen heute noch um diese musikalische Vergangenheit und wollen sie wissen, obwohl sie sich doch dieses wertvollen rheinischen Erbguts bewußt bleiben sollten, aus dem auch ein Beethoven schöpfte.«[25] Beethovens Werk und die Prägung seiner Persönlichkeit durch Kindheit und Jugend in Bonn standen für Schiedermair im Mittelpunkt seines Interesses. Schon 1925 hatte er ja mit seinem Buch *Der junge Beethoven* ein wichtiges Fundament geschaffen. In späteren Veröffentlichungen wies er immer wieder und nicht ohne Enthusiasmus auf die heimatlichen Wurzeln des Wiener Klassikers hin:

Am Rhein packt ihn bereits das Walten der Naturmächte; mit der rheinischen Landschaft, die der im Sonnenglanz strahlende Strom durchfließt, verschmilzt schon früh sein Naturgefühl, dessen Tiefe sich in der Pastoralsinfonie, die bezeichnenderweise keine Alpen-Sinfonie, sondern eher eine Sinfonie des deutschen Mittelgebirges darstellt, nicht mit äußerlicher Naturausdeutung und Illustrierung begnügen kann.[26]

Der Seitenhieb gegen die auftrumpfende Symphonik des Zeitgenossen Richard Strauss ist deutlich zu spüren.

In enger Verbindung mit der Beethoven-Forschung erfolgte denn auch die Institutionalisierung der Musikalischen Regionalforschung im Rheinland. Als Gründer und Leiter des Beethoven-Archivs in Bonn gliederte Schiedermair diesem im Jahre 1929 eine Abteilung für rheinische Musikgeschichte an. Am 10. April 1933 gründete er im Rahmen des Rheinischen Musikfestes in Aachen die Arbeitsgemeinschaft für rheinische Musikgeschichte und wurde ihr Vorsitzender. Die *Kölnische Zeitung* berichtete schon am folgenden Tag in ihrer Abendausgabe über Schiedermairs Konzept. Neben den Archivarbeiten und der wissenschaftlichen Edition von Schriften und Denkmälerausgaben sollten auch Konzertaufführungen rheinischer Komponisten ermöglicht werden. Die Arbeitsgemeinschaft sollte nun kein Verein sein, dem jeder beitreten konnte, sondern eine Gemeinschaft von Musikwissenschaftlern und Musikern, die geeignet schienen und zur Mitarbeit herangezogen werden sollten. Dies gelang, wohl auch aus politischen Gründen, zunächst nicht in dem erhofften Maße, und so fanden größere Tagungen erst 1938 in Bonn und 1939 in Mönchengladbach statt.

Das Ende des Nationalsozialismus und des Zweiten Weltkrieges bedeutete für die Musikalische Regionalforschung im Rheinland offensichtlich nicht den totalen Zusammenbruch. Schon 1947 konnte Schiedermair, quasi als Summe seines jahrzehntelangen Engagements, die *Musik am Rheinstrom*[27] publizieren, die bis heute umfangreichste Musikgeschichte dieser Region, die nun aber das gesamte deutschsprachige Rheingebiet bis zum Bodensee und in die Schweiz hinein umfasste, unter besonderer Berücksichtigung der Nord-Süd-Achse. Der Blick der rheinischen Musikforscher weitete sich nun nicht nur geografisch aus, er verlor naturgemäß auch an politischer Motivation. Mit der Fixierung aufs rein Wissenschaftliche und der Erweiterung der Arbeitsgebiete nahm allerdings auch das Bemühen um eine Definition des Gegenstands Rheinische Musik deutlich ab. Die engagierte Aufbauarbeit mit ihren zwiespältigen Motivationsaspekten musste als abgeschlossen erscheinen. Rheinische

Musik wurde als Phänomen und Begriff zu einer unausgesprochenen Selbstverständlichkeit.

Für die Konsolidierung der Regionalforschung in der Arbeitsgemeinschaft für rheinische Musikgeschichte nach dem Zweiten Weltkrieg und die reiche Entfaltung ihrer Aktivitäten wurde Karl Gustav Fellerer, Ordinarius in Köln und ebenso wie Schiedermair bayerischer Abstammung, die entscheidende Persönlichkeit (seine Karriere hatte zwar in der Nazi-Zeit begonnen, aber die Musikgeschichte des Rheinlands stand dabei noch nicht im Vordergrund). Von Bonn verlagerte sich das Zentrum der Arbeitsgemeinschaft nun an die Kölner Universität, wo Ende der 1950er Jahre ein Archiv für rheinische Musikgeschichte mit einer Arbeitsstelle eingerichtet werden konnte. Herzstück der Sammlung wurde das Max-Bruch-Archiv mit einer Fülle von autografischen Partituren, Briefen und anderen Dokumenten. 1951 wurde Fellerer, der international renommierte Forscher und Manager im Wissenschaftsbetrieb, Vorsitzender der Arbeitsgemeinschaft (bis 1975), und schon seit dieser Zeit wurden jährlich Tagungen an verschiedenen Orten des Rheinlandes durchgeführt. Drei Publikationsreihen wurden begonnen: die *Denkmäler rheinischer Musik* für Notenausgaben, die *Beiträge zur rheinischen Musikgeschichte* mit Dissertationen, Tagungsberichten, Schriften- und Brief-Editionen, der Lexikon-Reihe *Rheinische Musiker* u. a., die *Mitteilungen* für kleine Beiträge und als Organ des inzwischen eingetragenen Vereins.

Grundlegende Gedanken zu seiner Auffassung von Musikalischer Regionalforschung hat Fellerer 1955 unter der Überschrift *Das Erbe rheinischer Musik* formuliert:

> Das Musikleben der Gegenwart ist von der Gegenwartskunst, der Kunst der Tradition und dem künstlerischen Erbe bestimmt. [...] Wie Musik und Musikauffassung der Vergangenheit zu Gegenwartswerten werden, so werden Gegenwartswerte auch wieder Tradition und Erbe sein. Es ist nicht eine landschaftlich geprägte Kunst, die in der elektronischen Musik des Kölner Rundfunks oder in der vom Rundfunk entwickelten historischen Aufführungsperfektion der Cappella Coloniensis gestaltet wurde. Aber es sind Erscheinungen des Musiklebens, die sich im rheinischen Raum vollziehen und hier trotz ihrer weltweiten Verbreitung durch den Rundfunk ihre unmittelbare im Raum gegebene Bindung und Wirkung besitzen. Wie einst Franco von Köln oder Glarean die Neuerungen ihrer Zeit, so wie sie sie am Rhein kennen lernten, erfaßten, werteten und der Nachwelt überlieferten, so hat auch heute die Musikforschung die Aufgabe den Neuerungen unserer Gegenwart ihre Aufmerksamkeit zu schenken. [...] Das Erbe der Gegenwart zu wahren ist eine gleich wichtige Verpflichtung wie das Erbe der Vergangenheit zu erkennen und zu verlebendigen.[28]

Fellerers zukunftsweisenden Auftrag haben zahlreiche Mitarbeiter und ein großer Schülerkreis aufgenommen und ihre Forschungen bis heute in 22 Noten-Denkmälern und 158 Buchpublikationen der Öffentlichkeit zugänglich gemacht. Anregungen zu musikalischen Aufführungen rheinischer Musik, wie es einem der Grundgedanken der Arbeitsgemeinschaft entsprach, konnten nur selten, meist in Verbindung mit den Jahrestagungen, realisiert werden, aber die Konzentration auf Historiografie, die von vielen Forschern getragen wurde, führte zu dem Ergebnis, dass inzwischen eine beinahe flächendeckende musikgeschichtliche Darstellung der bedeutenderen Orte und Landschaften des Rheinlands sowie ihrer wichtigsten Persönlichkeiten vorliegt. In Anlehnung an einen allgemeinen Trend der Musikwissenschaft verlagerte sich das Interesse von der Heroengeschichte zur Kleinmeisterforschung, ergänzt vor allem durch soziologische Fragestellungen.

Ob man nun in 80 Jahren Regionalforschung das Phänomen Rheinische Musik gefunden hat oder finden kann und wie mit dem problematischen Begriff umzugehen ist – dazu seien, in knapper Form resümierend und ausblickend, abschließend einige Thesen formuliert:

Die Bestimmung, was rheinische Musik sei, ist – auch wenn man sie auf den Bereich der Kunstmusik und auf historische Phänomene eingrenzt – bislang nicht gelungen.

Es gibt andere Regionen in Mitteleuropa, die zu gewissen Zeiten ein vergleichsweise klares Profil ihres musikalischen Schaffens entwickelt haben: sei es die norddeutsche Orgelschule um Dietrich Buxtehude, die Wiener Klassik mit Haydn, Mozart und Beethoven, die böhmische Musiksprache von Smetana und Dvorák, die Zweite Wiener Schule um Schönberg, Berg und Webern.

Das Fehlen einer musikalischen Identität des Rheinlands kann nicht allein damit begründet werden, dass es ihm in der Vergangenheit an schulebildenden Persönlichkeiten gemangelt hat.

Die bedeutende Kölner Avantgarde der 1950er und 1960er Jahre – Bernd Alois Zimmermann, Karlheinz Stockhausen, Mauricio Kagel – definierte sich gewiss nicht als regional determinierte Gruppe, arbeitete und wirkte entscheidend aber durch ihre starke Bindung an eine Institution wie den Westdeutschen Rundfunk.

Wo Regionalforschung konkrete Aussagen über Musik treffen will und sich nicht an biografische Zusammenhänge klammert, gerät sie in Versuchung, mehr die musikalische Praxis und das Musikleben als die Werke selbst in den Blick zu nehmen.

Die Musikwissenschaft, deren Interesse an Regionalforschung wieder zunimmt, kann neue Ansatzpunkte finden, indem sie sich neben kompositionsgeschichtlichen, kultur- und sozialgeschichtlichen Aspekten stärker auf ideengeschichtliche, etwa das regionalbezogene Selbstverständnis von Komponisten – im Sinne des Konstrukts einer Bewusstseinsregion – konzentriert.

Ein neu zu entwickelnder Begriff von rheinischer Musik sollte weniger vom musikalischen Material als von kompositorischen Intentionen und den darin enthaltenen regionalen Bezügen geprägt sein; dieser Begriff von rheinischer Musik verzichtete auf jeden Anspruch von Allgemeingültigkeit und wäre weniger mit Methoden der Systematischen Musikwissenschaft als mit strikt historischem Denken zu untermauern.

Anmerkungen

1. Die folgenden historischen Betrachtungen enthalten auch Passagen aus thematisch verwandten Veröffentlichungen des Autors (einem an entlegener Stelle publizierten Bericht und einer in Vorbereitung befindlichen größeren Studie): Norbert Jers: Musikalische Regionalforschung im Rheinland – Rückblick und Zukunftsperspektiven, in: Mitteilungen der Arbeitsgemeinschaft für rheinische Musikgeschichte e.V. 85 (1998), S. 5-15; ders.: 65 Jahre Musikalische Regionalforschung im Rheinland, in: Norbert Jers (Hrsg.): Musikalische Regionalforschung heute. Perspektiven rheinischer Musikgeschichtsschreibung [= Beiträge zur rheinischen Musikgeschichte, Bd. 159], in Vorb.
2. Willi Kahl: Beethoven, der Rheinländer, in: G[eig. H.] Allekotte (Hrsg.): Entwicklung der Rheinischen Musik. Köln-Bonn 1925, S. 47-50, hier S. 47 f. [= Kulturkunde in Schule und Haus, Bd. I 8].
3. Vgl. Willi Kahl: Musik und Musikleben im Rheinland, in: II. Rheinische Literatur- u. Buchwoche Köln. 29. September bis 14. Oktober 1923. Köln 1923, S. 3-30, hier S. 4.
4. Vgl. Fabian R. Lovisa: Musikkritik im Nationalsozialismus. Die Rolle deutschsprachiger Musikzeitschriften 1920-1945. Laaber 1993, S.138 [= Neue Heidelberger Studien zur Musikwissenschaft, Bd. 22].
5. Kahl (Anm. 2), S. 49.
6. Ludwig Schiedermair: Der junge Beethoven. Bonn 1925; 3. Aufl. 1951.
7. Ebd., S. VIII.
8. Ebd., S. 328.
9. Willi Kahl: Von jungrheinischer Musik, in: Die Westmark 2 (1922), S.140-151, hier S.140.
10. Ebd.
11. Ebd., S. 141.
12. Walter Niemann: Die Musik der Gegenwart. Berlin, 9.-12. Aufl. [1920] (1. Aufl.: Die Musik seit Richard Wagner. Berlin 1913).
13. Paul Bekker: Das deutsche Musikleben. Berlin 1916; ders.: Kritische Zeitbilder. Berlin 1921; vgl. Eva Weissweiler: Ausgemerzt! Das Lexikon der Juden in der Musik und seine mörderischen Folgen. Köln 1999.
14. Kahl (Anm. 9), S.142.
15. Johannes Schwermer: Ewald Sträßer. Leben und Werke. Köln 1958 [= Beiträge zur rheinischen Musikgeschichte, Heft 29].
16. Bert Voß: August von Othegraven. Leben und Werke. Köln 1961 [= Beiträge zur rheinischen Musikgeschichte, H. 49].
17. Kahl (Anm. 9), S. 142 f.
18. Kahl (Anm. 3), S. 9 f.
19. G[eig. H.] Allekotte (Hrsg.): Entwicklung der Rheinischen Musik. Köln-Bonn 1925, Einleitung [= Kulturkunde in Schule und Haus, Bd. I 8].
20. Kölner Stadt-Anzeiger v. 4.7.1931.
21. Ludwig Schiedmair [sic!]: Die rheinische Musikforschung, in: Kölnische Zeitung (Morgenblatt Nr. 354) v. 15.7.1936.

22. Ebd.
23. Ludwig Schiedermair: Rheinische Musik und Musikforschung, in: Allgemeine Musikzeitung 65 (1938), S. 331 f., hier S. 331.
24. Vgl. Jers, 65 Jahre (Anm.1).
25. Schiedermair (Anm. 21).
25. Ludwig Schiedermair: Musik am Rheinstrom. Entwicklungen und Wesenheiten, Gestalten und Schicksale. Köln 1947, S. 168.
27. Ebd.
28. Karl Gustav Fellerer: Das Erbe rheinischer Musik, in: 109. Niederrheinisches Musikfest in Wuppertal. Jahrbuch 1955, S. 13-23, hier S. 22 f.

Das »Rheinische« von außen betrachtet
Beobachtungen aus den Niederlanden

Von Guillaume van Gemert

Dem unbedarften Betrachter, dem der Blick von außen eignet, muss eine spezifisch rheinische Identität zunächst einmal als ein künstliches Konstrukt anmuten. Wenn er nicht gar das Wort tatsächlich wortwörtlich nimmt und das Rheinische integral zwischen Nordsee und Graubünden ansiedelt, sondern bereits – von Wilhelm Janssen geleitet[1] – das Gebiet an Rhein und Mosel, das mit den Namen Emmerich, Koblenz und Trier abzustecken wäre, anvisiert hat und auf die 1820 eingerichtete preußische Rheinprovinz gekommen ist, so wird er, noch etwas weiter in die Geschichte zurückschreitend, sich des Eindrucks nicht erwehren können, dass die Identität nicht zuletzt auch von einer fremden Okkupationsmacht eben dieser Region mit aufgepfropft worden sei.[2] Gibt er sich weiterhin unbedarft, so könnte er sich obendrein fragen, ob die Idee des Rheinischen nicht lange Zeit politisch instrumentalisiert worden sei; ob sich mit ihr nicht etwa auch eine katholisch dominierte Region gegen das überwiegend protestantische Staatsgefüge, dem sie eingegliedert war, abzugrenzen versucht habe.[3] Ist der Blick des supponierten Beobachters von außen dazu noch ein niederländisch geprägter und liegt seine Heimat in den heutigen Provinzen Gelderland und Limburg oder im Osten von Brabant, so mag er sich der historischen Verbundenheit mit den rheinischen Gebieten jenseits der heutigen Ostgrenze des Königreichs der Niederlande durchaus noch bewusst sein.[4] Andererseits mag sich seiner auch eine gewisse Verunsicherung bemächtigen. Das geringste Problem dürfte dabei sein, dass die heutigen Niederlande ihr eigenes »Rheinland« haben, die Verwaltungseinheit Rijnland[5], zwischen Amsterdam, Zandvoort, Den Haag und Gouda, die auf einen alten Verbund von Deichgenossenschaften (»waterschappen«), eine sogenannte »hoogheemraadschap«[6], zurückgeht. Vielmehr dürfte ihn zweierlei irritieren: einmal die Frage, wie er das, mittlerweile weitgehend abhanden gekommene, niederländische Wort ›rijns(ch)‹ mit dessen deutschem Äquivalent, ›rheinisch‹, zur Deckung bringen soll, zum andern der Umstand, dass seine Auffassung vom Rheinischen, wenn er sie aus seiner niederländischen Sicht hinterfragt und historisch verortet, weitgehend auf die rheinische Metropole Köln fokussiert zu sein scheint.

Der Niederländer nimmt – so kann vorweggenommen werden –, wenn er mit ›rheinisch‹ überhaupt konkrete Vorstellungen verbindet, wohl kaum in erster Linie eine eigenständige kulturelle oder politische Entität innerhalb des deutschen Sprachraums wahr. Im Niederländischen bezeichnet das Adjektiv ›rijns(ch)‹, wenn es sich nicht auf den Fluss an sich bezieht, in der Regel pars-pro-toto-artig das Deutsche schlechthin, im Sinne des deutschen Wesens oder eben der deutschen Lande, und vor allem auch die deutsche Sprache.[7] Er lege hier jede Menge ›Rheinisches‹ vor, schreibt Constantijn Huygens (1596-1687), eine der großen Gestalten der niederländischen Literatur des 17. Jahrhunderts und ein Meister der barocken argutia, am 7. Januar 1656 im Eröffnungsgedicht zu seiner Sammlung von Nachdichtungen einzelner Epigramme des aus Heidelberg gebürtigen Julius Wilhelm Zincgref (1591-1635), der sein Leben großenteils in der Pfalz verbracht hatte.[8] Im selben Atemzug setzt er ›Rheinisch‹ als Sprachbezeichnung mit Deutsch gleich, indem er sich tief vor Zincgref verbeugt: die eigenen Nachdichtungen, so Huygens, kämen den ›rheinischen‹ Vorlagen nur halbwegs bei, sie seien bestenfalls ›halb-rheinisch‹ (»Rijnschdhalf«); für deutsche Töne sei er eben nicht zuständig, dazu brauche es nun mal eines reineren Organs als des seinigen.[9]

Das Adjektiv ›rijnsch‹ in der ursprünglichen umfassenden Bedeutung, als Eigenschaftswort eben für alles, was mit dem Fluss zu tun hat[10], entwickelt sich im Niederländischen, namentlich über die Nebenform ›rinsch‹[11], zu einer weitgehend produktspezifischen Bezeichnung. Am Anfang dieses Bedeutungswandels steht der ›rinsche wijn‹, der Rheinwein also, der bereits im 16. Jahrhundert in den Niederlanden einen, sogar nicht einmal von den heftigsten konfessionellen Auseinandersetzungen zu schädigenden, guten Ruf genoss. So missgönnt der reformierte Hardliner und Kampfgefährte des Oraniers Philips van Marnix van Sint Aldegonde (1540-1598) 1569 in seiner Fischart-Bearbeitung *Byencorf der H. Roomsche Kercke* auch seinen Gegnern, den von ihm so sehr verabscheuten Löwener Theologen, die der alten Kirche die Treue hielten, bei deren Disputationen keineswegs eine Kanne Rheinwein der gehobenen Qualitätsklasse (»een Canne goeden Rinschen Wijns«).[12] Der Rheinwein gab sein spezifisches Aroma für die geographisch nicht mehr festzumachende, generelle Geschmacksbezeichnung ›rinsch‹ her, die am besten mit ›säuerlich‹ zu umschreiben wäre und sich schon im 17. Jahrhundert, etwa in dem beliebten Hausbuch *Schat der Ongesontheyt* (1642) des Dordrechter Arztes Johan van Beverwijck (1594-1647) nachweisen lässt. Van Beverwijck empfiehlt in einem Rezept zur Herstellung eines ›Kühlgetränks‹ (»koel-dranck«) gegen das Fieber, soviel Schwefelöl beizugeben, bis die Mischung hinreichend »rinsch« d.h. säuerlich sei (»Olye van Swavel, soo veel droppelen, tot dat het rinsch genoegh is«).[13] Gleichzeitig prägt er ein dazugehöriges Substantiv »rinscheyt«.[14] Da ist die Beziehung zum Rheinischen nur noch dunkel zu ahnen. Das gilt ebenfalls für die einzige Wortverbindung, in der das Adjektiv ›rinsch‹ bis auf den heutigen Tag im Niederländischen bei der breiteren Masse noch bekannt geblieben ist: im Namen des Brotaufstrichs »Rinse appelstroop«[15], der sachgemäß zu übersetzen wäre als ›säuerliches Apfelkraut‹ und wohl kaum als›rheinisches Apfelkraut‹.

Im Laufe des 18. Jahrhunderts erfuhr das Adjektiv ›rinsch‹ erneut eine Bedeutungsverengung, die sich jetzt allerdings ohne weiteres dem Rheinischen als Herkunftsangabe nach der heute in Deutschland geläufigen geographischen Festlegung zuordnen lässt: »rinsche jenever«[16] wird von dieser Zeit an die übliche Bezeichnung für den in den Niederlanden offensichtlich recht beliebten Kölner Wacholderbranntwein.[17] Der Dichter Robert Hennebo (1685-1737) besang ihn 1718 sogar eigens in einem überschwenglichen Hymnus auf diese Art von Spirituose, »Lof der jeneever«, den er neben den drei niederländischen Genever-Städten Amsterdam, Schiedam und Weesp auch den beiden rheinischen, Rheinberg und eben Köln, widmete.[18] Der Kölner Genever, so Hennebo, vermöge besonders die Torfstecher bei ihrer schweren Arbeit wirkungsvoll zu stärken, wie übrigens ohne Genever ohnehin nichts gehe.[19]

Wenn der Niederländer in den vergangenen Jahrhunderten ›rheinisch‹ überhaupt geographisch festgelegt hat, so dürfte er vom Mittelalter bis um 1800, als sich eine eigene rheinische Verwaltungseinheit zu konstituieren begann, tatsächlich in erster Linie an Köln gedacht haben, zumal wenn er katholisch war. Der Bischof von Utrecht, der bis zur Neuordnung der Bistumsstrukturen im Jahre 1559 als geistlicher Oberhirte der gesamten nördlichen Niederlande auftrat, war als solcher Suffragan der Kölner Erzdiözese. Für den niederländischen Rheinhandel war Köln Umschlag- und Stapelplatz. Die 1388 gegründete Kölner Alma mater zog scharenweise niederländische Studenten an, wenn auch nach der Reformation bloß noch aus den katholischen Landesteilen. Als die Kriegswirren des Aufstandes gegen Spanien und ein kämpferischer Calvinismus viele nordniederländische Katholiken vertrieben, wurde Köln zum wichtigsten Exilort solcher Glaubensflüchtlinge. Vom 16. bis ins 18. Jahrhundert schließlich stellte Köln die Drehscheibe dar, über die dem südniederländischen geistlichen Schrifttum der Anschluss an die europäische nachtridentinische katholische Reformbewegung vermittelt wurde.[20]

Von den Niederlanden aus wurde daher jahrhundertelang genaustens verfolgt, was sich in Köln tat. Immer wieder, bis weit ins 19. Jahrhundert hinein, sorgten Kölner Ereignisse in den Niederlanden für Aufregung bzw. lösten sie dort konfessionelle Auseinandersetzungen aus. Köln funktionierte für die Niederlande gleichsam als Probierstein des politischen und konfessionellen Zusammenhalts und als Eckpunkt konfessionell motivierter Abgrenzungs- und Selbstprofilierungsbestrebungen. Als 1672 der Kölner Erzbischof Maximilian Heinrich von Bayern, der zugleich Bischof der südniederländischen Diözese Lüttich war, sich mit den Franzosen und den Engländern verbündete und in die Republik der Vereinigten Niederlande einfiel, hielten sich die niederländischen Katholiken still, ereiferten sich aber die nordniederländischen Protestanten – so zeigen zeitgenössische Flugschriften[21] – und triumphierten sie, als der Kurfürst im August des Jahres nach der vergeblichen Belagerung der Stadt Groningen unverrichteterdinge abziehen musste.[22] In den ersten Jahrzehnten des 18. Jahrhunderts orientierten sich, wie erneut die Flugschriften zeigen, die niederländischen Katholiken verstärkt nach Köln, als der dort residierende und für die Missio Hollandica zuständige päpstliche Nuntius Giovanni Battista Bussi (1657-1726) in die nordniederländischen Auseinandersetzungen im Vorfeld des Utrechter Schismas (1723) involviert wurde.[23] Zu Beginn des 19. Jahrhunderts ergötzten sich die nordniederländischen Protestanten an der Schauergeschichte des Kölner katholischen Geistlichen Peter Joseph Scheffer, der zwei Frauen ermordet haben sollte und kurz nach Weihnachten 1803 in Aachen hingerichtet worden war.[24] Ansonsten erscheint Köln im 19. Jahrhundert aus niederländischer Sicht zunehmend als wirtschaftlicher Machtfaktor und tritt das konfessionelle Moment in der öffentlichen Debatte zurück. So kommt es zwischen 1832 und 1834 zu einem lebhaften Meinungsaustausch über den Bau einer Eisenbahnverbindung von Amsterdam nach Köln.[25] Dennoch bleibt auch jetzt das Konfessionelle virulent: der Konflikt über die Mischehenfrage zwischen dem Kölner Erzbischof Clemens August Droste zu Vischering (1773-1845) und dem preußischen Staat in den Jahren 1837/1838[26] erregte auch in den Niederlanden die Gemüter und an ihm schieden sich auch dort nach altbewährtem Muster die Geister.[27]

Der Stellenwert Kölns in der Eigenschaft des vordergründigsten Exponenten des Rheinischen aus niederländischer Perspektive, zum einen als konfessioneller Brennpunkt, zum andern als politisch-wirtschaftlicher Machtfaktor, beides in der öffentlichen Debatte, und zwar von der frühen Neuzeit bis ins 19. Jahrhundert, schließt nicht aus, dass sich für denselben Zeitraum in den Niederlanden durchaus auch persönlichere Beziehungen in die deutschen Lande nachweisen lassen, die zwar auch Köln mit einbeziehen, denen darüber hinaus aber eine rheinische Dimension erwächst. Ein aufschlussreiches Beispiel für einen solchen Fall bietet Joost van den Vondel (1587-1679). Vondel war aus südniederländischen, protestantischen Eltern in Köln geboren, aber schon in jungen Jahren nach Amsterdam übersiedelt, wo er sich zur herausragendsten Dichtergestalt des niederländischen Goldenen Zeitalters entwickelte, was allerdings Ludolf Wienbarg 1833 nicht davon abhielt zu insinuieren, Vondel wäre nach dem Rhein der zweite Deutsche gewesen, der in den Niederlanden kläglich versiegt wäre.[28]

Vondel, der katholische Konvertit in einem protestantisch dominierten Staat, hat sich sein Leben lang mit seinem Geburtsort Köln und nicht zuletzt auch mit dessen großer christlicher Vergangenheit verbunden gefühlt. Noch im hohen Alter sei er dorthin gereist, habe sein Elternhaus aufgesucht und sei in den Alkoven geklettert, in dem er geboren wurde, so berichtet 1682 ein zeitgenössischer Biograph.[29] Vondels Band mit den deutschen Landen schlechthin und besonders mit dem Kölner Raum spiegelt sich in seinen Dichtungen wider: so sagt er 1653 in einem langen Briefgedicht in Alexandrinern an den deutschen Geistlichen Barthold Nihusius, der in Köln konvertiert war und in den dreißiger und frühen vierziger Jahren in Amsterdam gelebt hatte, »unserem Deutschland«, somit unter ausdrücklicher Betonung der Gemeinsamkeit, nach dem nunmehr geschlossenen Frieden eine eindrucksvolle kulturelle Blüte voraus.[30] Vorher schon, noch während des Krieges, hatte er, als Gustav Adolph 1632 auf Köln vorrückte, diesem einen dichterischen Ölzweig als Friedenssymbol überreicht, mit der Bitte, seine Heimat zu schonen. Als Kind habe er am Rhein, an dessen rebenbewachsenen Ufern, den ersten Honig der Dichtkunst gesammelt, jetzt trete er als Rheinschwan dem schwedischen Mars entgegen, um dessen Kriegswut zu zügeln und mit dem Dichterwort Köln zu schützen, damit er nicht später die Barbarei des Schwedenkönigs, der eine so alte Stadt zerstört hätte, dichterisch anzuprangern brauche.[31]

Als ›rheinischer‹ Dichter, im Sinne eines Sängers des Rheinischen, erweist sich Vondel erst recht in seinem großen *Rynstroom*-Gedicht aus der Zeit um 1630.[32] Die achtzehnstrophige Ode ist Joan Wolfart van Brederode (1594-1635) gewidmet, einem Angehörigen des niederländischen Hochadels, dessen Stammsitz, Vianen, an der Leck, einem Nebenfluss des Rheins, lag. Sie gliedert sich, grob gesagt, in vier Teile. Die ersten fünf Strophen sind ein Lobpreis des Rheins, der aufgrund der heroischen Bewährung der germanischen Anrainervölker im Christentum bis zu Karl dem Großen, dem Translator imperii, letztendlich sogar die Tiber als das Symbol Roms habe ausstechen können. Wie Konstantin der Große das alte heidnische Kaisertum Roms in ein christliches verkehrt habe, so habe Karl dem Rhein zu neuen Ehren verholfen, indem er das ›undeutsche‹ Gesindel der Völkerwanderungszeit vertrieb und an den Ufern des Flusses ein blühendes Reich, die Fortsetzung des Römischen, gründete.[33] In den Strophen 6 bis einschließlich 12 besingt der Dichter die unterschiedlichen Eigenschaften des Rheins, die ihn inspirieren und das Lob rechtfertigen: die Bedeutung des Flusses für die Anrainer als Wasserstraße, Energielieferant, Schutzwall und Hervorbringer des Weins, seine Schönheit und seinen mächtigen Lauf. Der Abschnitt endet nach klassischer Manier mit einer Art Apotheose, indem der Rhein unter die Sterne versetzt wird, da er sich durch seine Klarheit und die silbernen Schuppen der in ihm lebenden Fische nachts am Himmel widerspiegle und darin alle anderen berühmten Flüsse der Erde überrage.[34] Herzstück ist hier jedoch die neunte Strophe, in der Vondel Rhein und Freiheit ohne weiteres gleichsetzt. Er bemüht dazu den ›Nationalmythos‹ der jungen niederländischen Republik her, der eine unmittelbare Verwandtschaft der Niederländer mit den Batavern postulierte.[35] Wie diese sich unter Julius (Claudius) Civilis der römischen Zwangsherrschaft widersetzt hatten, so wollten die Gründerväter der Republik gegen die Spanier in die Schranken getreten sein. Indem der Rhein zu der Heldeninsel Batos, des Stammvaters der Bataver, in die Niederlande also, strömt, versinnbildlicht er für Vondel Heroismus und Freiheitlichkeit angesichts jeglicher Art von Fremdherrschaft:

> Ghy streckt de voeten aen 't gebergt,
> Daer sich de Zwitsers in bescharmen,
> Wanneer men hen om oorloogh vergt:
> Ghy grijpt de Noordzee met uw armen,
> Waerin het heldeneiland leit,
> Daer Bato sich ter nedersette,
> En dat soo schuw van dienstbaerheid
> D'uitheemsche beckeneelen plette,
> En deê gevoelen dat de Rijn
> Geschapen was om vry te zijn.[36]

Während der vierte Abschnitt, die Strophen 17 und 18, ein Encomium auf Joan Wolfart van Brederode enthält, bildet der dritte, mit den Strophen 13 bis einschließlich 16, das eigentliche Schlussstück der Ode. Der Dichter beschreibt hier, warum der Rhein, den er schon in der ersten Strophe als den verlockenden Heimatstrom (»Mijn treckende geboortestroom«)[37] bezeichnet hatte, ihn immer wieder zu inspirieren vermöge. Die persönliche Verwurzelung im Rheinischen ist dabei entscheidend. Das dichterische Ich verfolgt hier den Lauf des Stroms von der Schweiz bis in die Niederlande und sieht etwa sich selbst als Kind am Kölner Kai hüpfen. Die Inspiration des Dichters durch den Rhein ist derart wirkungsmächtig, dass sie nur verlöschen könne, wenn seine Feder mit dem Fluss ins Meer versinke.[38] Recht unvermittelt bricht dann in der 16. Strophe das Ich in eine Klage über die Lage in den deutschen Landen aus, wo Krieg und Religionsstreitigkeiten die Atmosphäre vergiften und nur ein sehnlichst erhoffter Erlöser Abhilfe schaffen könne:

Maer, och! ick schrey mijn oogen uit,
En sal noch in een' vliet verkeeren,
Om datter sulck een Hydra spruit
Wt kerckgeschil en haet van Heeren;
Een helsche Hydra vol vergift,
Die 's Rijns gesonde en soete boorden
Vergiftight, en gants Duitschland schift,
En groeit in onversoenbre moorden.
Een lang gewenst Verlosser vaegh
Het Rijck van 's Rijcks vervloeckte plaegh.[39]

Der bruchartige Übergang von der 15. Strophe zur 16. wird nur verständlich, wenn man sich vergegenwärtigt, worauf der Rhein in Vondels Ode wirklich verweist: er symbolisiert zutiefst die Zusammengehörigkeit der germanischen Völker aufgrund ihrer gemeinsamen, nicht zuletzt auch christlichen Geschichte. Das mag mit in Vondels Biographie, in seiner Verbundenheit mit dem Rheinischen, angelegt gewesen sein. Auf jeden Fall scheint die alte Zusammengehörigkeit, gepaart mit seiner gläubigen Zuversicht, ihm gewissermaßen die Garantie dafür abgegeben zu haben, dass die deutschen Lande, seine alte Heimat, einst das erlangen würden, was die Niederlande sich schon erkämpft hatten: eine friedliche Eigenstaatlichkeit.

Bei Vondel scheint somit die zeitbezogene Perspektive, die in die politische Utopie eines deutschen Friedens mündet, vorzuherrschen. Klischees lässt er sich gewiss nicht zuschulden kommen, dafür ist sein ›rheinisches‹, d. h. rheinbezogenes, Hochgefühl zu sehr durchlebt und seine gelegentliche Ironie zu subtil.[40] Trotzdem enthält sein *Rynstroom*-Gedicht manches Detail, das später in romantischen Rheindichtungen, namentlich in deutschen, wiederkehren sollte: die Burgen und Schlösser, die Weinreben, die nächtlich glänzende Flut mit silbern schimmernden Fischen, das Binger Loch als Schauerort und sogar eine blanke oder blonde Rheinnixe als potentielle Urmutter der Lorelei. Zu einer originär niederländischen Rheinromantik will es aber, auch zwei Jahrhunderte nach Vondels »Rynstroom«, nicht recht kommen. Sie ist dem Niederländer im Grunde wesensfremd. So wie er auch der Romantik als solcher irgendwie zwiespältig gegenübersteht. Sie passe, mit ihrer Freizügigkeit in der Darstellung der Leidenschaften, mit ihrer Zentralsetzung der Phantasie und mit ihrer idealistischen Vergeistigung nicht eigentlich zum bürgerlichen Wesen und zum calvinistischen Ethos des Niederländers; er halte sich, erst recht in der lyrischen Dichtung, lieber an Themen wie Familie, Religion und Vaterland, so wollen die Komparatisten herausgefunden haben.[41] Einer der bekanntesten niederländischen Literaturtheoretiker der ersten Hälfte des 19. Jahrhunderts, der Leidener Universitätsbibliothekar und spätere Professor Jacob Geel (1789-1862), scheint ihnen recht zu geben: seine berühmte peripathetische Gesprächsrunde über die damalige Gegenwartsliteratur *Gesprek op den Drachenfels* aus dem Jahre 1835 verlegt er zwar ins Rheinische, an den im Titel erwähnten romantischen Ort im Siebengebirge, aber die Romantik an sich, sowohl die deutsche mit ihrer Entgrenzung der Phantasie als die französische, die sich verlieren würde in den Scheußlichkeiten der Wirklichkeit, lehnt er ab. Die Poesie als solche erscheint ihm nunmehr unzeitgemäß und er propagiert eine Prosa, die sich auszeichnen soll durch ein ausgeglichenes Inhandgehen von Phantasie, Empfindung und Vernunft, eine Mischung aus Klassischem und Romantischem also. Dabei operiert er, unter impliziter Berufung auf Ludolf Wienbargs *Holland*-Buch von 1833, mit der Opposition von Nordsee und Rhein. Die Nordsee ist die Domäne des Niederländers bzw. des Holländers, den Wienbarg als zwar von hoher Moralität, aber ansonsten auf Gewinn bedacht, kaltherzig und phantasielos charakterisiert hatte; am Rhein dagegen tümmelt sich der romantische Deutsche, verkörpert von Charinus, dem Gegenstück des anderen Gesprächspartners von Geels Ich-Person, des Prosaikers Diocles. Hier auf dem Drachenfels, wo der Rhein, aus großer Entfernung betrachtet, am eindrucksvollsten wirkt, formuliert Geels alter ego die zentrale Forderung einer klaren, vernunftgeleiteten und wirklichkeitsbezogenen Literatur, statt einer in ein wirklichkeitsfernes phantastisch-unendliches Reich des Nichts zielenden, wie sie sich etwa in der Rheinromantik artikulierte.[42]

Zwar gibt es auch in der niederländischen Literatur des 19. Jahrhunderts vereinzelt romantische Rheingedichte, die im Rheinischen im heutigen Verständnis beheimatet sind. So etwa *Rolands-Eck aan den Rhijn*[43] des wortmächtigen Pathetikers Willem Bilderdijk (1756-1831) aus dem Jahre 1825 oder *De Lurleij. (Eene Vertelling)* des weithin unbekannten D. van Heyst von 1849.[44] Es handelt sich jedoch im Grunde um bloße Nacherzählungen deutscher Sagen, wobei sich weiterreichende Entgrenzung der Phantasie kaum findet, vielmehr Moralisch-Didaktisches untermischt wird. So soll bei van Heyst, die Lorelei-Geschichte, die der Vater dem Sohn erzählt, letzteren dazu anhalten, fromm und gottesfürchtig zu leben.[45] Da wirkt die autobiographische Ode *Aan den Rijn* von Elias Annes Borger (1784-1820) aus dem Jahre 1820 sehr viel überzeugender. Borger besingt aber nicht mehr den deutschen bzw. rheinischen Rhein, sondern den niederländischen, dessen frühlingsheiterer Lauf mit der persönlichen Tragödie des Dichters, der Frau und Kind verloren hatte, wirkungsvoll kontrastiert. Hier artikuliert sich keine Romantik mehr, sondern gläubiges Gottvertrauen.[46]

Rheinromantik ist in den Niederlanden Importware, mit gehöriger Verspätung aus den deutschen Landen herübergeholt, ohne dass es dabei zu einer eigenständig niederländischen Verwertung kam. Das zeigen besonders die vielen Beschreibungen von Rheinreisen, die in der zweiten Hälfte des 19. Jahrhunderts in den Niederlanden erschienen und sich zum Teil auch als apodemisches Anweisungsschrifttum gaben. Eine der bedeutsamsten ist zweifellos die des reformierten Pastors und Dichters Jan Jacob Lodewijk ten Kate (1819-1889), die 1861 unter dem Titel *Langs den Rhijn. Een reisboeksken* erschien.[47] Sie umfasst drei Teile: der erste präsentiert sich als Reiseerinnerungen, im zweiten und dritten werden Rheinsagen und Rheinlieder, zumeist nach einer deutschen Vorlage übertragen, vorgelegt. Gerade hier begegnet motivlich Altbekanntes, mit dem damals in Deutschland üblichen Gefühlsüberschwang: die Gedichte, die auf Vorlagen von heute weitgehend unbekannten Größen wie Theodor Klein, Friedrich Freihold oder J. P. Lange zurückgehen, schwelgen förmlich in Rheinbegeisterung. Erstaunlicherweise wird dem niederländischen Leser auch die bekannte deutschnationale Umprägung von Vondels freiem Rhein, Nikolaus Beckers Rheinlied *Der deutsche Rhein* von 1840 für Lamartine[48], zugemutet, das den Germanenfeinden ein bis zum letzten Mann kämpfendes deutsches Heldenvolk gegenüberstellt.[49]

Ten Kates eigene Beschreibung der Reise im ersten Teil, die von Düsseldorf bis Mainz führt, ist dagegen auffällig distanziert gehalten. Sie erschöpft sich weitgehend in der sachlichen Erörterung von Sehenswürdigkeiten und Museen. Persönliches ist großenteils ausgespart; Begeisterung über das Gesehene oder Erfahrene macht sich selten breit. Von irgendwelchem Gefühl von Verwandtschaft mit der Bevölkerung der rheinischen Gebiete, insofern diese überhaupt ins Blickfeld rückt, findet sich nicht die geringste Spur. Hier mag sich zwar der reformierte Verfasser angesichts der katholischen Vorherrschaft in den von ihm besuchten Gebieten zurückgehalten haben, bezeichnend ist schon, dass die Stellen, wo Begeisterung anklingt, Zitate sind oder Einheimischen in den Mund gelegt werden, wonach sie umso treffender kritisiert werden können.[50] Die wilde Natur des Neandertals vermag noch am ehesten zu begeistern.[51] Der Kölner Dom wird dagegen nahezu klinisch beschrieben, was in der Feststellung gipfelt, er sei gleichsam ein versteinertes Hoheslied des Katholizismus, wie das germanische Mittelalter diesen verstanden habe.[52] Das Siebengebirge gilt klischeehaft als ›Krone der Rheinlande‹[53], das »romantische«[54] Ahrtal ruft den Wunsch hervor, dort beim Mondlicht zu spazieren, und um die Gegend bei Brühl als ›märchenhaft‹ zu empfinden, muss ein blonder Sohn Germaniens als hypothetischer Reisegefährte her.[55] Ab Koblenz steigert sich mit der zunehmenden Frequenz des Adjektivs ›romantisch‹ auch die fiktionale Begeisterung; dass aber der pathetische Ausklang des ersten Teils, der, ironisch genug, rheinreisenden jungen Damen als Poesiealbumseintrag empfohlen wird, aus zweiter Hand, aus deutscher nämlich[56], stammt, ist vielsagend.[57]

Auch andere niederländische Auseinandersetzungen mit dem Rheinischen sind im 19. Jahrhundert anzutreffen. Der flämische Autor Anton Bergmann (1835-1874), der sich hinter dem Pseudonym Tony verbarg, verfasste 1867 eine ›Rheinreisenovelle‹ mit dem Titel *Othilie Schmetterling, of acht dagen in een Duitsch kosthuis*[58], in der er die verlogene – deutsche – Rheinromantik auf die Schippe nimmt. Den Erzähler und seinen flämischen Freund Eduard verschlägt es in eine Pension in Bad Honnef, dem deutschen Nizza, wo letzterer sich, wie es eben kommen muss, in die im Titel erwähnte Othilie – die Namen dürften nicht ohne Bedacht gewählt sein – verliebt. Mit viel Liebe fürs Detail wird die von unterschwelligen Spannungen gekennzeichnete Eigendynamik der skurrilen deutschen Pensionsgesellschaft geschildert. Der Aufenthalt gipfelt in einer Reise an den Laachersee, wobei Othilie als eine unnahbare Lorelei in Erscheinung tritt.[59] Die Katastrophe ist vorprogrammiert: Othilie Schmetterling entschwebt gleich danach auf Nimmerwiedersehen mit einem Bonner Studenten und der biedere Flame Eduard ist, anderen zur Warnung, das traurige Opfer falscher deutscher Rheinromantik.

Es kam noch schlimmer: aus der Sicht niederländischer Katholiken hatte sich die Rheinromantik um diese Zeit längst überlebt und waren die Rheinlande zum Schauplatz eines brutalen Kampfes um den Erhalt der konfessionellen Identität geworden. Das hatte selbstverständlich mit dem Kulturkampf zu tun. Südniederländischen katholischen Reisenden erscheint das Rheinland als Opfer einer moralisch verkommenen preußischen Besatzungsmacht, die mit polizeistaatlichen Methoden vorgeht. Ihr Mitleid gilt den unterdrückten rheinischen Glaubensbrüdern. Der Journalist Henri Banning (1818-1909), langjähriger Mitarbeiter der katholischen Familienzeitschrift *Katholieke Illustratie*, veröffentlichte 1887 einen zeitkritischen Reiseroman *Aan de oevers van de Rijn*, in dem er solche Auffassungen vertrat.[60] Der Ich-Erzähler unternimmt gemeinsam mit seinem Freund Frans, einem Katholiken aus der niederländischen

Provinz Limburg, der vorhat, auch im Lande des Kulturkampfes kein Blatt vor den Mund zu nehmen, sowie mit dessen etwas naiver Schwester Mina eine Reise an den Rhein, die von Aachen nach Koblenz führt und von dort zurück über Königswinter, das Siebengebirge, Bonn und Köln. Zeitlich ist die Reise nur insofern festgelegt, als es in einer Fußnote heißt, dass sie stattgefunden habe, als der Kulturkampf noch vollauf gewütet habe.[61] Auch hier lösen die üblichen Sehenswürdigkeiten Hochgefühle aus; diese kontrastieren jedoch mit der ständigen Betonung der traurigen Lage der rheinischen Katholiken, denen die ungeteilte Sympathie der Reisenden gilt. Im Aachener Kurhaus etwa treffen sie einen Deutschen, der im deutsch-französischen Krieg zwei Brüder verloren hatte und dessen dritter Bruder, ein Geistlicher, von den Preußen inhaftiert worden war. Solche Erzählungen werden abgewechselt mit eingestreuten Sagen, Legenden oder kurzen Belehrungen über katholische Bräuche oder religiöse Anschauungen. Die Reisenden verkörpern eine etwas naive Katholizität, die sich in ihrer nicht wirklich reflektierten politischen Position, ja in ihrem Deutschlandbild schlechthin, widerspiegelt. So wird das Rheinland zur Hochburg des Guten, zum Bollwerk aufrichtiger katholischer Gläubigkeit und zur Heimstätte einer künftigen siegreichen Revolte gegen das gottlose Preußen emporstilisiert.[62] Die romantische Landschaft und die alte Sagenwelt am Rhein sollen bloß noch als krasser Kontrast zur harten Wirklichkeit des preußischen Unterdrückungssystems herhalten. Dennoch endet das Buch mit einem Hoffnungsschimmer: wie der Kölner Dom die Stadt Köln weithin sichtbar überrage, so würden die rheinischen Katholiken am Ende über ihre Bedränger, ›das Ungeziefer, das am Boden wimmelt‹, siegreich hinaussteigen:

Toen wij tegen den avond Keulen met den trein verlaten hadden, en de eeuwenoude dom in de verte alleen nog maar zichtbaar was, zeide Frans: »Even hoog als dat indrukwekkende gebouw boven de nieuwe paleizen der stad is ook de houding der katholieken boven hunne beleedigers en belagers verheven. Het ongedierte kruipt langs den grond en bezoedelt alles wat het aanraakt, doch het kan de harten der geloovigen, die zich tot God verheffen, niet besmetten«.[63]

Dass die Verkehrung der Rheinromantik in ihr Gegenteil und die Verklärung der Rheinländer zu Märtyrern eines preußisch-protestantischen Unrechtsstaates eine realistischere Vorstellung vom Rheinischen in den Niederlanden in die Wege geleitet hätten, kann nicht ohne weiteres behauptet werden. So wird Köln mit seinem Dom noch 1894 bei dem ansonsten, gerade auch in Kirchendingen recht kritischen Lodewijk van Deyssel (1864-1952), dem aufmüpfigen Sohn des Emanzipators der niederländischen Katholiken Joseph Alberdingk Thijm, zum Ort einer nahezu mystischen Gotteserfahrung[64] und noch 1920 wird die Stadt in einem katholischen Kinderkatechismus mit dem auf den ersten Blick rätselhaften Titel *Tusschen Keulen en Parijs ...*[65], ohne dass sie im Werklein wirklich in Erscheinung tritt, regelrecht zum mythischen Ort: zwischen Köln und Paris soll ja, so heißt es in einem niederländischen Kinderlied, der Weg nach Rom verlaufen, was hier wohl heißt zum Seelenheil, entsprechend den Vorgaben der römischen Kirche. Und dennoch verfestigt sich vom späten 19. Jahrhundert an nach und nach ein anderes Bild des ›Rheinischen‹ in den Niederlanden. Es tritt in trefflicher Weise zutage in einer vor wenigen Jahren erschienenen Essaysammlung des Journalisten Jos de Man (geb. 1933) mit dem Titel *Rijnlanders.*[66] Aus den verträumten Dichtern und Denkern am Rhein seien schon im Laufe des 19. Jahrhunderts zunehmend Macher geworden, die die Zukunft Deutschlands entscheidend mit geprägt hätten. Mit Krupp-Stahl habe Bismarck ein neues Deutschland geschmiedet, geprägt vom Willen zur Macht. Eine virtuelle Rheinreise von Emmerich bis Freiburg ist der Aufhänger für einen derart ausgerichteten Blick auf das Rheinische, der neben Heine Krupp gewahrt und neben Beethoven Karl Marx.[67]

Der niederländische Blick auf das Rheinische hat sich somit gewandelt, von einer selbstverständlichen Bezogenheit auf den Nachbarn, die die politische Konstellation im späten Mittelalter und in der Frühen Neuzeit mit sich brachte und die bei den niederländischen Katholiken selbstverständlicher war als bei den Reformierten, bis hin zur Bewunderung aus der Distanz für eben die deutschen Regionen am Rhein, die die Wirtschaftsmacht Bundesrepublik entscheidend mit gestalteten. So bekam der Niederländer mit seiner alten Auffassung, dass reine Rheinromantik ins Nichts führe, Handfestigkeit aber Nutzen bringe, am Ende implizit recht. Die Glaubensverbundenheit, erst recht eine solche unter dem Banner eines sich emanzipierenden Katholizismus, ist auf beiden Seiten der heutigen Grenze mittlerweile weitgehend abhanden gekommen; ein diffuses Gefühl der Verwandtschaft ist jedoch geblieben. Dabei hat man die ganze Zeit über aus niederländischer Sicht, das ›Rheinische‹ nicht so recht geografisch festzulegen vermocht, dabei teilt der Niederländer sich aber die Perspektive mit dem Rheinländer, der aus der Erfahrung der Nähe heraus das Niederländische auch nicht so recht einordnen kann. Das zeigt der in den Niederlanden neben Adenauer wohl bekannteste Repräsentanten des Rheinischen Heinrich Böll, der das Niederländische bekanntlich auch schon am (deutschen) Niederrhein beginnen lässt.[68] Vielleicht liegen gerade in einer solchen vertrauten Erfahrung des Anderen im Eigenen die großen Chancen für das neue Europa.

Anmerkungen

1. Wilhelm Janssen: Kleine rheinische Geschichte. Düsseldorf 1997, namentlich S. 11-12.
2. Ebd., namentlich S. 258-272.
3. Zu den Auseinandersetzungen von Staat und Kirche im Rheinland vgl. vor allem ebd., S. 301-310 und S. 355-364.
4. Für Einzelheiten zur niederländischen Geschichte sei generell verwiesen auf Horst Lademacher: Die Niederlande. Politische Kultur zwischen Individualität und Anpassung. Berlin 1993 [= Propyläen Geschichte Europas. Ergänzungsband].
5. Dazu etwa: David van Hoogstraten, Jan Lodewyk Schuer (Hrsg.): Groot algemeen historisch, geographisch, genealogisch en oordeelkundig woordenboek. Bd. 6: N-R. Amsterdam, Utrecht, 's-Gravenhage 1733, Teilband R, S. 93 (*in voce* Rhynlandt); Jacobus Kok (Hrsg.): Vaderlandsch Woordenboek. Bd. 24. Amsterdam 1791, S. 240-242 (*in voce* Rhynland).
6. Zu der Bedeutung solcher alten Verwaltungseinheiten für die Entwicklung der politischen Strukturen in den Niederlanden vgl. Jonathan Israel: The Dutch Republic. Its Rise, Greatness, and Fall 1477-1806. Oxford 1998, S. 10. Zu der Bedeutungsentwicklung des Wortes »hoogheemraadschap« vgl. M. de Vries/ L.A. te Winkel: Woordenboek der Nederlandsche Taal. 's-Gravenhage, Leiden 1882-1998. 29 Tle. in 39 Bdn (= WNT). Hier: WNT VI, Sp. 288-291 (*in voce* Heemraad; Heemraadschap) und Sp. 1034 (Hoogheemraad; Hoogheemraadschap).
7. Zu den unterschiedlichen Bedeutungen von ›rijnsch‹ vgl. ebd., Bd. 13, Sp. 356-359.
8. Zu Huygens' Epigrammen vgl. Tineke Louise ter Meer: Snel en dicht. Een studie over de epigrammen van Constantijn Huygens. Amsterdam 1991.
9. Constantijn Huygens: De gedichten, naar zijn handschrift uitgegeven door J.A. Worp. Bd. 5. Groningen 1895, S. 264-265: »Uyt Hooghduytsch ondicht. Voorspraeck«, hier: S. 265.
10. WNT (Anm. 6) XIII, Sp. 356-359.
11. Ebd., Sp. 572-573.
12. Zit. n. WNT (Anm. 6) XIII, Sp. 572.
13. Johan van Beverwijck: Eerste deel van den Schat der Ongesontheyt, Aenwijsende De kracht der Middelen, door de welke de Ongesontheyt geweert wert. Dordrecht 1644, S. 86.
14. Ebd., S. 86-87.
15. Vgl. etwa P.G.J. van Sterkenburg/W.J.J. Pijnenburg (Hrsg.): Van Dale. Groot woordenboek van hedendaags Nederlands. Utrecht, Antwerpen 1984, S. 1046 (*in voce* rins).
16. Vgl. WNT (Anm. 6) XIII, Sp. 572.
17. Vgl. dazu auch WNT (Anm. 6) VII, Sp. 250.
18. Robert Hennebo: De lof der jeneever. Antwerpen 1939, S. 7.
19. Ebd., S. 26.

20. Vgl. dazu: Guillaume van Gemert: Köln als Umschlagplatz niederländischen Schrifttums im 16. und 17. Jahrhundert. Ein Problemaufriß, in: Dieter Geuenich (Hrsg.): Köln und die Niederrheinlande in ihren historischen Raumbeziehungen (15.-20. Jahrhundert). Pulheim 2000, S. 257-269 [= Veröffentlichungen des Historischen Vereins für den Niederrhein, insbesondere das alte Erzbistum Köln, Bd. 17].
21. Vgl. t'Samen-spraeck, Voor-gestelt van vier Persoonen, Twee Hollanders, Pieter en Klaes, Een Fransman, Een Bovenlander, Dewelcke t'samen discourerende over den Staet van Holland, Engelandt, Vranckrijck, Keulen en Luyck, ende diergelijcke Landen [...]. o.O. 1672.
22. Oprecht verhaal, hoedanigh de stadt Groeningen door den keurvorst van Keulen, en den bisschop van Munster belegert, grouwelijk aangetast [...] is verdedight, en ontzet geworden. Op den 17 augusti, 1672. Amsterdam 1672.
23. Dazu u. a.: Brief van de nuntius te Keulen, geschreven aan de Roomsch-Catholijken tot Sardam. o.O. [1708]; Eerste brief aan den [...] heer Joannes Baptista Bussius [...] apostolische nuntius te Keulen, over zekere bulle aanzeggende het jubilee, door hem verkondigt den 1. mey a°. 1708. o.O. [1708]; Antwoord van een Liefhebber van eenigheid en liefden, op een brief met den naam van [...] den Heer Bussi [...] getekent en 16 Apr. 1708 onder de gemeente van den heer Jakob Krys uytgestrooit. o.O. [1708]; Tweede antwoord van een liefhebber van eenigheid en liefde, uit de gemeente van den eerw. heer Krys, op een brief, den 16. april 1708 aan hem bestelt, dewelke met den naam van den [...] heer Bussi [...] was ondertekent. Amsterdam 1708; Protest van de Rooms-Catholyke clergie der voornaeme steeden van Zuyd-Holland tegen de uytgevers en verspreyders van zeekere brieven, den naem voerende van Joan. Baptista Bussi. Delft 1709; Protest van de Amsterdamsche katholyke cleresie, tegens de uytgevers en verspreiders van sekere brieven, voerende den naem van J. Bapt. Bussi. o. O. [1709]; Copye van een sedige brief, geschreven van een recht eenvoudige Rooms-Catholyke, aan die [...] Heer Nunsius Jan Bussi te Keulen. o. O. [1709]; Eendracht lievende bemerkingen, op den brief door den heer Joan Baptista Bussi [...] den 18. van wintermaand 1708. en den 18. van louwmaand 1709. ondertekent, door een liefhebber van eenigheid en liefde, den 10. van sprokkelmaand 1709. opgesteld. o. O. [1709]; De steen afgewenteld, ofte korte en kragtige wederlegging, van zeker leugenagtig en lasterlijk banschrift, op den naem van J. Bapt. Bussi [...] tegen Matthias Tork pr. onlangs onder het volk uytgestroyd. Utrecht 1709; Matthias Tork: Het nieuw formulier, van wegens den pauselyken nuntius tot Keulen, aen een oud katholyk pastoor toegezonden, om van hem, en van andere priesters der cleregie ondertekend, en beëdigd te worden, ontleed en wederleyd. Utrecht 1709; Berigt aen alle vroome en verstandige Rooms-Catholyken wegens het zoo genaemde ban-vonnis, onder den naem van [...] Joannes Baptista Bussy [...] tegen Joan Christiaen van Erkel. Delft 1711.
24. Merkwaardige levensschets van Peter Joseph Scheffer, pastoor te Keulen, wegens het vermoorden van twee vrouwen, op den 27 december 1803 te Aaken openbaarlijk geguillotineerd. Amsterdam 1804 (2. Aufl. ebd. 1805).

25. [J. Bake:] Gedachten over den handel, onder anderen, met betrekking tot den geprojecteerden IJzeren-Spoorweg naar Keulen. Amsterdam 1832; [W. A. Bake:] Berigt wegens den spoorweg tusschen Amsterdam en Keulen. Amsterdam 1834; [J. Bake:] De ijzeren spoorweg van Amsterdam naar Keulen verdedigd. Amsterdam 1834; Bedenkingen over den ijzeren spoorweg van Amsterdam naar Keulen. Delft 1834.
26. Dazu: Janssen (Anm. 1), S. 305-308.
27. De aartsbisschop van Keulen en de Pruissische regering. Utrecht 1838; De aartsbisschop van Keulen, Clemens August Droste zu Vischering in de gevangenis te Minden. 's-Hertogenbosch 1838; De aartsbisschop van Keulen, Clemens August, vrijheer van Droste tot Vischering, beschouwd in zijne beginselen en zijnen opstand tegen de wetten. Zaltbommel 1838.
28. Ludolf Wienbarg: Holland in den Jahren 1831 und 1832. Zweiter Theil. Hamburg 1833, S. 11.
29. Geeraardt Brandt: Het leven van Joost van den Vondel. Uitgegeven door P. Leendertz. 's-Gravenhage 1932, S. 60.
30. Joost van den Vondel: De werken van Vondel. Volledige en geïllustreerde tekstuitgave in tien deelen. Amsterdam 1927-1940. 10 Bde. und Registerbd. Hier: Bd. 5, S. 596-599: »Brief Aen den Hooghwaerdigen en hooghgeleerden Heer Bertholdus Nieuhusius«.
31. Ebd., Bd. 3, S. 377-379: »Olyftack aan Gustaaf Adolf, Om sijne Majesteit te bewegen datse Keulen, mijn geboortestadt, verschoone«. Zum dichterischen Niederschlag von Vondels Beziehungen nach Köln vgl. auch: Guillaume van Gemert: Vondel und Spee. Zur geistigen Kohärenz barocker geistlicher Dichtung am Beispiel der Xaverius-Gedichte, in: Spee-Jahrbuch 6 (1999), S. 81-118.
32. Vondel (Anm. 30), Bd. 3, S. 289-294. Dazu auch: Guillaume van Gemert: Ludolf Wienbarg, Rudolf Alexander Schröder und Vondel. Die deutschen Fassungen des »Rynstroom«, in: Guillaume van Gemert/Hans Ester (Hrsg.): Grenzgänge. Literatur und Kultur im Kontext. Amsterdam/Atlanta 1990, S. 201-233 [= Amsterdamer Publikationen zur Sprache und Literatur, Bd. 88].
33. Vondel (s. Anm. 30), Bd. 3, S. 289-290 (Z. 15-20 und 41-50).
34. Ebd., S. 292 (Z. 111-120).
35. Vgl. dazu u. a. Simon Schama: Overvloed en onbehagen. De Nederlandse cultuur in de Gouden Eeuw. Amsterdam 1988, bes. S. 86-92.
36. Vondel (Anm. 30), Bd. 3, S. 291-292 (Z. 81-90).
37. Ebd., S. 289 (Z. 3).
38. Ebd., S. 294 (Z. 149-150).
39. Ebd., S. 294 (Z. 151-160).
40. Vgl. etwa ebd. S. 293, Z. 141-144, wo der Dichter feststellt, dass es am Kaiserlichen Gericht in Speier zwar von schwarzgewandeten Anwälten nur so wimmelt, dass Themis, die Göttin des Rechts, dort aber unterjocht wird und der Prozess verschimmelt.
41. Vgl. Herman Vekeman: Vondels Rheinstrom reguliert und eingedämmt. Der Rhein in der niederländischen Literatur des 19. Jahrhunderts, in: Herman

Vekeman/Herbert van Uffelen (Hrsg.): »Jetzt kehr ich an den Rhein«. Eine Aufsatzsammlung zu Vondels 400. Geburtstag. Köln 1987, S. 302-326, hier besonders S. 305-306.

42. Jacob Geel: Gesprek op den Drachenfels. Een dialoog over de literatuur in de negentiende eeuw. Herdruk verzorgd door J.C. Brandt Corstius. Amsterdam 1981, S. 41-42.
43. Willem Bilderdijk: De dichtwerken van Bilderdijk. Bd. 1. Haarlem 1856, S. 334-336.
44. D. van Heyst: »De Lurleij. (Eene Vertelling), in: Muzen-Album 1849. 2e deel. Amsterdam 1850, S. 83-96.
45. Ebd., S. 96 (letzte Strophe).
46. Elias Annes Borger: »Aan den Rhijn in de Lente van het jaar 1820«, abgedruckt bei: Vekeman (Anm. 41), S. 318-319.
47. J. J. L. ten Kate: Langs den Rhijn. Een reisboeksken. Rhijn-Herinneringen, Rhijnlegenden, Rhijnliederen. Leiden 1861.
48. Die deutsche Fassung ist u. a. abgedruckt in: Hermann Kluge (Hrsg.): Auswahl Deutscher Gedichte. Im Anschluß an die Geschichte der deutschen National-Literatur. 11., verbesserte und vermehrte Auflage. Altenburg 1906, S. 13.
49. Ten Kate (Anm. 47), S. 140-141: »De Duitsche Rhijn. Naar het bekende volkslied van Nicolaus Becker«.
50. Vgl. etwa die Beschreibung der Stadt Düsseldorf, ebd., S. 4-5.
51. Ebd., S. 10-13.
52. Ebd., S. 17.
53. Ebd., S. 28.
54. Ebd., S. 34.
55. Ebd., S. 39.
56. Als Quelle ist ebd., S. 64, angegeben: »Der Rhein, Leipz. F.A. Brockhaus, 1857. S. 2, 3«.
57. Ebd., S. 63-64.
58. Tony: Othilie Schmetterling, of acht dagen in een Duitsch kosthuis. Een verhaal uit het ›Siebengebirge‹, in: [Anton Bergmann:] Twee reisnovellen van den Rijn door Tony. Noordnederlandsche uitgave onder toezicht van J. van Vloten. Haarlem [1873], S. 5-46.
59. Ebd., S. 40.
60. H.A. Banning: Aan de oevers van den Rijn. 's-Hertogenbosch 1887.
61. Ebd., S. 7, Anm. 1.
62. Ebd., S. 102-109.
63. Ebd., S. 280.
64. Vgl. Lodewijk van Deyssel: Bezoek aan den Dom te Keulen, in: Ders.: Proza. Een bloemlezing uit het werk van Lodewijk van Deyssel. Den Haag 1942, S.121-128.
65. Max (Ps.): Tusschen Keulen en Parijs ... Kinder-catechismus. Amsterdam [1920].

66. Jos de Man: Rijnlanders. Over dichters, denkers en ›Machers‹ in het Duitsland van de negentiende eeuw. Baarn 1993.
67. Ebd., S. 7-8.
68. Vgl. Heinrich Böll: Der Rhein (1960), in: ders.: Hierzulande. Aufsätze. München 1978, S. 84-91, hier S. 87-88 [= dtv, Bd. 5311].

Personenregister

Das Register wurde zusammengestellt von Wolfgang Delseit und berücksichtigt nicht die Anmerkungen.

GPSR Compliance

The European Union's (EU) General Product Safety Regulation (GPSR) is a set of rules that requires consumer products to be safe and our obligations to ensure this.

If you have any concerns about our products, you can contact us on ProductSafety@springernature.com

In case Publisher is established outside the EU, the EU authorized representative is:

Springer Nature Customer Service Center GmbH
Europaplatz 3
69115 Heidelberg, Germany

Batch number: 10578184

Printed by Printforce, the Netherlands